管理越简单越好(升级版)
Simple Management Is More

管理越简单越好

　　不懂得授权就无法走上管理的快车道。表面看来,"有为"和"无为"似乎是不兼容的,但作为工作方法来看,它们能够殊途同归,共同达到"治"的目的。

　　定战略要求管理者要从战略上决定企业的发展,做正确的事;搭班子要求管理者建立一支强有力的团队;立规矩是实现简单化管理的必要手段;带队伍强调选拔、管理和留住人才的重要性。

　　公司总是要一天天成长,在这个过程中,老板的行为就一定要发生变化。最为明显的一点就是由管事逐步过渡到管人。本书引用了丰富的管理理论和大量的事例,说明了"简单化"管理的必要性和可行性。相信读者朋友读后,一定会有所帮助。

管理
越简单越好
(升级版)

任儒鹏◎著

企业管理出版社
ENTERPRISE MANAGEMENT PUBLISHING HOUSE

图书在版编目（CIP）数据

管理越简单越好：升级版/任儒鹏著. ——北京：企业管理出版社，2014.7

ISBN 978－7－5164－0838－4

Ⅰ.①管… Ⅱ.①任… Ⅲ.①管理学－通俗读物 Ⅳ.①C93－49

中国版本图书馆 CIP 数据核字（2014）第 110057 号

书　　名	:管理越简单越好:升级版
作　　者	:任儒鹏
责任编辑	:杨苏敏
书　　号	:ISBN 978－7－5164－0838－4
出版发行	:企业管理出版社
地　　址	:北京市海淀区紫竹院南路 17 号　　邮编:100048
网　　址	:http://www.emph.cn
电　　话	:总编室 68701719　　发行部 68467871　　编辑部 68701408
电子信箱	:80147@sina.com　　zbs@emph.cn
印　　刷	:北京嘉业印刷厂印刷
经　　销	:新华书店
规　　格	:170×240 毫米　　16 开本　　19 印张　　240 千字
版　　次	:2014 年 7 月第 1 版　　2014 年 7 月第 1 次印刷
定　　价	:38.00 元

版权所有　　翻印必究·印装有误　　负责调换

前言

现代管理学强调一种无为而治式的"简单化"管理。最伟大的总裁是最有空闲的,他知道最好的管理是简单管理,最简单的方法才是最实用的方法,最简单的决策才是最出色的决策。"简单化"管理不是要求管理者什么也不管,任员工放任自流,而是要求管理者应从战略高度去定位企业的发展方向,建立企业的共同愿景,培养高效而卓越的团队,让员工自愿为企业工作,为共同愿景而奋斗。"简单化"管理是对以泰勒为代表的传统管理学的一种背叛,这正如管理学大师杰克·韦尔奇对"管理者"重新定义的那样,过去的管理者是"经理",表现为控制者、干预者、约束者和阻挡者。现在的管理者应该是"领导",表现为解放者、协助者、激励者和教导者。

"简单化"管理的提出,基于以下两点:

一是现实中管理并不像我们所想象或管理理论中讲的那么复杂,熟悉有限的对手和范围,远比从浩如烟海的场面进行选择容易得多。

二是"简单化"管理是人性化管理的需要。它需要上级对下属的充分信任,把企业的愿景与员工的个人愿景结合起来,最大限度地发掘出个人的创造性。

本书从以下四个方面建立"简单化"管理框架,即定战略、搭班子、立规矩、带队伍。定战略要求管理者要从战略上决定企业的发展,做正确的事;搭班子要求管理者建立一支强有力的团队;立规矩是实现简单化管理的必要手段;带队伍强调选拔、管理和留住人才的重要性。

本书引用了丰富的管理理论和大量的事例,说明了"简单化"管理的必要性和可行性。相信读者朋友读后,一定会有所帮助。

目 录

第一编　定战略 目标正确,结果才能正确

第一章　领导者不要埋头拉车,要抬头看路 ……………… (2)
　　做正确的事与正确地做事 ………………………………… (3)
　　得战略者得天下 …………………………………………… (7)
　　战略决策要有大思路 ……………………………………… (10)
　　准确定位领导角色 ………………………………………… (14)
　　找准自己的"位置" ………………………………………… (17)
　　提升领导者的决断力 ……………………………………… (21)

第二章　好的愿景让管理事半功倍 ……………………… (24)
　　树立共同愿景 ……………………………………………… (25)
　　用共同愿景来刺激员工 …………………………………… (29)
　　管理需要建立预期 ………………………………………… (32)
　　员工的热情源自对企业未来的信心 ……………………… (35)
　　树立危机意识 ……………………………………………… (37)
　　铸造根深蒂固的企业文化理念 …………………………… (40)

第三章　决策是管理的心脏 ……………………………… (44)
　　明确决策流程是科学决策的前提 ………………………… (45)
　　充分获取有效信息 ………………………………………… (50)
　　制定远大的发展目标 ……………………………………… (53)

熟练运用决策分析 …………………………………………… (56)
把握决策的时机 ……………………………………………… (59)
学会放弃旧有的包袱 ………………………………………… (62)

第二编　搭班子　构建一个高效而卓越的团队

第一章　起步制胜：搭建好班子 ……………………………… (66)
寻找志同道合的卓越伙伴搭建企业班子 …………………… (67)
有战斗力的班子才是好班子 ………………………………… (71)
过硬的一把手是有战斗力班子的核心 ……………………… (75)
选班子成员要科学 …………………………………………… (78)
建"精品"班子，避免家族班子的产生 ……………………… (82)

第二章　班子是集体的领路人 ………………………………… (85)
班子成员要发挥承上启下的桥梁作用 ……………………… (86)
班子成员要有协同作战的意识 ……………………………… (90)
兵熊熊一个，将熊熊一窝 …………………………………… (94)
狮子率领的绵羊能打败绵羊率领的狮群 …………………… (97)

第三章　领导班子结构的合理化布局 ………………………… (101)
领导班子结构分析 …………………………………………… (102)
破除官僚主义，做轻巧企业 ………………………………… (107)
坚持专业化管理，建现代化班子 …………………………… (111)
班子内部的协调发展 ………………………………………… (115)
解决"1+1＜2"的问题，发挥班子成员的力量 …………… (120)
群策群力才是发展之路 ……………………………………… (124)

第三编　立规矩 树立制度高于一切的管理思想

第一章　制度的建立和完善应始终放在首位 …………（130）
　建立健全组织机构 ……………………………………（131）
　建立严格的用人制度 …………………………………（134）
　设计好薪酬制度 ………………………………………（137）
　建立竞争机制 …………………………………………（139）
　坚决抛弃法不责众的思维定式 ………………………（141）

第二章　规章制度是组织高效运行的保障 ……………（143）
　执行问题没有商量的余地 ……………………………（144）
　慈不掌兵，义不守财 …………………………………（147）
　员工考核一定要实事求是 ……………………………（150）
　下令不随便，令出如山倒 ……………………………（153）
　制度下以身作则 ………………………………………（156）
　公正比公平更重要 ……………………………………（159）

第三章　管理中的"情、理、法" ……………………（161）
　凡事求合理 ……………………………………………（162）
　兼"情"顾"理"，点到为止 …………………………（168）
　宽容对待出错的下属 …………………………………（175）
　及时化解员工的抱怨 …………………………………（183）
　一手胡萝卜，一手挥大棒 ……………………………（189）
　没有规矩，难以成方圆 ………………………………（192）
　恩威并施，把握分寸 …………………………………（199）

第四编　带队伍 选对人用对人管对人

第一章　合理地选拔、使用人才是管理者的必备素质 …………(206)
  选人才事业兴，选奴才事业衰 ……………………………(207)
  拿出淘金的精神去挖人才 …………………………………(210)
  决不可用朽木去造大船 ……………………………………(213)
  用人需把握平衡互补之道 …………………………………(216)
  培养人才是一种战略性投资 ………………………………(219)
  留住公司里的关键员工 ……………………………………(221)

第二章　不懂得授权就无法走上管理的快车道 …………………(224)
  不懂得授权就不是合格的管理者 …………………………(225)
  谁的"猴子"谁来背 …………………………………………(230)
  给下属授权要讲究策略和技巧 ……………………………(236)
  在对下属的支持中把授权落在实处 ………………………(238)
  管理者在跟进中实现对权力的有效监控 …………………(240)

第三章　细节管到位事情才能做到位 ……………………………(245)
  对待员工要将心比心 ………………………………………(246)
  无为而治是管理的最高境界 ………………………………(252)
  "心"动才能行动 ……………………………………………(255)
  爱员工等于爱自己 …………………………………………(262)
  一个都不能少 ………………………………………………(268)
  告诉每个人"你很重要" ……………………………………(273)
  最简单的方式打动人 ………………………………………(280)
  一碗水要端平 ………………………………………………(286)

第一编　定战略
目标正确，结果才能正确

　　一个企业要想发展，必须有一个战略目标，只有战略目标定得准确，才能保证企业有一个正确的行动方向。

　　在西方，许多企业家称当今的时代是一个战略制胜的时代。战略问题是关系到企业方向性、长期性和全局性的重大决策问题，是企业为了在竞争中求得长期稳定发展而制定的全局性行动方案；是在把握了企业成功的关键因素的基础上制定出来的，在企业经营管理中居于高屋建瓴的地位。没有方向就没有未来，不谋长远就没有立世的根基。

第一章

领导者不要埋头拉车，要抬头看路

埋头拉车，体现的是一种踏实肯干的精神。抬头看路，体现的是一种从战略高度考虑企业的发展，决定企业未来的走向。当然，领导者要获得更好的决策，适当"拉车"是必需的，但不要一味"拉车"，而忘了作为领导的根本使命——从战略高度上决定企业未来的发展方向。

在这个竞争激烈的时代，忙碌成了领导者的生活常态。在这样的忙碌中，他们常常只顾着埋头拉车，却少了抬头看路，少了思考、总结、再前行这重要一环。所以，企业家要多从战略上思考企业的未来，把"拉车"尽量交给员工去完成，这既是企业发展的需要，也是一种好的管理方法。

做正确的事与正确地做事

企业的管理经营之道是要解决两个问题,一是"做正确的事",二是"正确地做事"。

做正确的事就像是船上的帆,正确地做事则像船上的桨。船帆可以左右船儿前进的方向;而最终达到预定的目标,则离不开提供动力的船桨。

企业战略目标的制定解决"做正确的事",管理机制解决"正确地做事"。

正确地做事是以做正确的事为前提的,如果没有这样的前提,正确地做事可能变得毫无意义。因此首先要做正确的事,然后才是正确地做事。

先瞄准,再射击!没有瞄准的射击没有意义!做正确的事决定方向,而正确地做事则决定最终的成败。

英国某家报纸曾举办了一项高额奖金有奖征答活动,题目如下:

在一个充气不足的热气球上,载着三位关系世界兴亡命运的科学家。

第一位是环保专家,他的研究可拯救人类因环境污染而面临死亡的厄运。

第二位是核子专家,他有能力防止全球性的核子战争,使地球免于遭受灭亡的绝境。

第三位是粮食专家，他能在不毛之地，运用专业知识成功地种植食物，使几千万人脱离因饥荒而灭亡的命运。

此刻热气球即将坠毁，必须丢出一个人以减轻载重，使其余的两人得以活存，请问该丢下哪一位科学家？

问题刊出之后，因为奖金数额庞大，信件如雪片般飞来。

在这些信中，每个人皆竭尽所能地阐述他们的见解。

最后结果揭晓，巨额奖金的得主是一个小男孩。

他的答案是——将最胖的那位科学家丢出去。

朋友，你答对了吗？

当人们在讨论应该丢掉哪位科学家时，无论选择哪一位科学家，他们都有理由认为自己是正确的。可是小男孩却是最终的胜利者，他的答案也是最令人信服的。

气球即将坠毁，我们最急需解决的是如何减轻气球的重量。因此，我们最该做的事是将最胖的那位科学家扔下去，这才是我们要做的最正确的事。而只有在确保气球不会坠落的情况下，再讨论其他的才会有意义，即才能够正确地做事。

在确定做正确的事以后，为了达到目标，我们需根据事情的重要性和紧急程度对事情加以细分，并据此安排处理的先后顺序和工作日程，实现卓越和高效。而如果没有选择正确的事，我们的行动就会变得没有目的，更糟糕的是我们也许在错误的路上越走越远。

戴尔电脑公司经过20年的努力从1000美元起家发展为年营业额达410多亿美元的全球性大企业。这个商业奇迹的创造者——现年39岁的戴尔电脑公司创始人迈克尔·戴尔在谈到戴尔电脑公司成功的秘诀时说："我们取胜主要是因为我们拥有一个更好的商业模式。"而这个模式就是著名的"戴尔模式"，或曰"直销"模式。正是依靠这种模式辅以高效率的生产流程和科学化的成本控制管理，使戴尔公司在个人电脑市场取得了成功。

戴尔选择了做正确的事——直销模式，其目的是想获得这些竞争优势：

第一，按单生产。戴尔根据顾客通过网站和电话所下的订单来组装产品，这使顾客有充分的自由来选择自己喜欢的产品配置。公司则根据订单订购配件，无须囤积大量配件，免去了资金的占用。

第二，直接与顾客建立联系。戴尔通过直销与顾客建立了直接联系，不仅节省了产品通过中间环节销售所浪费的时间和成本，还可以更直接、更好地了解顾客的需求，并培养一个稳定的顾客群体。

第三，高效流程降低成本。戴尔通过建立一个超高效的供应链和生产流程管理，大大降低了生产成本。

第四，产品技术标准化。戴尔所经营的技术产品多是标准化的成熟产品，因此该公司总是能让顾客分享到有关行业进行大量技术投资和研发而取得的最新成果。

在确定这样一个标准后，戴尔开始正确地做事。在全体员工的共同努力下，通过低成本、高效率，以及优质服务这三大法宝来保证其战略目标的完美实施。

低成本一直是戴尔的生存法则，也是"戴尔模式"的核心，而低成本必须通过高效率来实现。戴尔的生产和销售流程，以其精确管理、流水般顺畅和超高效率而著称，有效地将成本控制在最低水平。

力求精简是戴尔提高效率的第一准则。公司把电话销售流程分解成简单的8个步骤，其自动生产线全天候运转，配件从生产线的一端送进来，不到2小时就变成成品从另一端出去，然后直接运往客户服务中心。戴尔在简化流程方面拥有550项专利。分析家们普遍认为，这些专利也正是其他公司无法真正复制貌似简单的"戴尔模式"的最主要原因。

此外，注重树立产品品牌和提高服务质量是戴尔的另一个法宝。戴尔不仅拥有一个严格的质量保证体系，而且还建立了一个强大的售后服务网络。戴尔的工作人员不仅通过网站和电话为顾客提供全面的技术咨询和维修指导服务，而且在售出产品后会主动向客户打电话，征求意见。

首先确保做正确的事，然后再正确地做事以确保目标的最终实现。听起来很容易，但是做起来却不那么简单。

一位朋友曾经说起这样一件事。有一次，他有幸地现场聆听迈克尔·波特演讲。尽管时不时波特会有惊人之语冒出，但抱着在最短时间内得到大师真传的他并没有听到什么惊天动地的见解和手到病除的良方。

问题在于，从来就没有什么"一抓就灵"的经营之道。当赫赫有名的管理大师波特走下讲台，企业家们发现他们并没有从波特那里得到什么灵丹妙药而怅然离开的时候，错的不是波特，也并非那些虔诚的企业家。原因就在于理论与现实之间总是存在差距的，而这个差距需要我们自己去缩短。

得战略者得天下

诺曼底战役结束后,美国大批高级军官脱下军装,说:"我们得去打另一种仗。"他们从军界转入商界,并进入企业决策层。而在战争中形成的战略思维特质亦随之移植于经济活动之中,与企业发展需要相融合,从而萌发了企业战略思想。20世纪五六十年代美国企业战略尚处启蒙阶段,七八十年代进入战略管理阶段。许多大企业引入战略管理而获得了巨大成功,如微软、可口可乐等。日本通过学习借鉴,在战略管理上更提升一步——于80年代率先进入战略经营阶段,并创造了世界经济奇迹。

谈起企业战略不得不提及可口可乐公司进入中国时在北大校园里的一次促销活动。那两个冬天的日子似乎让人感到温暖,因为任何人都可以在午餐、晚餐时免费享用这家世界闻名的大公司所提供的老牌产品——可口可乐。外国公司的慷慨之举使得偌大的饭厅里排起了长长的队伍,当莘莘学子手持那个现在已遍布各角落的红色纸杯走向饮料机时,虽然其中的大多数会怀着一种复杂的心情来评价这次促销活动的创意,甚至会称道洋人的精明,但更为外国企业的战略眼光所折服——15年之后,可口可乐已经占领了我国碳酸饮料市场份额的16.3%,那个印有中英两种文字的红色广告招牌像潮水般地席卷了各个城市的街头巷尾。

无独有偶，继可口可乐促销活动之后，雀巢公司又带着它的袋装咖啡来拜访这座象牙塔了。"免费大赠送"足以把人群吸引过去。虽然北大的学生们在品尝了几次"烧煳了的锅巴"的口味后未必会上瘾，但事实上，此后学生们的桌面、床头的咖啡多了起来，也许是为了考托提神，也许是出于对时尚的追求，也许……

总之，人们不但知道了洋货的存在，而且逐渐对洋货留下了好印象。

之后，又走来了 Lee Cooper、P&G、惠普、摩托罗拉等洋公司。免费大赠送、低价大甩卖、高额奖学金。每一招，每一式，无不潜移默化地影响着人们的观念，并大有蔓延之势。而洋公司则带着人才与知名度心满意足、温文尔雅地离开燕园……这就是跨国公司的战略眼光。

中国的市场实在太大了，13亿人每人消费10元一年就是15亿美元。无怪乎德国　位企业家说过这样一句话：我们的企业现在在中国还不能赚钱，但我们必须在中国投资，我们要给我们的后代在中国市场上留下一个战略份额。虽然，中国人并不希望自己的市场被别人领导，然而，摆在我们面前的现实却是摩托罗拉的市场竞争者并非中国企业，而是松下、诺基亚、NEC等外资公司。

改革开放，外国企业给我们上了一堂深刻而生动的市场经济课，让我们领略到经济战争的惨烈与残酷、优胜与劣汰的关系，也让我们重新认识了自己。

战略的力量是巨大的，今天，我们惊异地发现：吃的是"麦当劳"、"肯德基"，喝的是"可口可乐"、"百事可乐"，穿的是"金利来"、"皮尔卡丹"，踏的是"耐克"、"阿迪达斯"，洗头用的是"飘柔"、"力士"和"花王"，坐的是"丰田"、"凯迪拉克"、"奔驰"，住的是喜来登假日宾馆……吃喝拉撒加行消费的全是洋公司的东西。人们不禁要问，中国企业，你怎么了？

昔日飞黄腾达的南国"巨人"，如雷贯耳的北国"飞龙"，昙花一现的

"标王秦池",等等。中国辉煌一时的企业,大都逃不过"好不出三年,活不过五年"的怪圈。这一现象,无不发人深省,催人思考。

中国企业十分需要战略,中国企业更需好战略。这是因为,没有战略规划指导的企业,是很容易迷路的;迷路了的企业,很难不误入歧途;迷路后走入歧途的企业,失足是必然的——这就是造成许多中国企业辉煌不再的根由。

人有病,必须医治,才能强身;无病,也需要长期保健,才能壮体。企业又何尝不是如此。而现实是企业有病不知,或是治标不治本,更况保健乎?殊不知,大发展带来大隐患,小发展、不发展已是病魔藏身,我们为此所付出的沉重代价已经使我们无法再觉得轻松。

得战略者得天下。令人高兴的是部分中国企业的战略已日臻成熟,如真诚的"海尔"、永固的"长城"、绚丽的"长虹"、高飞的"小天鹅",更有那毫不屈服的"乐凯"与豪情万丈的"用友"……虽然,企业战略在中国还很年轻,甚至被很多企业所忽视,然而,人们坚信:星星之火,可以燎原。

战略决策要有大思路

还记得希腊传说中的奥德修斯和阿伽门农吗？阿伽门农率领希腊军队围攻特洛伊城，10年未能攻破。奥德修斯接替阿伽门农后，向特洛伊人呈献了一匹潜伏了希腊士兵的巨大木马，希腊军队在一夜之间就取得了战争的胜利。小思路使战争陷入10年的僵局，而"木马战略"则是一个打破僵局的大思路。

做人要有远大的理想和抱负，要有勇气去探索和实践未知的领域。做企业也是如此。领导者的思路决定着企业的出路，这不是一句空话，而是有其实际意义的。

2001年9月，牛根生高调制订了一个未来"五年规划"，将2006年的销售目标锁定为100亿元。此议一出，舆论沸腾，大家都以为老牛又要搞大跃进。因为蒙牛2000年的销售收入不到3亿元，2001年前三季度也只做到5亿元左右的样子。家底如此之薄，怎么可能做到5年"放卫星"到100亿元，这个相当于中国乳业2000年总销售收入的半壁江山啊！

最后的结论是，大家都很理性地认为这个目标"太夸张"。而牛根生却力排众议，他说："这也是我当总裁'胆子小'，如果换了别人当总裁，那可能就不是100亿元，而是200亿元！"在一片怀疑声中，牛根生耐心地做董事们的工作，做高管们的工作，勉勉强强，大家通过了这个"五年规划"。

然而到了2002年，当蒙牛销售收入达到16.7亿元的时候，大家才开始真正信服牛根生的眼光。到了2004年，蒙牛销售收入已经蹿升到了72.138亿元。这时候，大家又仿佛觉得当初定的规划"偏小"了。

还是在2001年的下半年，组建才两年的蒙牛在自己的管理层组建了考察队伍，他们的澳大利亚、新西兰之行，点燃了打造全球样板工厂的一个导火索。在新西兰，管理层清晰地看到：是乳业支撑了这个国家。这更加坚定了他们早些时候提出的建设"中国乳都"的决心和野心。于是，一个伟大的梦想产生了：把由呼和浩特通向盛乐经济园区的209国道两侧，变成一望无垠的"人工草原"。澳新之行后，蒙牛初步定下了建设"千吨工厂"的思路。

这在中国乳业中是史无前例的。做什么？这是关键一步，如果实施得不好，就会造成浪费。几经讨论，最终方案定位于液体奶，同时，在"千吨工厂"思路的基础上又明确了一条：我们要建的是"全球样板工厂"。

到了1999年年底，蒙牛总部的"一期工程"竣工投入使用；2000年年底，"二期工程"投入使用；2002年年底，"三期工程"投入使用。全部工程均定位于"国内顶尖、国际领先"。其中"三期工程"，是目前全球放置生产线数量最多、日处理鲜奶能力最大、智能化程度最高的单体车间，引进世界上最先进的设备和技术，拥有全国乳品行业容量最大、自动化程度最高的立体智能仓库，被国际著名牛奶设备制造商利乐公司称为"全球样板工厂"。

蒙牛乳业股份有限公司的三期建设项目工程总投资9.6亿元，占地面积16万平方米。整体车间完全按照国际GMP和HACCP的标准进行设计和安装，共放置20多条液体奶生产线，日处理鲜奶1000余吨。该生产线采用的是目前世界上最先进的ALFAST标准化闪蒸系统，可以将牛奶脂肪含量精确到0.1以下，提高牛奶的乳固体含量，保证牛奶口感的均匀、稳定，不受季节影响。

"三期工程"中还包括拥有18000个货位和可储存14400吨牛奶的自动化立体智能仓库。仓库完全采用电脑自动化管理，所有货物的入库、调配与出库均通过人机对话操控，实现无人化管理，只要入库货物的资料输入准确无误，所有出库货物绝对遵循"先进先出"原则，准确到达指定位置。

在气魄宏伟的大型智能化仓库前，牛根生自豪地告诉利乐首席执行官耐克·谢雷伯尔："这个仓库有18000多个仓位，可容纳14000吨牛奶，24小时智能化操控，不用人工。像这样的仓库，中国目前有五个，前四个都是放导弹的！"客人们闻言大笑。

"三期工程"的收奶系统也是目前国内智能化程度最高、设计最科学的，所有罐体上均设有液位传感、温度传感等监控装置，所产生的数据直接反馈到中控系统，由电脑自动识别进行操控。

吴邦国委员长对蒙牛的全球样板工厂给予高度评价；认为它代表了中国乳业智能化、信息化的新水平。

蒙牛的迅速崛起带动了内蒙古乳业的发展。虽然全国乳业生产普遍呈持续增长态势，但内蒙古的增长速度却比全国平均增速高出近6倍，鲜奶增长量已超过全国增量的1/10，这样的速度在中国乳业史上闻所未闻。

很显然，如果没有当初的气概和几乎不可能实现的目标，蒙牛几年来的资源配置结构就不可能那样"大派"，那样富有"吞吐性"——会不会盖全球样板工厂，会不会建国际示范牧场，会不会放眼华尔街携手摩根，会不会开拓香港市场并最终上市——所有这一切，虽然不好作一般性的评述，但有一点可以肯定："有准备的仗"和"没准备的仗"，一定会是两种完全不同的打法。

因此，有句话常常被蒙牛人挂在嘴上："有信心不一定赢，但没有信心一定会输；有行动不一定赢，但没有行动一定会输。"而今天，蒙牛有理由再补上一句：有目标不一定赢，但没有目标一定会输。

蒙牛远大的发展战略可以从蒙牛的一些营销策略中看出来,蒙牛的广告定位从1999年就很清晰,所有的广告,哪怕是5秒的广告,后面结尾的时候都是"蒙牛乳业"。这样做主要是向消费者传递的信息是蒙牛就是专业做乳制品的一个企业,反映了蒙牛要做成百年乳品老店的战略目标。

归根到底,企业发展的战略胆识对于企业未来的成长至关重要。

当你的企业确定了一个遥远的目标并为之努力的时候,这时你的企业已经具有了一种无坚不摧的力量。但同时,若心中的目标很小,则收获的希望也很小;若心中的目标很大,则收获的希望会更大,不要顾忌专家们口中的"不可能",放手去干就是了,成功永远属于那些胸怀大志的人的。只要有信心,只要不断进取,即使表面看起来不可能的事情,也会变得轻而易举。

准确定位领导角色

领导角色，就是指领导者在领导活动中，按照所处的领导地位、身份相一致的权利规范和行为模式要求，扮演着的特定的人物角色。这就是说，领导角色要求领导者应该成为一个什么样的人。

它包括三层含义：一是领导角色是领导者社会地位、身份的外在表现。领导者所处的地位、身份不同，他们所扮演的领导角色是不同的。这是一个职位要求。二是领导角色是领导者权利、义务的规范和行为模式。不论处于哪一层次的领导者，组织都对他的权利、义务和行为规范有着特殊的规定。这是一种组织要求。三是领导角色是人们对处于特定地位的领导者的期待。就是说，人们期待领导者应该成为一个什么样的人。这是一种社会要求。

领导者要注意认清自己的角色性质，做到准确定位，避免角色错位，从而实施正确的领导方法，提高领导艺术和工作成效。

(1) 由"运动员"向"教练员"转变。

领导职责的变化，要求领导者由"运动员"向"教练员"转变。因为，领导的责任主要是出主意、用人。但是，我们有许多企业领导往往是

第一编　定战略　目标正确，结果才能正确

事必躬亲，什么事情都是自己亲自干，对谁都不放心，这是典型的"运动员"式的领导方式。现代领导观认为，领导应该是一名"教练员"，需要退居边缘，实施具体指导，让下属自己去行动。

运动员与教练员的区别在于：运动员是靠自己成事；教练员是靠用人成事。所以，高明的领导者都懂得，领导是一门用人成事的艺术，即善于通过组织指导好下属来实施领导。美国管理学家彼得·圣吉在《第五项修炼》一书中提出，21世纪领导的新角色是教师。基辛格就说过："一个伟大的领导人必须是一个教育家，使远见与人们熟悉的现实之间得到沟通。"

教师和教练员的职能是相通的。那么，领导者要扮演好教师或教练员的角色，应该教会下属什么呢？一要培养下属的责任心；二要教会下属行动；三要鼓励下属创新。作为领导者，我们不要忘记自己是一个教育者，要学会由"运动员"的角色方式向"教练员"的角色方式的转变。

（2）由"领头羊"向"牧羊人"转变。

领导拉动方式的变化，要求领导者由"领头羊"向"牧羊人"转变。因为，领导拉动的方式有两种：个人拉动和组织拉动。个人拉动，主要是靠领导者的个人业绩或精神来带动他人前进，我们把这种领导者比喻为"领头羊"。组织拉动，主要是靠组织形成的合力或惯力来带动他人前进，我们将这种领导者比喻为"牧羊人"。

"领头羊"与"牧羊人"的区别在于：领头羊只能在前面起带头作用，至于后面的羊愿意不愿意跟它走，它也无能为力；如果领导者只充当"领头羊"的角色，充其量当一个劳动模范，只能发挥榜样的作用，其力量是有限的。而"牧羊人"，身处羊群之外，能有效地控制整个队伍的行动，能担当起领导的重任，其作用是巨大的。

领导者是领导活动的主体，并不意味着总要位居行动中心，更不意味着领导者应大权独揽，事必躬亲。领导不是"领头羊"——体力劳动者。领导者要大踏步往后退，退至后面的视野开阔的高地，去指明方向。因此，高明的领导者是组织者，他们懂得通过经营一个组织来实现领导，而不是靠个人的单打独斗。

(3) 由"船长"向"设计师"转变。

领导者控制方式的变化,要求领导者由"船长"向"设计师"转变。因为,领导控制的方式一般有两种:一种是直接控制,一种是间接控制。船长是一船之长,他只能在船上就事论事解决问题,所实施的控制方式是直接控制,其影响力是有限的;而设计师是在陆地上设计好可能出现的问题的解决方案,所实施的控制方式是间接控制,其影响力是巨大的。船长与设计师的根本区别就在于:船长是解决问题;设计师是避免问题。直接控制解决问题与间接控制避免问题,在领导效果上是完全不一样的。

邓小平之所以被世人称颂为"总设计师",就是因为他科学地设计了中国特色社会主义的宏伟蓝图,清晰地勾画了中国"三步走"战略,为中国的现代化建设及和平崛起铺平了道路。21世纪的领导者首先应该是组织系统的设计师,其道理也正在这里。

领导者如何才能成为一个高明的"设计师"呢?这就需要树立避免问题的领导理念。领导者的主要任务是指引方向、规划未来、掌控全局。作为一名领导者,能够在事后解决问题固然可喜,但能够在事前避免问题出现,才是领导者追求的最高境界。

第一编　定战略　目标正确，结果才能正确

找准自己的"位置"

曾经有一句话：垃圾放对了位置就是宝物，人也一样。

位置是一门学问。浩瀚宇宙，无数星体，各有各的位置，各行各的轨道，虽然不时有颗流星划过，偶尔有阵流星雨降临，但总体讲，运行非常有序。大千世界，芸芸众生，同样各有各的位置，各干各的事情，虽然不时有点摩擦，偶尔出现一些纠纷，但总体而言，工作、生活都很有序。

领导者在领导企业时，必须找准自己的位置。领导者就是企业里的最高权力代表。因此领导者对企业里的人和事都能左右，想怎么折腾就怎么折腾，但是在这里我要规劝领导者们要明白自己的位置，领导者要想管好一个企业，必须先定好自己的位置，学会换位思考。尽量避免越位、错位、对位、缺位现象的出现。

1. 定位

对于领导者来说就做三件事即可。一是定战略。给企业订立一个清晰的可以达到的战略目标，并保持战略的稳步推进和修正；二是用好人。围绕这个战略目标在合适的阶段请合适的人来帮助达成这个目标，并给予完成目标的人以重奖；三是理好财。领导者不但要成为行业的行家里手和企业的管理高手，还是一位能够让企业资产不断增值的理财高手。具有这样领导者的企业才能享受到事业不断发展的快乐。

2. 换位

孔子曰"己所不欲，勿施于人"，然而企业管理中我们常常能够看到这样的情况：一切以个人为中心，只顾及自身的感受，而忽略了他人的感受。这就要求我们的领导者要进行"换位思考"。只有换位思考才能真正地达到双赢，这是极其简单而又非常深刻的道理。明白了不行，一定还要做到，能够做到这点就是不简单，就是伟大。

领导者经常换位是非常有好处的，我们从换位中获得更多我们想不到东西，如我们把自己看做是自己产品的消费者，能使我们对产品的定价更加合理；如对自己企业的服务方式方法的改进、态度等；如在企业里把自己当下属来考虑的感受，我们在企业的管理人性化方面也就能改善不少。如果领导者经常性地换位思考，至少可以获得三个方面的好处：

（1）视野开阔。换个角度看问题，就不会陷入片面的主观判断当中。如我们站在山脚下看山顶，看不清楚上山的路，到了山顶看山下，你会看到上山的路其实有很多。这就取决于我们在同角度看待同样问题会有不同结果。

（2）理解到位。由于在企业里位置的不同，能够调用的企业资源也不同，领导者不能用自己的位置来衡量下属的能力。领导者只要一个命令就可以解决问题，如果是部门经理则没有这么幸运，他需要去协调。要是嘴巴再不会怎么说，甚至会得罪人，难以开展。

（3）判断准确。就像我们站在山顶的人能够清晰地看清每一条上山的路一样，判断正确的概率比站在山下的人要容易得多。因为在山下很难看清上山的路，哪条好走，哪条难走，哪条路上山最节省时间。换位思考对看待问题多了一条判断的依据。

3. 越位

越位，在企业的管理中我们通常称之为越权。就是越过中间人直接管理人或管事的行为。做了本不是自己该做的事，有点"狗拿耗子多管闲事"的味道。管理得太多说明三个问题，一是领导者怀疑员工确实没有能力完成工作；二是个性刚强，自以为是，什么都能干；三是滥用职权的行为。导致下属没有机会展示自己，并提升自己的能力，最终的结果就是离职或忍气吞声的碌碌无为。

领导者经常容易出现两种越位现象：一是决策越位。本来是由副总经理决定的事，领导者说了算，副总经理的威信没了。或者本来是部门经理就可以决定的事，领导者也管。二是工作越位。副总经理做的事领导者做了，部门经理做的事领导者做了。

如果领导者不能停止这种越位现象，将会导致企业的职责不清晰，推诿现象产生，不负责任现象产生，对企业来说只有弊没有利。轻者影响情绪，重者影响上下级的领导关系，甚至影响企业的正常健康发展。

4．错位

什么叫错位？一句话就是"种错庄稼耕错田，荒了自己的菜园"。在管理中就是不干自己的本职工作，干了自己不擅长的工作。在企业里我们经常看到这样的怪现象"领导者们干着经理们的活，经理们干着员工的活，员工干着领导者的活。"这绝非少数企业的现象，很多企业都是如此。这样的企业什么声音最大？当然是抱怨的声音最大了，为什么？领导者抱怨经理没能力，经理抱怨员工不干活，员工抱怨领导者不给涨工资。企业里的人际关系氛围紧张，你想经理都把员工的活给干了，员工干什么去？那不是只有闲谈和聊天，当然是张家长李家短，最后聊到工作的企业，自己的领导者。

5．对位

有一位 A 企业的领导者找到笔者，与笔者讲述企业怎样才能够具有执行力，并且能做大它。A 企业自成立到今天已经有近 15 年的历史了，目前企业已经有了三百多人的规模。但是领导者由于一直从事销售工作，忽略了企业的管理，虽然每年都有不错的销售额，可就是大不起来，于是就从社会上高薪聘任总经理来帮助自己打理企业。可是就在近两年内换了三任总经理也没有将企业的管理和销售提上去，而且这些人都是在其他同行里的企业高层领导，为什么呢？后来这个领导者与这三个职业经理人进行沟通时发现一个问题——抱怨。领导者给的权力小，并且处处提防着，也没有给足够的时间来进行调整。这在某种程度上都是由于领导者的本位主义造成的，不是吗？只是考虑自己的感受，不能考虑职业经理人的感受，凡事以自我为中心，对经理人不信任，经理人在自己的位置上不能很好地发挥自己的才能，在这样的氛围中，经理人的离去是正常的。即使你给予高薪也留不住经理人的心，迟早也会离开你的企业。

企业留住人才的基础是信任和能力，企业信任我，我有能力做，所以走到了一起。在这里要处理三个问题，一是文化观念的对接。二是道德价值观的对接。三是事业价值观的对接。领导者要与职业经理人阐述自己的价值观，双方彼此相互认同了才可以一起共事。

6. 缺位

缺位就是本职工作没人做或不能完全做下去。造成本职工作缺位的原因就是领导者经常的越位、错位导致的。要想不缺位，领导者必须要正确地定位自己的职能，在自己的职能上做到高、精、专，境界要高，业务要精，做事要专。

上面所说的内容都是在给企业咨询和培训过程中领导者说的，员工说的，也有笔者的亲身体会。笔者认为不管以上哪种怪现象的发生，都是领导者的错误。员工的错误丢钱，领导者的错误丢命。

提升领导者的决断力

通常一个领导的心境需要往其性格相反的方向发展，懦弱的性格向强硬的性格发展，强硬的性格向柔和的性格发展，这样才能面面俱到。

领导工作是一种创造性的活动，身处瞬息万变的信息时代，面对错综复杂的客观环境，计划往往赶不上变化。这就要求领导者一定要适应客观环境，审时度势，捕捉时机，随机应变，而不能循规蹈矩。否则会陷入被动，影响企业整体利益的发展。

毛泽东是这方面的天才。他指挥的"四渡赤水"战役是运动战的光辉典范，他作为红军的最高领导者审时度势，敌变我变，指挥若定，处处先人一步。他四渡赤水，屡出奇兵，兵临贵阳，直逼昆明，调虎离山，巧袭金沙，指挥艺术出神入化。这些战役不愧为毛泽东军事领导艺术的"毕生得意之作"。

在领导工作中，许多领导所遇到的事情存在着激烈的变动性和复杂性，因而，领导在作出领导决策时就要审时度势。它要求领导者面对纷纭多变的客观形势，要有清醒的头脑，要在正确分析形势、把握事物发展方向的前提下，善于权衡利弊，及时果断地进行决策。在这个过程中，最为难做的就是放弃已经拥有的成绩、优势。但如果不能根据形势的发展果断放弃则往往会贻误战机，甚至造成不可挽救的错误。毛泽东的成功正在于他数次的弃而复得，得而复弃，拿得起，放得下。

对于企业战略而言，审时度势，适时作出放弃的决策尤为重要。固然，作出退出一个领域的决定往往要比进入一个领域更难，但由于耽于小利而缺乏撤出的勇气，就会陷自己于困境。大多数企业总是在经历了沉痛教训后，才会认识到主动撤退的重要性。

美国的杜邦公司则为我们提供了一个反面的例子，1964年，真皮皮鞋已经成为了消费者的新宠，而美国杜邦公司并没有意识到对自己的威胁与挑战，没有打算从合成式皮革领域中退出，直到1971年损失了1亿美元时，才不得不被动退出市场。

正反两方面的经验表明，审时度势，主动撤退，往往是企业获得新生的契机。而优柔寡断，沉迷小利，往往是企业走向衰败的开始，甚至可能使企业走向死亡。这对于在行政单位的领导者们来说，也值得思考借鉴。在工作和生活中，要有进有退，进退有序，有所不为，才有所为，该说"不"时就说"不"。

当然，要想提升领导者的决断能力，光有勇气，会审时度势是不够的，还要学会准确鉴别下属提的意见，在决策前集思广益，广泛听取下属意见，一旦到了作出决策的时候就要像一只凛然不可侵犯的狮子一样特立独行。

集思广益，就是领导者采用群众的智慧，遍采众人之长，在某一具体问题上要广开言路，不能只听一面之词只考虑一种方法，而要围绕问题，让群众充分发表意见，提出各种可能的解决方案，衡量比较各个方案，选择最优方案实施之。从这一角度说，集思广益实际上可以使得领导者的决策民主化、决策科学化。

特立独行，是说领导者必须自己作出决策，采取行动。决策的事情还得领导者自己作，因为公司是你自己的，这是领导者自己的事情，是领导者的权力，作出的决定领导者也要负相应的责任。所以说，自己的事情就要自己拿主意。当然，现代的领导者需要更多地依靠智囊团，但是专家的意见不能代替领导人的决策。因为正确的决策不但要智囊团的多谋，更要靠领导者的善断。

这种模式的决策原则可以避免"盲点"的出现。这种原则被称为喇叭式的决策原则，即收集资料、分析信息、思考对策、提出计划、付诸行动，这种决策能打开领导者的思路，觉察到决策的具体过程，减少"盲点"的出现。

这种决策模式，你不妨试着这样去做：

更多参与，让人人都参与。这不是从你相邻的隔间或办公室里那个人开始的，它就从你开始。告诉你的上司，你愿意帮助他达到他的目标，问问他你能做什么。

保证让每一个人都觉得可以自由表达意见：为了吸收每一个人的智慧，必须让你团队里的所有成员都觉得可以很舒坦地大声讲出自己的见解。

总之要记住，正确的决策来自于众人的智慧。

第二章

好的愿景让管理事半功倍

愿景是人们对未来的愿望，是发展前景，是希望或者愿意看到的景象。一般而言，愿景是在组织层面上提出来的，常常表现为"某某组织的愿景"，对于一个组织来说，愿景必须是共同的；它是结合个人价值观与组织目的，通过开发愿景、瞄准愿景、落实愿景的三部曲，来建立团队，促使组织成功及组织力量的最大化发挥。一个组织要想培养员工的忠诚度，就必须建立共同的愿景。

树立共同愿景

有了个体的愿景，才有共同的愿景。对于企业文化建设而言也是如此。共同愿景的建立是在升华个人愿景的基础上发展起来的，这个基础包括了个人愿景，同时包括了忠于真相和创造性张力。

"前车之辙，后车之鉴"，是联想人在十多年来形成的心智模式。在硅谷、中关村，企业潮起潮落，联想却能置身于商战的潮头，其原因就是联想有和习俗不同的心智模式。"2010年进入世界500强"，这个共同愿景是联想人共同的结晶，有无限的创造力和驱动力，促进了联想企业文化的成熟。

总裁柳传志在说到人力资源管理的时候强调一个重要工作，就是建立一支稳定的、高素质的，对企业目标、企业文化有强烈认同感和归属感的员工队伍。企业文化认同对于维护整体、保持战斗力具有重要作用。因此，公司采取几种行之有效的措施来保证员工对企业文化的认同，在员工中形成共同愿景，增强企业的凝聚力。首先，新员工进入联想之后都要接受"模式培训"，深入了解联想的历史、现状，接受企业文化的熏陶。其次，联想人善于通过开会来统一思想，贯彻企业文化和经营理念、决策准则。通过这些朴素而行之有效的措施，联想已形成稳定的企业文化和一支稳固的核心员工队伍。

自创业之初，联想就抱定了"要把联想办成一个长久的、有规模的高技术企业"的信念，并逐渐为自己定下了更清晰的目标：到2010年力争进入世界500强。现在，这个目标已深深根植于每个联想员工的内心深处，它就像一盏明亮的灯，指引着全体联想员工奋勇前进。同时，柳传志总裁也有着独特的魅力，能够把大家凝聚起来，指引大家向着目标前进。柳传志自己也曾说过：对于联想领导核心而言，最重要的工作是深刻理解市场运作的规律，认识企业管理的基本规律，并带动各层次的领导共同认识。建立共同愿景是联想企业文化建设的一个重要环节。

我们还需要注意的是，共同愿景并不是个人愿景或是部门愿景的单纯相加。从个人愿景上升到共同愿景还需一个过程。如果企业的发展仍旧停留在个人愿景的层面上，那么其简单相加反而会阻碍企业发展，不能形成一种统一的文化。

我们看到在很多企业，文化和信仰并没有从上而下地渗透，而是在不同的部门形成了不同的"文化"。每一个上司和主管完全按照自己的风格来确定部门的风格，并且都认为那是优秀的。而这些自认为优秀的结果是什么呢？

盖洛普曾经对一家零售企业做过一个员工工作环境的调查，结果在一项关于员工拥有的"设备和材料"的项目中，原本硬件完全一样的A店和B店却有34%的差异——这里的一切，包括硬件环境，都打上了经理的印记；而这些差异造成的结果就是绩效的差异，好的经理的部门文化，创造了好的绩效，不好的经理的部门文化则相反。

若各个部门都只按自己意愿建立不同的部门文化而未在公司整体上形成统一的文化，就只能使部门间产生很大的差异。

但凡伟大的公司，文化必定是单一的。但凡平庸的公司，都有各色花样的"上司文化"、"部门文化"。

第一编　定战略　目标正确，结果才能正确

因此，我们必须强调共同愿景的建立而非诸多个人愿景的简单相加。

不管怎么说，共同愿景应由个人愿景会聚而成，借着会聚个人愿景，共同愿景才能获得能量。有意建立共同愿景的企业，必须持续不断地鼓励员工激发自己的个人愿景，这也是企业文化中"以人为本"的思想。如果企业员工没有自己的愿景，那么他们所要求遵从的共同愿景就不会融合他们个人的意愿，这就丧失了建立共同愿景的初衷。同时要注意单有个人愿景是不行的，一定要有在此基础上形成的共同愿景。因为共同愿景有远比个人愿景来得大的创造性张力。

使个人愿景上升到共同愿景，就必须放弃由管理决策层来宣布这一共同愿景。原因是这样的，愿景通常是治标不治本的，而且不是由个人愿景汇集而成的，通常这样传统的由上至下的行政性指导易导致愿景的破产。

许多企业都是在领导人的独断专行中，导致了共同愿景的破灭，甚至走向崩塌。

最典型的莫过于大发明家，同时又是大企业家的爱迪生在晚年犯的错误，爱迪生面对自己一生中所获的一千多项发明专利，逐渐失去了进取心，变得骄傲自大，他甚至对自己的助手说："不要向我建议什么，因为你的想象力超脱不了我的思维。"结果是众叛亲离，爱迪生本人整日身陷于数不清的专利官司中，最终失去了自己一手创办的企业。

共同愿景不是员工在企业领导威逼下的服从意愿，而是组织内每个成员发自内心的愿景汇集的共同体。这就如同珊瑚虫们都在分泌石灰质，而这些行为有机地结合在一起，就形成了美丽的珊瑚。

从个人愿景上升到共同愿景，还有个十分经典的例子，那就是"敖包相会"。

一曲"敖包相会"使得内蒙古的敖包大名远扬。去过内蒙你就会知道，原来此"敖包"并非是蒙古包，而是一种由大小石块堆积而成的圆形的实心的包状建筑物。"敖包"就是"堆"的意思。它通常建立在山顶、湖畔或者草原的醒目之处。据说围着敖包绕三圈，然后再捡三块石头丢到

上面，就会得到神灵的庇佑；并且，每年农历六月举行的"祭敖包"宗教活动也是蒙古人最隆重的仪式之一。

然而经过考证，敖包先于神学的意义却是一种草原中的导向标志。按理说，建造路标是人人受益的事情，并且，牧民每次遇到路标时奉献几块石头也不是什么难事。然而，放牧时还要留意石块并要一路携带直到遇到路标，的确是件辛苦的活。更何况有那么多人贡献，某个人的几块石头也就无足轻重了。但是如果大家都这么想，那么路标的建设成本的分担就变得棘手了，谁都需要路标，但是谁都希望让别人去添砖加瓦，自己却坐享其成，最终好事难成。

聪明的蒙古人解决方案让人拍案叫绝，他们赋予了功能性的路标以宗教的意义，让路过的每个人，都自觉地对发挥路标功能敖包进行建设，在祈福中，完成自己的贡献。

更令人折服的是自然界中，珊瑚虫居然具有与之十分相似的智慧。而这许许多多又都是我们在企业文化建设中值得借鉴的。

文化和共同愿景的建立，也就如同这样宗教般的信仰，可以产生强大的执行动力。

用共同愿景来刺激员工

杰克·韦尔奇是一位强硬的公司愿景拥护者。在他的著作《杰克：在领导一个伟大的公司和伟大的民族中我所学到的东西》中，他是这样说的："每当我有了一种想运用到这个组织中去的观点或者信息的时候，我从来都说不够。我在每次会议和每次考察中都会一次又一次地对它进行重复。我总是觉得我必须说到极致，好让大量的人们理解并追随这种观点。"

韦尔奇说："领导人，像罗斯福、丘吉尔和里根等人，他们有办法激励一些有才干的人，让他们把事情做得更好。而管理者呢，总是在复杂事务的细节里打转，这些人在'进行管理'的同时，'把事情弄得复杂'。他们往往试图去控制和抑制，把大量的时间浪费在琐碎的细节上。"

在被问到"你如何确保自己成为一个不进行微观管理的梦想家式领导人"的时候，韦尔奇这样回答：

明文写下愿景。

避免深陷细枝末节。

雇用并提升那些最有能力将愿景转化为现实的人。

领导人——你可以从罗斯福、丘吉尔和里根中任选一人——清晰地说出如何可以将事情做得更好，以此激励手下。

韦尔奇是这样解释员工的力量和真正的领导艺术的：不可能有哪项业务能够离开替补席上的运动员。真正的领导艺术来自一个人的愿景的质量，以及此人激发他人尽情施展的能力。最好的经理人并不用威吓胁迫进行领导（"我是老板，你得照我说的去做"），他们通过感召他人产生施展抱负的愿望来领导（"这是我为我们的未来设置的愿景，这样做你就能帮助它成为现实"）。

比如，他的关键性文化创意"群策群力"计划，就是特别为确保每一名员工对企业应当如何运转都有发言权而设计的。通过引领员工为共同目标的奋斗，能有效地减少官僚主义、独断专行等阻碍员工才智发挥的障碍，为员工创造一个可以尽情施展的理想环境。

还有，20世纪80年代初，GE是一个工业革命时代遗留下来的庞然大物，韦尔奇坚信它一定可以成为市场上高价值的供应商，高效率运营的公司。为了达到这个愿景，韦尔奇不断加强公司的学习能力和适应变化的能力，从而推动了公司的改革，使GE成为了全球最成功的国际企业之一。

韦尔奇上任伊始，就提出数一数二的战略愿景。他说："我们要能够洞察到那些真正有前途的行业并加入其中，要在自己进入的每一个行业里做到数一数二的位置——无论是在精干、高效，还是成本控制、全球化经营方面。不这样做，80年代的公司将不会再出现在人们面前。我们必须做到数一数二，因为，如果我们对一项业务的长期竞争力没有有效的解决方案，那么终将有一天业务会陷入困境，这只不过是时间早晚的问题。"

韦尔奇认为GE的各项业务都要力争在市场占有率、在竞争力上达到业界数一数二，否则就要处理掉。追求数一数二，这正是GE的新战略愿景。在此后的20年里，这一愿景就像一面旗帜，指引GE从当年的美国十强之一，变成世界第一；从当年的大而有些僵化的"超级油轮"，变成最具活力的企业——"会跳舞的大象"。

凡是成功的企业，都拥有一个激动人心的"共同愿景"：

通用电气"使世界更光明"。

IBM 公司"无论是一小步，还是一大步，都要带动人类的进步"。

苹果电脑公司"让每人拥有一台计算机"。

AT&T 公司"建立全球电话服务网"。

联想电脑公司"扛起民族微机工业的大旗"。

我们来看看福特公司是如何做的。一百多年前，亨利·福特说他的愿景是"使每一个人都拥有一辆汽车。"很多人认为他疯了。但是，当他离开这个世界时，他的 T 型车在美国卖出了 1500 多万辆，他的梦想已在当今的美国社会完全实现。在他的墓碑上刻着这样一句话："在他来到这个世界时，人们骑着马；当他离开这个世界时，人们开着车。"

正是亨利·福特伟大的愿景激励着福特公司的员工，为着一个伟大的梦想而奋斗，使福特公司成为今天世界上第二大汽车公司，也造就了福特公司这一伟大的团队。

管理需要建立预期

很多人都认为，在计划经济时代，企业员工缺乏激励，偷工减料，效率低下，因为都是吃大锅饭没有足够的动力；而在市场经济下，企业有赚取利润的驱动力，自然企业就会努力降低成本，提高效率以赚得更多的利润。实际上，即使在市场经济体制下，企业员工也并不都是个个勤奋，人人努力。一般的企业领导人采用的不过是古已有之的胡萝卜加大棒的方法来统驭下属。

管理学家孔兹对领导的界定是，"领导可定义为影响力。它是影响他人，并使他们愿意为达成群体目标而努力的一种艺术或方法。这种观念可以更扩大到不仅使他们愿意工作，同时也愿意热诚而有自信地工作。"其中最关键的理念是"影响他人使他们愿意为达成群体目标而努力"。管理者为了对组织的目的负责，达成企业"群体目标"，必然用一种艺术或方法去影响被领导者，使之愿意工作，甚至是热情而自信地工作。

对于下属来说，管理者的信用、权威必须要通过管理者长时间发给下属的各种信号与相互之间的良好交流才能达到。比如，一个民营企业的老总若要建立起良好的名誉，必须乐意给下属高出劳动力市场上一般的福利待遇，让下属认识到企业对员工的关心与认可。

权威本身也要具有伟大的人格、优良的品质和出众的才能。权威并不是脱离群众的，他也要采纳群众的意见。只有部属能尊重上司的权威，而上司也能采纳部属意见的公司，一切才可以顺利推动。

管理者与员工交流能够大大提高领导者建立信誉的能力。如果员工发现分享管理者的私人信息和代价很高的努力是值得而理性的，这种信任就是必不可少的。管理者若无法得到员工的尊敬，上下级之间就会相互猜疑，信息沟通极少。用于尊敬员工以及敢于谈论他们自身缺点的领导者将赢得下属的尊重。一旦员工信任并尊敬一个管理者，真正的进步就成为可能。

管理者应该能够帮助员工建立对未来的预期。对未来的预期，是影响员工行为的重要因素。预期分为预期收益和风险，也就是员工这样做将来会有什么好处，同时这样做又可能面临的问题。这些将影响员工个人的策略，如员工是否会将精力真正地投入到企业的成长中。

有这样一个有趣的故事。一只绰号叫"无敌手"的猫打得老鼠溃不成军，最后老鼠几乎销声匿迹了。残存下来的几只老鼠躲在洞里不敢出来，几乎快要饿死。"无敌手"在这帮悲惨的老鼠看来，根本不是猫，而是一个恶魔。但是这位猫先生有个爱好：喜欢向异性献殷勤。

有一天，这只猫爬得又高又远去寻找相好。就在它和相好癫狂时，那些残存的老鼠来到了一个角落里，就当前的迫切问题召开了一个紧急会议。一只十分小心谨慎的老鼠担任会议主席，一开始它就建议必须尽快地在这只猫的脖子上系上一只铃铛。这样，当这只猫进攻时，铃声就可以报警，大伙儿就可以逃到地下躲藏起来。会议主席只有这么个主意，大伙儿也就同意了它的主张，因为它们都觉得再没有比这个主张更好的建议了。但问题是怎样把铃铛系上去。没有哪只老鼠愿意去拴这个铃铛。到了最后，大伙儿就散了，什么也没做成。看来，给猫系上铃铛无疑是一个绝妙的主意，但对于一群已经被吓破胆的老鼠来说，这个主意意味着只是无法实施的美好梦想而已。在企业中，也是一样的道理。

对于一个管理者来说，应该本着务实的精神，制订切实可行的计划，让他的团队有一个可以实现的目标，而不是作出一个不可能实现的决定，同时管理者要对这个目标作出承诺。在承诺的同时，上下级之间要能够相互沟通，建立一个交流网络来寻求共同的价值观与信念。同时，管理者能够以身作则，以自己的个人行为作为员工学习的典范。

许多公司现在也开始在一些社会议题上彼此互相合作，同时也透过一些公有与私有合伙关系的重组，以及制作各种保护环境、改善教育水准、发展提升医疗保健等计划，来回馈社会。在这里，就有许多机会，可以吸引各行各业以及各层面的优秀分子的注意。

通过领导者自己与下属之间的"互动过程"，有效地协调了子系统之间的竞争与合作关系，树立了领导权威，促进了系统的有序化，这才是现代领导的本质所在。显然这种领导权威不是领导者个人素质的单独结果，而是领导者与下属双方相互作用的结果。这也是有别于传统的新理念。

员工的热情源自对企业未来的信心

盖房子的时候，建筑师把自己的想法具体地表现在蓝图上，再依照蓝图完成建筑物。如果没有建筑师的具体规划就无法完成。同样的道理，企业在行动时也必须要有行动的蓝图，也就是精密的具体理想或目标。

人力资源管理的最佳境界就是把各个员工的理想、抱负与企业前途紧密地结合在一起，双方共同发展。员工认为企业有前途，才会留下来努力工作；相反的，如果员工对企业前途没有信心，就会产生一种前途未卜的恐惧心理，以及对业绩成长的忧虑。在这种心理影响下，员工就会表现为混日子、悲观消极、缺乏责任心和事业心，甚至整天想着跳槽。这样的心态，当然对员工个人的成长和企业的发展都极为不利。

要使员工对企业前途充满信心，就要让员工了解企业的优势和发展目标及企业的美好前景。员工看见了企业发展的蓝图和目标，才会主动地把个人的事业和企业的前途紧密地连在一起。

明确的企业发展目标是调动员工积极性的有效手段，员工越了解公司目标，归属感越强，公司就越有向心力。

不断地提出适合企业发展的目标，让员工对企业前途充满信心，是松下先生的重要激励谋略。早在1932年，松下幸之助在向企业员工演讲使命感的时候，曾经描绘了一个在250年内达成使命的愿景。其内容是，把250年分成10个时间段，第一个时间段的25年，再分成3期，第一期的10年是致力于建设的时代；第二期的10年继续建设，并努力活动，称"活动时代"；第三期的5年，一边继续活动，一边以这些建设的设施和活动的成果贡献于社会，称"贡献时代"。第一时间段以后的25年，是下一代继续努力的时代，同样要建设、活动、贡献。如此一代一代地传下去，直到第十个时间段，也就是250年以后，世间将不再有贫穷，而是变成一片繁荣富庶的乐土。

松下的这个规划，可以说是绝无仅有的，不仅在企业界未有先例，就是那些赫赫有名的政治改革家，也没有多少人有这样宏伟的规划。难能可贵的是，时至今日，可以说他的梦想正在一步一步地实现着。而更为现实的是，松下的这种规划让每个员工都拥有了灿烂辉煌的梦想，使员工对企业的前途充满了信心，从而提高了他们的工作热情和积极性，提高了工作效率，促进了企业的快速发展。其作用是不可估量的。

松下说过："经营者的重大责任之一，就是让员工拥有梦想，并指出努力的目标。否则，就没有资格当领导。"

也许有人会说，松下电器之所以能够把梦想变为现实，完全是因为松下电器公司的经营一直都很顺利的缘故，如果经营状态不那么理想，松下先生的目标就不可能实现。实际上，企业经营顺利时，需要制定远景目标，把企业做大做强；经营出现困难时，更需要制定改进目标，凝聚人气，走出困境。战后的松下电器公司正处于惨淡经营之中，但松下先生却不曾因此放弃为公司制定目标。由于目标明确，松下电器公司才能在很短时间内就走出困境，续写昔日的辉煌。

如果是以强权或权威来压制一个人，这个人做起事来就失去了真正的动力。抓住人的期待并予以具体化，使其为了实现这个具体化的期待而努力，这就赋予了动力。因为具体化期待是能够实现的目标。善于激励人的管理者，能够将大家所期待的未来的愿景，着上艳丽的色彩。这愿景经过他的润饰后，就不再是微不足道的小事，而是形象生动的美好蓝图。大家对企业的未来充满了信心，热情自然高涨，士气自然高昂。

树立危机意识

青蛙在温水中之所以没有危机感，不在于它缺少危机意识，而在于它根本就没想到水真的会煮沸。

其实，许多企业如同沸水中的青蛙，危机隐患已经存在了，但是还以为形势一片大好呢！因此，在管理上营造危机意识，建设一种危机文化便显得尤为紧迫。

在企业里，领导者常常会采用末位淘汰制来营造危机。这样，每名员工都会努力工作，以求在考核的时候不被炒掉。

在海尔，流行的一句话是"今天工作不努力，明天努力找工作。"海尔为什么会有这种紧迫感呢？这还要归功于张瑞敏的"三工并存，动态转换"管理办法的实施。所谓三工转换，是指全体员工分为优秀员工、合格员工、试用员工三种，分别享受不同的三工待遇（工龄补贴、工种补贴、分房加分），并根据工作业绩和贡献大小进行动态转换、全厂公布。公司内有一套完善的绩效考核制度，业绩突出者进行三工上转，试用员工转为合格员工，合格员工转为优秀员工；不符合条件的进行三工下转，甚至退到劳务市场、内部待岗。退到劳务市场的人员无论原先是何种工种均下转为试用员工，试用员工必须在单位内部劳务市场培训三个月方可重新上岗。同时，每月由各部门提报符合转换条件的员工到人力资源管理部门，并且填写三工转换建议表，然后由人力资源管理部门审核和最后公布。这样，员工逐步培养起"今天工作不努力，明天努力找工作"的职业意识，调动了工作积极性，一部分员工三工上转，成为优秀员工，在一定程度上实现了自我。对于刚毕业的大学生，其典型的转换历程往往是这样安排的：首先到生产一线、市场一线等部门锻炼一年，在这当中，员工都是试用员工。见习期满后，由人力中心公布事业部所需人数及条件，本人根据实际情况选择岗位，如果经考核合格，则可以正式定岗，同时转为合格员工。在合格员工的基础上，历时三个月，如果为企业作出重大贡献、被评为标兵、获希望奖等，可以由部门填写三工转换建议表，并交到人力资源管理部门审核。审核合格后，发给当事人转换回音单，通知其已转为优秀员工，并在当月兑换待遇。通过三工转换，员工的工作表现被及时加以肯定，解决了员工在短时期内得不到升迁、积极性受到影响的问题。在海尔集团内部，三工的比例保持在4：5：1，提升这种比例有助于保持员工的工作积极性，培养了员工的忠诚度。这个制度比较有效地解决了"铁饭碗"问题，增强了员工的危机感和进取精神，使企业不断激发出新的活力。在三工并存、动态转换的用工制度中，员工的使用全部实行公开招聘、公平竞争、择优聘用。

"三工并存"1993年7月在海尔刚实行时，是真正引起轩然大波的一场改革，人人心里都引起了极大震动。

"三工并存"要解决的是一个老、大、难问题。"老"指的是大锅饭体制时间太长，绵延40多年；"大"是说它牵扯每个在职员工的利益；"难"难在受许多条件制约而无处着手。政府官员和过去的厂长对此深感头疼，因为胆子再大、思想再解放也得找出一个具体可操作的办法。这就是在现行体制下如何建立激发员工工作积极性的机制问题，说白了就是打破"铁饭碗"的问题。

"铁饭碗"不打破行不行？不行。几乎每个海尔人都明白，按照传统人事制度，员工只好与企业共同消亡，但每个员工都不愿看到这样的结局。通过许多事情的证实和管理部门的大量解释，员工终于明白了"三工并存、动态转换"并不是置人于死地，而是让大家一起承担起把企业建设得更好的义务和责任。而且新的管理办法对老员工还有明确的保护措施：有10年工龄的员工不在辞退之列，对确有困难的老弱病残者，必须保护他们的利益，所以海尔员工都开始关心企业，努力实现海尔的目标。

建立这样严格的员工竞争机制，实行末位淘汰制，给员工们带来了危机意识，从而，使公司更有挑战危机的信心。

铸造根深蒂固的企业文化理念

企业文化是推动企业发展的原动力。它对企业发展的目标、行为有导向功能，能有效地提高企业生产效率，对企业的个体也有强大的凝聚功能。优秀的企业文化可以改善员工的精神状态，熏陶出更多的具有自豪感和荣誉感的优秀员工。

那么如何建立优秀的企业文化呢，在我国有相当一部分管理者对于企业文化的认识存在误区。他们认为企业的文化就是自己的文化，自己设定一个什么样的文化、什么样的制度，员工就应该照葫芦画瓢。不管这个瓢是圆是扁，作为下属只管照样子画就对了。如果有什么疑义那就是对领导的不忠，对企业的不忠，就该受到惩罚，甚至走人。

事实似乎也确实如此。长此以往，企业就形成了以老板文化为核心的奴化式的企业文化。在这样的企业里，把大家"凝聚"在一起的共同基础不是真正的精神内核，不是共同的愿景目标和价值观，而仅仅是薪水而已。

很难想象这样的企业文化能给企业带来多少凝聚力和创造力。没有了凝聚力的企业还能坚持多久？还能走多远？

正确的、优秀的企业文化应该得到全体员工的认同。而每个员工都应

第一编　定战略　目标正确，结果才能正确

是企业文化的创造者、完善者和体现者，而不是被动的承受者。若企业文化仅仅停留在口头或者纸上，仅仅依靠严格的规章制度来强制员工遵守，不能称其为企业文化。

正确的企业文化能成为员工的自觉之物，形成一种强大的自然整合力。实际上，文化的根本标志就在于它的自动整合功能，它强大得无须再强调或者强制，它不知不觉地影响着每个人的思想和精神，从而最终成为一种自觉的群体意识。只有达到这种程度，一个企业的价值理念体系才可能被称之为企业文化。

一位教官向一班学员讲课时，给学员出了一道题目："现在由你来领导本班，让大家全部自动走出室外，切记！要大家心甘情愿！"

第一位学员不知道怎么办才好，回到座位。

第二位学员对全班的学员说："教官要我命令你们都出去，听到没有？！"全班没有一个人走出室外。

第三位学员是这么做的："大家都听好了，现在教室要打扫，请各位离开！"但仍然还有一部分人留在教室内，值日生在待命扫地。

第四位学员看了一眼纸片上的题目，微笑着对大家说："好了，各位，午餐时间到了，现在下课！"不出数秒钟，全教室的人都走光了。

让别人为自己做事，而且是心甘情愿，该怎么说、如何说，都是一门艺术。用权威来压人或者讲大道理来说服，都不会收到好的效果。只有将自己的目的和对方的意愿或者切身利益结合起来，才能得到双赢的结果。

一个企业如果没有和员工建立起共同的信念，谈何利益相关？但凡优秀的企业，都是通过确立共同的愿景，整合各类资源，牵引整个组织不断发展和壮大，引导成员通过组织目标的实现，实现个体目标的。

对于一个企业而言，要想让员工全心全意地热爱、信仰、遵从企业文化，最好的办法不是强制其全盘被动地接受，而是让他们参与进来。只有员工自己参与了，有关员工的切身利益、自身目标和企业的利益、愿景目标达成一致了，员工才会从心底到行动都接受、认同企业文化。

既然洗脑是权宜之计，那什么才是建立好的企业文化的正途呢？

建立良好的企业文化，首先要努力在企业和员工之间建立起一种长期的相互信任和相互依赖的关系。以长期雇用为出发点，以外部劳动力市场为依托，强调对员工个人能力的培养与开发，重视客观公正的绩效考核，注意公平合理性，强化企业与员工之间的互利合作意识以及一般员工的参与意识，才能得到员工的信任并最终留住员工。然后，在各项具体的人力资源管理政策与实践上，注意积极推动企业的文化建设。总体上，需要注意以下五点：

（1）企业在制定每一项人力资源管理政策和制度的时候，都必须树立"人高于一切"的价值观，并坚持将这一观念贯穿于企业的所有人力资源管理活动之中。企业及其管理人员必须承认，员工是企业最为重要的资产，他们不仅值得信任、需要被尊重和公平对待、能够参与决策，而且每个人都有自我成长和发挥全部潜力的内在动力。

（2）努力贯彻以价值观为基础的雇用政策。企业在招聘和挑选新员工时就应当注意执行以价值观（符合企业文化要求的价值观）为标准的雇用政策。利用精心组织的面谈等手段判断和确定求职者的价值观（如追求卓越、合作精神等）与企业的主导价值观是否一致。

（3）为员工提供就业保障和相对公平合理的报酬。首先，企业尽量避免因外部原因随意解雇员工，从而为员工提供一种长期的工作机会。其次，企业为员工提供包括高于市场一般水平的工资奖金和额外福利在内的一整套报酬，并且使员工有机会分享企业的利润。这两个方面的内容都是要促使员工将自己看成是企业共同体中的一员。

（4）通过工作组织形式的调整和参与管理，在员工中创造一种团结合作和共同奋斗的价值观。这包括：建立企业与员工进行双向沟通的正式渠道和员工参与管理的办法，确保员工受到公平对待，并切实保障雇员享有参与管理的机会。

（5）制订各种人力资源开发计划，努力满足员工的各种自我实现需要。不仅保证员工有机会在工作中充分发挥自己的技艺和能力，而且为员工个人提供长期发展的机会，注意从长期职业生涯的角度来帮助他们设计、实践个人的职业目标。为此，企业应致力于广泛运用工作轮换、在职及脱产培训、内部晋升、组织团队、绩效评价以及职业生涯设计等各种手段来帮助员工进行自我提高和自我发展。

通过建立正确有效的企业文化，可以构筑全体员工共同的价值观，进而改变落后的、消极的思维方式和工作模式。于是，文化的激励功能就能够发挥出来了，进而就能转化成无往不胜的战斗力。

第三章

决策是管理的心脏

决策,简单地说,就是对事物分析的过程中进行比较、筛选,而确定最优化的方案。它渗透于政治、经济、军事、文化等各个领域。管理学家西蒙指出:"管理就是决策。"决策是企业管理的核心,它关系到企业的兴衰荣辱、生死存亡。可以说,领导者科学理性的决策等于成功了一半。

明确决策流程是科学决策的前提

决策一词的意思就是作出决定或选择。管理就是决策，是指通过分析、比较，在若干种可供选择的方案中选定最优方案的过程。它渗透于政治、经济、军事、文化等各个领域。对于个人来讲，人们要对自己的升学、就业、婚姻等问题作出选择或决定。对于组织或集团来讲，对有关自身发展的重大问题更要作出选择和决定。在领导活动中，为了解决重大的问题，领导者往往要采用科学的决策方法和技术，对于实现目标的重要方案作出选择或决定，这就是领导决策。

1. 领导决策方法要科学化

决策是一个非常重要而复杂的过程，保证决策目标的实现必须掌握科学的决策方法。现代社会发展迅猛，社会前进的步伐越来越快，新情况、新问题不断涌现，决策变得越来越困难。因此，领导决策要能借助现代技术手段，采用科学的决策方法，决策任务才能完成，决策目标才能顺利实现。

（1）决策要尊重科学。我们说决策要尊重科学，就是在领导决策工作中，要尊重自然、尊重社会发展和思维发展的客观规律，时时处处按照客观规律办事。领导者在决策时要尊重规律，又要充分发挥主观能动性，创造性地利用和发挥客观规律的作用，最大限度地服务于我们的决策活动。

（2）决策要尊重历史。前人之事，后事之师。只有了解历史，才能更深刻地了解现在和正确地走向未来。领导者在决策中尊重历史，才能使决策符合历史发展的要求。第一，要尊重公司原有的历史。领导者在作出决策时，一定要考虑公司的原有历史和目前的经营情况，不要盲目作出不符合公司实际的决策，比如，一家软饮料生产企业要实行多元化经营，想向制药业方向发展，这就必须要考虑公司的技术水平是否能胜任制药业的技术要求，以及最终的目标顾客群能否承认公司的这种转变；第二，要善于从历史中继承和发展已有的文明成果，并从中汲取营养，获得前进的动力，使各项决策具备历史继承性；第三，决策还要对社会现象进行历史的分析。社会现象是在一定历史条件下发生的，要正确了解这些现象，就要具体地、历史地分析其形成和变化的条件，从而获得对社会历史时期发展规律的整体认识。

（3）决策要尊重现实。尊重现实就是说，决策要一切从实际出发，立足客观现实进行决策。毛泽东同志曾经指出："马克思主义叫我们看问题不要从抽象的定义出发，而要从客观存在的事实出发，从分析这些事实中找出方针、政策、办法来。"领导者只有从企业的实际出发，从各地区、部门、单位的具体情况出发，具体问题具体分析，拿出解决某一具体问题的解决办法，这样的决策才是科学的决策。如果照抄照搬别人的经验和模式制定自己的决策，只能使事业遭受挫折。

（4）决策要面向未来。领导在决策过程中，必须用全面的、长远的眼光去观察和思考问题，才能得出比较正确、经得起时间考验的结论，作出符合事物发展规律、有利于一个组织长期稳定发展的决策。面向未来进行决策，领导就要善于预测，只有对决策问题的未来发展和决策方案的实施结果，以及决策过程中将出现的情况作出比较充分、准确的估计和预测，才能保证决策的科学性。

第一编　定战略　目标正确，结果才能正确

（5）决策要兼顾利益。社会关系具体表现为各种利益关系。领导者在决策时只有兼顾各方利益，才能满足各方的需要，决策也才能得到响应和执行。改革开放以来，我国的社会经济成分、组织形式、就业方式、分配方式、利益关系日益多样化。利益关系的多样化导致了利益诉求的多样化。只有领导者在决策时妥善地处理各种利益关系，我们党的事业才能始终获得最广泛最可靠的群众基础和力量源泉。

2. 决策程序要规范化

领导决策是领导实践的重要内容，有其自身运行的规律。科学的方法和规范化的程序就是这种规律的表现。严格按照程序决策，就可以使决策建立在科学的基础上，就可以避免领导者的主观随意性和盲目性，从而避免决策的失误。

（1）决策前的调查研究要深入。从一定意义上说，领导决策的过程就是发现问题、分析问题、解决问题的过程。发现问题分析问题是整个决策过程的基础，是作出科学决策的前提条件。领导者要发现问题、确认问题必须要采用调查研究的办法，各种潜在的或明显的决策问题，只有通过深入细致的调查研究才能摸到问题症结，才能提供解决问题的方案使之得到解决。毛泽东同志有句名言："没有调查，就没有发言权。"我们可以说，没有调查研究，就没有领导权、决策权。

一般来说，围绕决策开展的调查研究，既要对决策的历史背景进行调查，又要对决策系统的环境因素进行调查；既要对系统的现状做详细的调查了解，又要对系统发展的趋势做详细的调查了解。在调查研究中，调查是基础，研究是核心。调查和研究一定要很好地结合起来，只调查不研究就失去了调查的意义；只研究不调查就会成为"纸上谈兵"。调查来的资料只是决策的原料或半成品，如果不对其进行加工，或加工改造得不好，也不可能制成好的成品，所以，在进行广泛的调查之后，领导者要对获得的信息和数据进行研究分析和概括，形成集中和系统的意见，才能作出科学的决策。

（2）决策要发扬民主。在决策中发扬民主，充分听取多方的意见，是领导者决策民主化、科学化的重要保证。发扬民主，除了完善领导决策制度以外，领导者还要自觉摒弃家长制、个人专断的不良作风，相信群众、依靠群众，充分发挥群众的积极性、创造性。

在决策中发扬民主，首先，要走群众路线，从群众中来，到群众中去。对于要决策的内容和决策的方案要让群众有所了解，要通过会议、媒体等形式让广大群众有知情权，广泛听取群众的意见。将群众的意见集中起来，去伪存真，吸收有益的东西，才能作出令人民群众满意的决策，才能避免可能出现的领导决策的失误；其次，要充分发挥智囊团的作用。智囊团是专门的咨询机构，他们拥有精干的研究队伍和先进的科技手段，能够收集、掌握有关决策可靠的数据和信息，对有关事物未来的前景作出科学的预测和评估，并为领导者提供一系列备选方案。在决策执行中，他们也会紧密追踪决策的任务，随时为领导者修正决策提供参考意见。最后，发扬民主，充分听取多方意见，尤其要关注不同意见。美国管理学家杜拉克说："决策的第一条原则是，没有反对意见，不能进行决策。"决策中只有一种意见，就很难透彻地分析所要决策问题的利弊，就难以避免决策的片面性。

（3）决策要有多种备选方案。为了实现决策目标，解决存在的问题，就要分析现有的各项条件，创造新的条件，研讨对策，拟定各种准备实施的方案。拟定多种备选方案，就是要打开思路，从不同角度作多方面的大胆探索，力求不漏掉各种可能途径。备选方案越多，领导者选择的机会就多，满意方案或最佳方案包含在内的可能性就愈大、决策成功的可能性愈大。制定备选方案，还应该对潜在的负面问题进行分析，要研究这些问题一旦出现后会产生什么影响和危害，同时要准备某些防范措施和应急方案，以减少那些潜在的负面问题出现的可能性和危害性。

3. 决策监督要经常化、制度化

监督就是根据领导机关制定的路线方针政策对作出的决策进行检查和

督促，以便及时发现和纠正决策执行中偏离决策目标的行为所采取的方法和措施。决策监督贯穿于领导决策的全过程。在领导者制定决策时，决策监督能够及时发现可能出现的错误，起到防患于未然的作用。在执行决策的过程中进行，可以保证决策得到顺利执行。当决策暂时失控而产生负面影响时，也可以通过监督及时查明原因、判明责任、汲取教训。事物是不断发展变化的，新问题、新情况也会层出不穷，因此决策监督必须经常化，而不是一劳永逸的事情。在现行的体制下，一些领导权力过分集中，经常出现的问题是领导决策缺乏监督或难以监督，因此，经常化的监督必须要加强制度建设，以严密的制度来保证对领导决策的监督的落实。

充分获取有效信息

决策理论学派通常将决策分为四个阶段：收集情报，拟订计划，选定计划，评价计划。他们特别强调信息联系在决策过程中的作用。他们把信息联系定为决策的前提，而决策则是以命令、情报或建议的形式出现的。信息是决策的基础。收集、整理企业方方面面的信息，并提出有针对性的建议是决策支持系统，即参谋部门的职责。中国企业经营管理中面临的很多问题，如果追根溯源，多多少少都与信息的收集、处理方式有关。

话说有一个古董商，他发现一个人用珍贵的茶碟做猫食碗，于是假装很喜爱这只猫，要从主人手里买下。猫主人不卖，为此古董商出了大价钱。成交之后，古董商装作不在意地说："这个碟子它已经用惯了，就一块儿送给我吧。"猫主人不干了："你知道用这个碟子，我已经卖出多少只猫了？"

令他万万没想到的是，猫主人不但知道，而且利用了他"认为对方不知道"的错误大赚了一笔。这才是真正的"信息不对称"。信息不对称造成的劣势，几乎是每个人都要面临的困境。谁都不是全知全觉，那么怎么办？首先，为了避免这样的困境，我们应该在行动之前，就尽可能掌握有关信息。

第一编 定战略 目标正确，结果才能正确

在这个信息化时代，管理者必须掌握充足的信息，在信息处理方面，管理者主要拥有以下职能。

（1）监控者角色。

作为监控者，管理者为了得到信息而不断审视自己所处的环境。他们询问联系人和下属，通过各种内部事务、外部事情和分析报告等主动收集信息。担任监控角色的管理者所收集的信息很多都是口头形式的，通常是传闻和流言。当然也有一些董事会的意见或者是社会机构的质问等。

（2）信息传播者角色。

组织内部可能会需要这些通过管理者的外部个人联系收集到的信息。管理者必须分享并分配信息，要把外部信息传递到企业内部，把内部信息传给更多的人知道。当下属彼此之间缺乏便利联系时，管理者有时会分别向他们传递信息。

（3）发言人角色。

这个角色是面向组织外部的。管理者把一些信息发送给组织之外的人。而且，经理作为组织的权威，要求对外传递关于本组织的计划、政策和成果信息，使得那些对企业有重大影响的人能够了解企业的经营状况。例如，首席执行官可能要花大量时间与有影响力的人周旋，要就财务状况向董事会和股东报告，还要履行组织的社会责任，等等。

管理者应从这几种角色定位去收集信息，对管理者来说，信息主要有公司内部信息和市场信息。各个管理者获取有效信息的方法可能不同，有的管理者喜欢通过正式渠道获取信息，有的管理者偏好非正式渠道获取信息，方法虽然不同，但目标是一样的，即为了更好地决策。管理者在获取信息时应把握以下原则。

（1）目的性原则。信息的收集必须有明确的目的，必须根据具体任务和实际需要，有的放矢地收集。

（2）准确性原则。信息的收集必须准确，不准确的信息不仅浪费了人力、物力和时间，甚至会导致决策失误，造成巨大的经济损失。

（3）系统性原则。一般来讲，信息的产生和传播，有零散、断续的特点，它不是一次性地集中发出，而是在时间上有间隔，内容上不完善。因此，多方拓展信息来源，注意信息的积累，加强信息的系统性，是提高信息质量的一个重要因素。

（4）时效性原则，时效性是信息所具有的一个极重要的属性，信息如果过时，也就失去或减弱了使用价值。保证信息收集及时有效的办法，就是积极做好信息预测工作，抓潜在信息，走在时间的前面。

（5）全面性原则。地区不同，部门不同，各种社会或经济活动不同，信息的生成量密度和含量也不相同，因此，在信息收集时，必须采取多种方法，进行上下、左右、前后的多方位收集，并把收集对象的相关因素联系起来综合考虑，找出其中的共性和规律。

制定远大的发展目标

不少人认为天才或成功是先天注定的。但是，世上被称为天才的人，肯定比实际上成就天才事业的人要多得多。为什么？许多人一事无成，就是因为他们缺少雄心勃勃、排除万难、迈向成功的动力，不敢为自己制定一个高远的奋斗目标。不管一个人有多么超群的能力，如果缺少一个认定的高目标，他将一事无成。设定一个高远目标，就等于达到了目标的一部分。

1969年，从小就喜欢吃汉堡的迪布·汤姆斯在美国俄亥俄州成立了一家汉堡餐厅，并用女儿的名字为店起了名——温迪快餐店。在当时，美国的连锁快餐公司已比比皆是，麦当劳、肯德基、汉堡王等大店已是大名鼎鼎。与他们比起来，温迪快餐店只是一个名不见经传的小弟弟而已。

迪布·汤姆斯毫不因为自己的小弟弟身份而气馁。他从一开始就为自己制定了一个高目标，那就是赶上快餐业老大麦当劳！

20世纪80年代，美国的快餐业竞争日趋激烈。麦当劳为保住自己老大的地位，花费了不少的心机，这让迪布·汤姆斯很难有机可乘。一开始，迪布·汤姆斯走的是隙缝路线，麦当劳把自己的顾客定位于青少年，温迪就把顾客定位在 20 岁以上的青壮年群体。为了吸引顾客，迪布·汤姆斯在汉堡肉馅的重量上做足了文章。在每个汉堡上，他都将其牛肉增加了零点几盎司。这一不起眼的举动为温迪赢得了不小的成功，并成为了日后与麦当劳叫板的有力武器。温迪一直以麦当劳作为自己的竞争对手，在这种激励中快速发展着自己。终于，一个与麦当劳抗衡的机会来了。

1983 年，美国农业部组织了一项调查，发现麦当劳号称有 4 盎司汉堡包的肉馅，重量从来就没超过 3 盎司！这时，温迪快餐店的年营业收入已超过了 19 亿美元。迪布·汤姆斯认为牛肉事件是一个顶翻快餐业霸主的机会，于是对麦当劳大加打击。他请来了著名影星克拉拉·佩乐为自己拍摄了一则后来享誉全球的广告：

广告说的是一个认真好斗、喜欢挑剔的老太太，正在对着桌上放着的一个硕大无比的汉堡包喜笑颜开。当她打开汉堡时，她惊奇地发现牛肉只有指甲片那么大！她先是疑惑、惊奇，继而开始大喊："牛肉在哪里？"不用说，这则广告是针对麦当劳的。美国民众对麦当劳本来就有了许多不满，这则广告适时而出，马上引起了民众的广泛共鸣。一时间，"牛肉在哪里？"这句话就不胫而走，迅速传遍了千家万户。在广告上取得巨大成功的同时，迪布·汤姆斯的温迪快餐店的支持率也得到了飙升，营业额一下子上升了 18%。

凭借针对麦当劳的不懈努力，温迪的营业额年年上升，1990 年达到了 37 亿美元，发展了 3200 多家连锁店，在美国的市场份额也上升到了 15%。直逼麦当劳坐上了美国快餐业的第三把交椅。

美国伯利恒钢铁公司的建立者齐瓦勃出生在美国乡村，只受过很短的学校教育。尽管如此，齐瓦勃却雄心勃勃，无时无刻不在寻找着发展的机遇。他相信，自己一定能做成大事。

18 岁那年，齐瓦勃来到钢铁大王卡内基所属的一个建筑工地打工。一踏进建筑工地，齐瓦勃就抱定了要做同事中最优秀的人的决心。

一天晚上，同伴们都在闲聊，唯独齐瓦勃躲在角落里看书。这恰巧被到工地检查工作的公司经理看到了,问道:"你学那些东西干什么?"齐瓦勃说:"我想我们公司并不缺少打工者,缺少的是既有工作经验,又有专业知识的技术人员或管理者,不是吗?"有些人讽刺挖苦齐瓦勃,他回答说:"我不光是在为老板打工,更不单纯为了赚钱,我是在为自己的梦想打工,为自己的远大前途打工。"抱着这样的信念,齐瓦勃一步步向上升到了总工程师、总经理,最后被卡内基任命为钢铁公司的董事长。最后,齐瓦勃终于自己建立了大型的伯利恒钢铁公司,并创下了非凡业绩。凭着自己对成功的长久梦想和实践,齐瓦勃完成了从一个打工者到创业者的飞跃。

开始时心中就怀有一个高的目标,意味着从一开始你就知道自己的目的地在哪里,以及自己现在在哪里。朝着自己的目标前进,至少可以肯定,你迈出的每一步都是方向正确的。一开始时心中就怀有最终目标会让你逐渐形成一种良好的工作方法,养成一种理性的判断法则和工作习惯。如果一开始心中就怀有最终目标,就会呈现出与众不同的眼界。有了一个高的奋斗目标,你的人生也就成功了一半。如果思想苍白、格调低下,生活质量也就趋于低劣;反之,生活则多姿多彩,尽享人生乐趣。

熟练运用决策分析

决策分析一般分四个步骤：①形成决策问题，包括提出方案和确定目标；②判断自然状态及其概率；③拟定多个可行性方案；④评价方案并作出选择。一般来说，在一项决策形成后，要进行可行性分析，看是否可行。领导者在作出决策时，一定要进行可行性分析，不要作想当然的、拍脑袋式的决策。下面我们来看一个故事。

1979年3月，拿破仑偕同新婚妻子约瑟芬参观卢森堡大公国第一国立小学，辞别之时拿破仑向校长送上一束价值三个金路易的玫瑰花，并慷慨陈词："只要法兰西国存在一天，今后每年的今天都将向贵校送上一束价值相等的玫瑰花，作为法国与卢森堡国的友好象征。"拿破仑这个表态第二年就忘记了，但卢森堡国却记入了他们的史册。1984年年底，卢森堡大公国极其郑重地通知法兰西共和国，要么从1797年起按利息结清玫瑰花债，要么法国各大报纸承认本国的一代天骄拿破仑是言而无信的小人。法国财政部在电子计算机荧屏上看到的数字是1375596法郎，不禁面面相觑，叫苦不迭。

拿破仑的一时心血来潮，随意许下的这个承诺，让法国人非常难堪。所以，作出决策前一定要做可行性分析，不做不切实际的承诺。

第一编　定战略　目标正确，结果才能正确

在决策实践中，可行性分析有广狭两种用法。广义的概念是，任何一种决策，都要进行可行性的分析与论证，整个决策过程中，都要以可行性分析为基础，譬如要分析和论证决策目标是否可行，决策方案是否可行，决策实验敏感度如何，等等。狭义的可行性分析主要是指对重大工程项目决策的可行性论证。所谓"重大工程项目"，一般指那些在某一经济部门（工业、农业、国防部门）需要建设的总投资额超过国家规定的某一限额（如数亿元以上以至数十亿元甚至数百亿元），对该经济部门的经济效益、军事部门的军事效益影响较明显，而且工程建设周期较长、工程规模较大的建设项目。例如，大型钢铁联合企业、大型油田、大型水利枢纽、核电站等。世界上任何一个国家在进行现代化建设中，都必须建设若干个重大工程项目，才能构成独立完整的国民经济体系。重大工程决策，对整个国民经济建设具有特殊重要的作用。而决策正确与否，则对整个国民经济的发展产生重大影响。因此，要做到重大工程项目决策的科学化，就必须对所要确定的目标，达到目标的途径等问题，进行充分的可行性分析与论证，从而减少以至避免重大工程项目决策上的失误，使重大工程项目的决策建立在科学的基础上。

可行性分析与论证是决策过程中不可缺少的一个重要环节，是科学决策的基础和前提。它的基本作用是从政治、经济、技术等方面论证决策目标或决策方案是否可行。通过可行性论证，确定设立的目标或某些备选方案的合理性、正确性，同时又可以发现设立的目标或某些方案由于条件不具备或受某些条件限制而行不通，从而排除这些目标或方案，为下一步的目标确立和方案的选择提供可靠的依据。因此，决策过程中有无可行性论证及其论证的质量如何，直接关系到决策的成败。过去，由于我们对决策可行性论证的重要性认识不足，一些重大工程项目不经过经济技术可行性分析就盲目上马；有时虽然进行可行性分析，但往往是颠倒了可行性分析与决策选优的程序，在领导者拍板定案后，用来单纯论证原决策的"正确性"。这些，都曾给我们的事业造成巨大的损失。针对过去的教训，国务院作出一项决定；今后新上的重点建设项目，包括引进国外成套的设备项目，其可行性研究报告和大型工程的设计，先由国家计委委托中国国际工程咨询公司评估审议，然后再由国家计委综合平衡研究可否列入计划。这一决定是基本建设决策程序上的重大改革，其核心是要改变过去那种先断（领导拍板）后谋（可行性论证）或断而不谋、断而少谋的状况，实行先谋后断，多谋善断，以提高决策的科学性，防患于未然。

把握决策的时机

1975年初春的一天,美国亚默尔肉食加工公司的老板正躺在沙发上看报纸,突然,一则短信让他双眼圆睁:

"墨西哥将流行瘟疫。"

这位老板立刻推测,如果墨西哥有瘟疫,必定从加利福尼亚和得克萨斯两州传入美国,而这两州又是美国肉食供应的主要基地。这两地一旦瘟疫盛行,那么全国肉类供应必定紧张。

于是,在证实了这个消息的可靠性之后,他倾囊购买得克萨斯州和加利福尼亚州的生猪和牛肉,并及时运往美国东部。

不出所料,从墨西哥传来的瘟疫蔓延美国西部几个州。美国政府立即严禁这些州的食品外运。于是美国全境一时肉类价格暴涨,肉类奇缺。

亚默尔公司数月内净赚900万美元,一时尽占风光。

机不可失,时不再来,在进退之间不能把握时机者,必将一事无成,遗憾终生。凡成大事者,他们可以在机会中看到风险,更在风险中抓住机遇。能迅速抓住机遇的人才能获得成功,对于那些随遇而安,犹豫不决的人来说,机会即使摆在他面前,也把握不住。

西奥多·罗斯福有句名言：在你作决定的时候，最好的情况是你选择了正确的决定，其次是作出了错误的决定，最差的就是你什么决定都没作。

纵使千言万语，也抵不上一次实际行动。能迅速作出决定，知道自己要什么的人，通常能得到他所想要的东西。过度的疑虑会拖延我们作出决定，使你错失本该获得的成就。

14世纪，法国经院哲学家布利丹，在一次议论自由问题时讲了这样一个寓言故事："一头饥饿至极的毛驴站在两捆完全相同的草料中间，可是它却始终犹豫不决，不知道应该先吃哪一捆才好，结果活活被饿死了。"由这个寓言故事形成的成语"布利丹驴"，被人们用来喻指那些优柔寡断的人。后来，人们常把决策中犹豫不决、难作决定的现象称为"布利丹效应"。

决策者避免布利丹效应的对策：果断选择后全力大赌。企业必须果断地抓住时机，确定新的行进方向，集中所有资源不遗余力地向新方向进发，这是一位优秀决策者应有的前瞻性能力。

"看清了再做"越来越成为一种理想状态，而不会在现实决策中出现，因为当你看得非常清楚的时候，所有的竞争对手都可能看得很清楚了，那么这个战略方向就不可能孕育着"大赢"的机会了。因此，大致看清楚一个方向的时候，企业就必须全力进取，才能够有所突破。

实际上，在没有全力进入新方向之前，没有人可以准确地看清前行的道路，为了抓住机会，企业必须作出果断的决策。有时候，企业甚至需要进行一场"豪赌"，这是企业最高决策者必须承担的一项责任。在这个过程中，最怕的是"浅尝辄止，四面出击"。"浅尝辄止"，很可能在快要挖到井水的时候放弃，而并不能探索出真正的道路来。"四面出击"，只会分散有限的精力和资源，而不可能找到未来的增长点。

大赌有赢也有输，这是必然的现象。但如果长时间犹豫不决，代价可能更大。格鲁夫在回忆英特尔转型时谈道："路径选错了，你就会死亡。

但是大多数公司的死亡,并不是由于选错路径,而是由于三心二意,在优柔寡断的决策过程中浪费了宝贵的资源,断送了自己的前途。所以最危险的莫过于原地不动。"选择可能是错的,但是不选择的代价可能更高。严重地说,后者无异于一种慢性自杀。随着竞争的损耗,企业的资源越耗越薄,选择的空间越来越少,看起来选择多元化的企业像是保留了"东边不亮西方亮"的权力,但实际上丧失的是在任何一点获得突破的可能性。

有这么一则现代管理寓言,说有一企业家,随着事业发展,手下人手日增,人多嘴杂主意多,什么事都想争个高下。企业家不知听谁的好,根本无法形成决策,企业运行陷入瘫痪。企业家怀疑自己无能,不敢见人,整日闭门看报学经。这日,见报上介绍一个新产品,名曰"决策机",立即买来一台,并严格按照使用说明进行操作。这一来,凡有需决策之事,他进小黑屋叮叮当当按几下机器,便回身答复"行"或"不行"。手下人不明就里,直夸老板变得果断英明。一日,企业庆功,企业家酒后吐真言,英明者乃"决策机"也。手下大喜,既如此,我们何不把这个英明的钢铁家伙拆开来研究透了,仿制了来卖?说干就干,切割机开始工作,切开一层又一层,厚厚的彩色钢板终于被切开,核心部件露出真面目——硬币一枚,一面写着 YES(行),另一面写着 NO(不行)。

学会放弃旧有的包袱

美国电话电报公司前总经理卡贝曾说过,放弃是创新的钥匙。企业每个新项目的出炉,往往也意味着一个旧项目的消亡,一个企业不可能面面俱到,当我们把全副精力投入到新项目时,也要学会放弃对你意义不大的旧项目,一个企业懂得放弃,才会有发展,否则让繁复的琐事束缚你的手脚,将使你一事无成。

现代社会似乎给我们描绘了一幅幅风和日丽、欣欣向荣的财富画卷,而一个个诗情画意、神乎其神的成功故事,则更令我们激情冲动、意乱情迷。于是,在众多的致命诱惑面前,太多的人忘却了理性地分析和选择,忘却了放弃,而任凭拥有和欲望的野马在陷阱密布的商界里纵横驰骋。殊不知,"放弃"是一种战略智慧。学会了放弃,你也就学会了争取。

成立于1881年的日本钟表企业精工舍,是一家世界闻名的大企业。它生产的石英表、"精工·拉萨尔"金表远销世界各地,其手表的销售量长期位于世界第一的位置。它能取得这样的成功,全取决于其第三任总经理服部正次的放弃战略。

1945年,服部正次就任精工舍第三任总经理。当时的日本还处在战争

第一编　定战略　目标正确，结果才能正确

破坏后的满目疮痍中。精工舍步子疲惫，征程未洗。而这时，有"钟表王国"之称的瑞士，由于没有受到二战的破坏影响，其手表一下子占据了钟表行业的主要市场。精工舍面临着巨大的生存危机！

服部正次并未被困难所吓倒，他沉着冷静，制定了"不着急，不停步"的战略，着重从质量上下手，开始了赶超钟表王国的步伐。10多年过去了，服部正次带领的精工舍取得了长足的进展，但仍然无法与瑞士表分庭抗礼。整个20世纪60年代，瑞士年产各类钟表1亿只左右，行销世界150多个国家和地区，世界市场的占有额也达到了50%～80%。有"表中之王"美誉的劳力士，和浪琴、欧米茄、天俊等瑞士名贵手表，依然是各国达官贵人、富商巨贾等人财富地位的象征。无论精工舍在质量上怎样下工夫，都无法赶上瑞士表的质量标准！

怎么办？是继续寻求质量上的突破，还是别走他途？服部正次思量着。他看到，要想在质量上超过有深厚制表传统的瑞士，那简直是不可能的。服部正次认为精工舍该换个活法了，他要带领精工舍另走新路。经过慎重的思考，服部正次决定放弃在机械表制造上和瑞士表的较劲，转而在新产品的开发上做文章。

经过几年的努力，服部正次带领他的科研人员成功地研制出了一种新产品——石英电子表！与机械表相比，石英表的最大优势就是走时准确。表中之王的劳力士月误差在100秒左右，而石英表的误差却不超过15秒。1970年，石英电子表一经投放市场，立即引起了钟表界和整个世界的轰动。到70年代后期，精工舍的手表销售量就跃居到了世界首位。

在电子表市场牢牢站稳了脚跟后，1980年，精工舍收购了瑞士以制作高级钟表著称的"珍妮·拉萨尔"公司，转而向机械表王国发起了进攻。不久，以钻石、黄金为主要材料的高级"精工·拉萨尔"表开始投放市场，马上得到了消费者的认可，成为了人们心中高质量高品质的象征！

通过放弃战略，精工舍取得了巨大的成功。在风云变幻的商场，这种例子不胜枚举。摩托罗拉公司放弃了制造，将制造中心托付给新加坡和中国，它赢得了自己在研发和市场的战略制高点。同样，"买卖的松下"和"服务的IBM"放弃了"统一于技术"的战略导向，而日立、索尼、本田、惠普等则放弃了"统一于市场"的战略努力。放弃是一种基于战略的价值判断，是一种有进有退、以退为进、以守为攻、张弛有度的战略智慧。

　　面对战略选择的诸多困境，选择放弃需要更大的勇气和胆识，需要非凡的毅力和智慧。因此，企业家应勇于摆脱成功光环阴影的羁绊，把企业的利益作为最高的利益，把企业的可持续发展作为终极追求。面对"灯红酒绿"的规模、利润等诸多诱惑，企业家同样要能够耐得住寂寞，卧薪尝胆，十年磨剑，守身如玉，坐怀不乱。多一些耐心和耐力，少一些焦虑和浮躁。太多的经验教训告诉我们：成功的企业是不断地进行理性的放弃才获得了持久的成功，而失败的企业则因不能进行理性的放弃才导致了最终的失败。

第二编 搭班子
构建一个高效而卓越的团队

　　柳传志著名的管理三要素是，搭班子、定战略、带队伍。这里搭班子放在定战略之前，说明了干事业，先要有一批志同道合、有着共同理想的人，然后，才能基于这批人自身的特点定出最能发挥这批人长处的战略。先搭班子说明了人的重要性，强调了人本主义，即先要确定一批志同道合的朋友，然后基于共同理想来定战略。

第一章

起步制胜：搭建好班子

　　班子的重要性，无须赘言，首先，建立一个好的班子能利用集体决策来代替领导者个人的决策，用集体智慧来代替个人智慧。其次，在我国现阶段，有些民营企业对领导者个人的依赖性较强，一个企业家一上任，这个企业马上就运转了起来，他一走，企业马上就不转了，这对企业家来说，当然是很过瘾的事，但是这种机制对企业来说却没有什么好处。搭建好的班子，可以凭借机制尽可能地减少对企业家个人的依赖性。

寻找志同道合的卓越伙伴搭建企业班子

企业要想成功，光靠个人的力量是不够的，必须发挥群体的优势。在依靠个人的力量无法完成的情况下，寻找志同道合的伙伴进行合伙就成了最佳选择。选择志同道合的合作伙伴可通过个人或朋友的人际关系圈中获得，如原来的同事、战友等。也可通过招聘方式获得，招聘时，关键要看员工的个人理想是否与公司的愿景相符。

寻找志同道合的卓越合作伙伴的重要性，在《三国演义》里就得到很好的体现。

《三国演义》的第一回里讲的就是刘关张这三个素不相识的人——宴桃园豪杰三结义，斩黄巾英雄首立功。

刘备是汉室宗亲有名有分，但穷困潦倒，唯有一个远大的抱负；关羽有才有能，无奈是杀人在逃；张飞有些资产，但无谋略不懂经营，唯有一身好胆识和超群的武艺，他们三个人可以说是各有优缺。三人在黄巾军四起之时，首先都想成就一番事业，在共同理想上算得上志同道合了，桃园三结义无疑使他们都找到了志同道合的卓越伙伴，在此之上就搭建了一个初步的领导班子。自从这个志同道合的领导班子形成以后，得到了更多志同道合者的积极响应，不但请到了传说中的卧龙先生，还来了赵云等一批卓越的班子成员，事业是蒸蒸日上，最终这么一个名不见经传的小团队却造就了与曹操、孙权呈三国鼎立之势的局面，这正是志同道合的卓越伙伴组成的领导班子的强大所在。

经济发展的浪潮越来越汹涌，对于想要创业或再造企业的人来说，若想在其中有所建树，靠一个人的力量难免会势单力孤。何不找一些有能力又志同道合的卓越伙伴来共同完成一个人所无法完成的事业呢？那样便能组成一个没有猜忌、能充分发挥战斗力的领导班子，然后再建成相应的企业，便可以最大限度地发挥成员各自的特长，提高工作效率，从而减少创业过程中的风险，也能给重组的企业带来强大的生命力。

"永业企业公司"是新鸿基地产发展有限公司的前身，它是由香港商界的"三剑侠"于1963年搭建起来的，这家企业的综合实力在香港仅次于由李嘉诚建立的长江实业集团，可以说也是响当当的知名企业。当然这个"三剑侠"的称号是后来商业人士追加的，说的就是三位经营上都取得重大成就的企业家，即地产巨子郭德胜、证券大王冯景禧、华资探花李兆基。

20世纪50年代，这三个人都看好香港的房地产业会有很大的发展前景，但他们各自的资金实力，若要投资于房地产业有所作为显然很单薄，于是三个人经过协商为了一个共同的目标走到了一起，这就是他们所说的"同心协力，进军地产，你发我发，大家都发。"

在以"三剑侠"为核心，另外五位志同道合的卓越伙伴组成的领导班子搭建完成后，"永业企业公司"正式成立了。他们三个人如同刘关张一样，各有各的特点：郭德胜老谋深算，冯景禧精通财务，李兆基胆大心细，三人联手可谓珠联璧合。

由于资金方面的不足决定了"永业企业公司"最初的经营方式。他们对市场作出了分析，决定以低价买进旧楼，拆掉重建，再伺机收购一些无人问津又有发展潜力的土地,进行转手买卖,并且制定了"分层出售,十年分期付款"的营销政策,赢得了用户的信任。

几年的合作奋斗已经使他们看到了美好的前景,在具备了一定的资金和声誉的时候,他们果断地亮出了自己的旗号"甩掉"其他股东,重新组合成"新鸿基企业有限公司"。

"永业企业公司"之所以在发展的过程中能够克服种种困难,由无到有,再由有到壮大与其说他们干得顺,还不如说是这样志同道合的卓越伙伴组成的领导班子,具有强大的战斗力和发展前景更为确切。

无论是大企业还是小企业,在发展过程中难免出现合作或并购重组。

四川嘉里集团生产的"金龙鱼"可能大家曾听说过,但又有谁知道在中国,每卖出一瓶可口可乐,嘉里的口袋里也会装入相应的钱呢!四川嘉里集团找到了一个很好的合作伙伴,那就是可口可乐。它便可以借助可口可乐这个合作伙伴使企业发展壮大了。这个并不为内地人所熟知的企业一步步的发展壮大,逐渐影响着我们的生活。

三国中也提到了这么一个问题,当初刘备的军队好不容易找到了新野这个弹丸之地立足准备发展的时候,曹操有先见之明就派兵想灭了刘备,诸葛亮便向刘备献上了"联吴抗曹"的战略方针,孙刘两家的联合,制造出了火烧赤壁这样的伟大战役,不但保留了自己的实力,还削弱了曹操的实力,对于蜀国的发展来说,这次合作是十分有必要的。

企业迈向成功的道路不应该是独自存在的。在力单势孤的情况下,如果依然不寻求正确的发展之路,被其他实力雄厚的企业吞并掉是完全有可能的。况且这种大鱼吃小鱼的事情在商海中屡见不鲜。

在这种情况下,选择与其他企业联合,不失为最好的战略。如刘备起初发展是一样,在自己实力不强的时候可以通过结盟的方式,找到志同道合的企业齐头并进共同发展。这样的话,无论是在资源方面还是在市场的竞争力方面都可以得到相应的壮大。一旦自己有充足的实力之后再摆脱合作独立发展,这样才是聪明的领导班子该作的战略。

还有一种情况，那就是有一定实力的企业在发展壮大过程中为了弥补自身一定的缺陷，也会找一些资金实力不算太雄厚的小企业进行合作，这样做一方面解决了大企业的缺陷，另一方面也给那些缺少资金的小企业提供了大量的资金，带动了它的发展。

北京联想计算机集团公司在发展的时候，就采取了"避强就弱，优势互补"的方针。北京联想计算机集团公司在合作上选择了由几名毕业于伦敦大学计算机专业的年轻人创办了导远公司。导远公司虽然资力不十分雄厚，却熟悉国际市场。而联想集团虽不熟悉国际市场，却有技术实力，有维护服务网络的长处，再加上依托中国技术转让公司的经济实力、信誉，得到一定数额的贷款，就形成一种优势。

在它们互惠互利的前提下，两公司在较短的时间内都得到了长足的发展。北京联想计算机集团公司也当年收回投资，它们凭借自己的技术实力和合作的效应，在国际市场也有了一定的影响力。两家公司正可谓是"瞎子背瘸子"的完美合作。

志同道合的卓越伙伴共同起来的领导班子，能够令大家劲往一处使，让企业从内部形成一种凝聚力，使企业具有生机勃勃的发展前景。

有战斗力的班子才是好班子

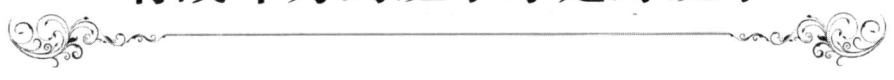

我们一直关注的就是，什么样的班子才能称得上好班子？答案很简单——只要有战斗力的班子就是好班子。

世界首富比尔·盖茨的大名在世界的每个角落都是响当当的！至于他所创立的微软公司为何能够如此强大，他曾经这样评价："如果把我们顶尖的20位微软成员挖走，那么我可以告诉你，微软会变成一家无足轻重的公司。"

可以这样说，微软之所以如此成功源于它有一个非常有战斗力的领导班子。微软领导班子的核心成员只有两个：一个是负责产品方面的盖茨本人，另外一个就是负责开拓市场的盖茨多年同学斯蒂夫·鲍尔默，其余的班子成员大都是所分管各个领域的精英。这样一个拥有强大战斗力班子的企业，能创造出一个世界首富根本不稀奇。

企业要想建造一个领导班子，首先要确立两个位置最重要的人选："一把手"是班子的责任者，必须首先确定；二是班子的核心成员，这些人是部门全局问题的策划和支持者，在选择方面一定要慎重。《水浒传》里的梁山好汉们也组成过一个领导班子，在一百单八将组成的班子中，各种各样的人才并不缺乏,为什么最后还是被剿灭了呢?只要稍加分析便不难发现这个领导班子中的弊病。表面上看,这个班子并不缺乏人才,而且如果真刀真枪的战斗,他们的战斗力也十分强大,但是在搭建中最关键的一点他们没有把握住;那就是他们在选择"一把手"的问题上不够冷静,把一个无德无能的宋江推上了最高的决策位置,而且在一些很重要的问题上宋江太"独"从不和人商量,导致梁山这个集团的土崩瓦解也就成了情理之中的事情。

"一把手"在班子中处于关键地位,负有特殊的责任。有战斗力的班子在组建班子时,就会把有较强驾驭能力的人选配到"一把手"的位置上。"一把手"主要是带好班子,如果带不好"一班人",那就不称职。班子状况如何,同"一把手"关系很大,因此对他们必须提出更高的要求。一要坚持原则,二要把握全局,三要团结同志,四要加强修养。领导工作要有原则性、系统性、预见性、创造性。对于企业里的"一把手"来说,原则性是第一位的。把握全局,就要求在工作中既善于照顾全盘,又善于抓住主要矛盾,能够协调各方面的力量,调动各方面的积极性。在领导班子内部,要用大局来统一思想,协调行动,处理矛盾。团结同志,就要求胸襟开阔,光明磊落,互相学习,互相尊重,以理服人,以德服人,要以人格的力量团结同志。绝不允许当面一套背后一套,表里不一。加强修养,就是通过学习和实践,培养和保持高尚的道德情操。

领导班子在选好、配好"一把手"的同时,要重视搞好班子成员的配备,实现领导班子的优化组合也是关键。班子成员中,除了个人素质外,还有的就是班子结构问题。在坚持德才兼备原则的前提下,根据各类班子的不同情况,合理调整和改善结构。在注重处事能力的基础上,要注意年龄结构、专业知识结构,还要注意班子各个成员的特长,使领导班子成为整体素质良好、成员优势互补的坚强集体。在班子成员的选择上一定要遵循这样的原则:一要坚持任人唯贤,反对任人唯亲;二要注重德才兼备、不求全贪多;三要坚持选任标准,还要不拘一格;四要唯才是举、用人所长,防止用其所短。

有了合理的班子仅是搭建有战斗力的班子迈出的第一步。那么怎样才能发挥一个拥有合理配置班子的强大战斗力呢?

(1) 企业的领导班子要有导向明确、科学合理的奋斗目标。而且还要把经营目标、战略、经营观念,融入每个成员的头脑之中、成为共识。从"一把手"到普通的班子成员都要对目标进行分解,使每一部门、每一个人都知道自己所应承担的责任和应作出的贡献,把每一部门、每一个人的工作与企业总目标紧密结合为一体。

(2) 要增强班子成员自身的影响力。企业的领导班子就是企业的核心,一个富有魅力和威望的领导班子,自然会把全体员工紧紧团结在自己的周围。班子成员由于其地位和责任而被赋予一定权力,但仅凭权力发号施令、以权压人是形不成凝聚力的,更重要的是靠其威望、影响力令人心服。这种影响力的产生完全取决于班子成员自己:一是取决于他们的知识、经验、胆略、才干和能力状况;二是取决于他们能否严于律己,率先垂范,以身作则,能否全身心地投入事业等。

(3) 要在企业内建立一种系统的科学管理制度。没有有效的制度和规范,就会出现无序和混乱,就不会产生井然有序、纪律严明、凝聚力很强的班子。

(4) 领导班子内部成员良好的沟通和协调,能够减少企业的内部阻力。沟通主要是通过信息和思想上的交流达到认识上的一致,协调是取得行动的一致,两者都是形成有战斗力班子的必要条件。

(5) 领导班子要完善企业的激励制度,激发员工的工作热情。合理的激励制度,不仅在于物质方面的,还要加强精神方面的力度,否则任何激励都不会有明显的效果。

(6) 班子成员要善于开发人的潜能,促进企业每一位员工的成长。只有充分发挥每位员工的潜能,企业才会蒸蒸日上,才能更说明这样的领导班子有战斗力。为此班子成员要认真研究每一个员工的才能、专长、潜力、志向,帮助他们规划设计人生之路,并用其所长,使人尽其才,同时为不断提高员工的素质、开发他们的潜在能力作出积极努力。

(7)建立和谐的人际关系、搞好班子内部的团结,发挥班子强大的合力作用。领导班子的团结很重要,团结就是力量,团结才有凝聚力、战斗力。班子成员之间友好、融洽地相处,就能创造一种和谐的良好的人际关系,会使人心情舒畅、精神焕发,工作更得心应手。

只有加强这些方面的建设,企业的领导班子才能成为一个真正有战斗力的班子;才能发挥企业最大的优势,获得良好的经济利益。

第二编　搭班子　构建一个高效而卓越的团队

过硬的一把手是有战斗力班子的核心

秦始皇虽然制造了一系列影响时代前进的事件，但是他在历史上的地位还是不可磨灭的。他是历史上第一位真正统一中国的伟人，也是在他的号令下，世界最伟大的人工奇迹之一的万里长城巍然屹立在世界的东方。如果是没有秦始皇，那时的中国还需要历经多少岁月才能得到统一就不可而知了！

历史上的每个朝代都会出现一个或几个伟大的领袖，领袖们的作用在各个时期的不同方面都有所显露。综上所述，人类社会是个需要领袖的社会。当然这个领袖包括精神的领袖和组织的实际的领袖，一个没有领袖的社会是混乱的社会，一个没有领袖的组织，只能是"乌合之众"。

领袖对于一个国家的建成和发展是至关重要的，德国总理科尔就是其中一位卓越的领袖。

1982年10月4日，以科尔为联邦总理的新政府组成。科尔成为联邦德国历届最年轻的总理，时年52岁。如果说19世纪末俾斯麦是"德国最重要的人物"，那么20世纪末，科尔在德国应当享有这一殊荣了。德国无论是在欧共体内，还是在欧洲事务中，都有着举足轻重的地位，德国的经济也备受世界各国关注。

德国的复兴和发展与战后几位领导人审时度势的决断力有密切关系，这里自然少不了科尔的功劳。科尔作决策十分果断，他的一句口头禅是，"我们现在就干！"人们对他的评论是，"一个敢于果断地作出决策的人，一位不达目的绝不罢休的人。一位不瞻前顾后的勇士。一位既信任别人，又令别人尊重的人。"

科尔在1982年接任联邦总理时，德国经济正遭受着经济危机的冲击处于停滞状态。在科尔政府的治理下，联邦德国的经济很快就走出了低谷，经济形势趋向好转。1987年，联邦德国的出口总额甚至超过美国，居世界之冠；黄金、外汇储备，西欧主要工业国家中，联邦德国也名登榜首。在西方世界中，经济实力已与美国、日本三足鼎立。

1989年，先是匈牙利政府宣布拆除与奥地利交界的国境线上的所有边界设施和铁丝网。民主德国一些公民利用去匈牙利旅游度假的机会，取道奥地利移居联邦德国。随后民主德国公民通过各种渠道大量出走到联邦德国。接着民主德国政府宣布开放边界，民主德国公民犹如洪水般涌向联邦德国。12月22日，民主德国开放柏林墙。1990年10月3日，一个拥有近8000万人的德国，在中欧大地诞生了。

在科尔这位领袖的带领下德国不但实现了合并，而且综合实力也有了明显的提高，这正是一个领袖在国家的富强上巨大的带动和指挥作用。

企业就是一个小的国家。一个想要长久生存的企业，必定有个属于自己企业的领袖，也就是在现代企业中被人们称为"一把手"的人物。如同一百年来美国经济时代的福特、斯隆、小托马斯·沃森、比尔·盖茨和日本起飞时期的企业领袖松下幸之助、本田宗一郎等，而在中国的企业里也有着一批相当不错的"一把手"，掌控着一些企业的发展方向。在联想是柳传志，在海尔是张瑞敏，在格兰仕是梁庆德，在万科是王石，在华为是任正非，在长虹是倪润峰，在力帆是尹明善，在万向是鲁冠球。

第二编　搭班子　构建一个高效而卓越的团队

这些"一把手"就像是乐队的指挥一样,当每一种乐器各自为政地演奏时,演奏出来的音乐没有人喜欢听。而通过指挥者的努力洞察及领导,就能将其中各个乐器很好地协调在一起,奏出美好的乐章。在企业中"一把手"与他领导的班子中成员的任务是不同的:一把手是去"做正确的事",而班子成员最大的任务就是去"正确地做事"。

不是所有的"一把手"都能使班子产生强大的战斗力,从而带动企业的发展壮大。

鲦鱼因个体弱小而常常群居,并以强健者为自然首领。有科学家做了一个实验,将一只领头的鲦鱼后脑控制行为的神经割除后,此鱼从此就失去了自制力,行动也变得紊乱了,但其他鲦鱼却仍像从前一样盲目追随。

现代企业管理中经常会出现类似的"鲦鱼效应",对于"一把手"的决策过分信任,导致不假思索地盲从,使班子失去自主力、使企业在经营上举步维艰。可见,"一把手"在企业生存成长以及带动班子发展的过程中起了决定性的作用。

选班子成员要科学

许多企业都希望在领导班子中引进一些能干的人才，来为其他员工造成一种紧迫感和压力，借此来带动整个领导班子的战斗力，使班子内生机勃勃，充满活力。

（1）"鲇鱼效应"，激活企业内核。

从前，挪威人出海捕捞沙丁鱼，虽然每次都能捕到很多，可是每次整船的鱼运回港口的时候，沙丁鱼都挤在一起，大部分变成了死鱼，因为沙丁鱼是一种喜欢群居的生物。渔民们只好把这些死鱼低价卖给鱼贩子。

后来，渔民们发现只要在鱼槽里放一条鲇鱼，就可以保证沙丁鱼能够活蹦乱跳地回到渔港。原来鲇鱼放进鱼槽后，由于环境陌生，它就四处游动挑起摩擦。而大量的聚集在一起的沙丁鱼发现多了一个"异己分子"，自然会紧张起来，加速游动。这样一来，回到渔港的沙丁鱼自然鲜活乱蹦了。

我想这些企业的领导层就是想利用这么一种"鲇鱼效应"，来制造企业内部人员竞争的效果。

很多企业的领导层在用人时都懂得利用"鲇鱼效应"，但它不是绝对真理，它的运用也有"度"的限制。其实，万事皆有度，问题是"度"在哪里。不少企业误认为只要引进人才，就能实现"引进一个，带动一帮"的人才效益。殊不知"鲇鱼效应"是有条件的，是要经过科学评估与运作的，如果不能将"鲇鱼效应"放在整个人力资源开发之中全盘考虑，就会适得其反，酿成"鲇鱼负效应"。发挥"鲇鱼效应"的关键是，能否准确地判断员工安分守己，不思进取，如果恰恰相反，你所在的部门内的员工中有一个或几个生龙活虎，锐意进取，本身就有一个良好的"鲇鱼效应"，这时你仍然我行我素地坚持引进"鲇鱼"，就可能发生"能人扎堆"，内部起哄，人力资源管理效率低下。

（2）强强联手，不"强"反"弱"。

经营理念中有这样一个道理：智慧和能力相同或相近的人不能扎堆儿。能人扎堆儿对企业发展不利。请看这样一个例子：

三个能力很强的企业家合资创办了一家高新技术企业，并且分别担任董事长、总经理和常务副总经理的职位。一般人认为这家公司的业务一定会欣欣向荣，但结果却令人大失所望，这家企业非但没有赢利，反而是连年亏损，原因是不能协调，三个人都善决断，谁都想说了算，又都说了不算，最后啥事也没干成，管理层内耗导致企业严重亏损。这家公司隶属于某企业集团，总部发现这一情况后，马上召开紧急会议，研究对策，最后决定敦请这家公司的总经理退股，改到别家公司投资，同时也取消了他总经理的职位。有人猜测这家亏损的公司再经这一番撤资打击之后，一定会垮掉，没想到在留下的董事长和常务副总经理的齐心努力下，竟然发挥了公司最大的生产力，在短期内使生产和销售总额达到原来的两倍，不但把几年来的亏损弥补过来，并且连连创造出相当高的利润。而那位改投资别家企业的总经理，自担任董事长后，充分发挥自己的实力，表现出卓越的经营才能，也缔造了不俗的业绩。

这种领导班子的建立并没有成为人们想象中的强强组合。仔细分析下也不无道理：班子成员中的三个人都是一流的经营人才，最大的特点是在同一个领域内都有自己的主见，但也正是主见惹的祸，每个人的观点中的弱点恰最能吸引对方的眼球，而这恰又是对方攻击的火力点。所以这个领导班子过多地表现为对抗，发展的结果对企业有害而无利，就像病毒一样会导致整个企业工作的瘫痪，对领导工作和企业都是致命的。

这个例子的确值得每个企业深入地进行研究。习惯上，我们承认多数人的效应，因而有"集思广益"和"三个臭皮匠，胜过一个诸葛亮"的说法，认为采用一个人的智慧，不如综合多数人的意见。然而，每一个人都有他的智慧、思想和个性，如果意见不一或个性不投缘，往往容易产生对立和冲突，这样一来，力量就会被分散或抵消。一加一等于二，是尽人皆知的算术问题，可在用人上就不同了。配置得当，一加一可能等于三、等于四，甚至等于五；配置不当，人员失和，一加一可能等于零，也可能是个负数。

(3) 西游之强弱搭配，骨干发威易逞强。

怎样使人员配置更加合理呢？一般地说，高层领导班子以下的每个分部门，最好不要都配备精明强干的人。道理很简单，假如把十个自认一流的优秀人才集中在一起做事，每个人都有其坚定的主张，那么十个人就会有十种主张，根本无法决断，计划也无法落实。但如果十个人中只有一两个才智出众，其余的人较为平凡，这些人就会心悦诚服地服从那一两位有才智者的领导，工作反而可以顺利开展。

《西游记》中三位徒弟的搭配便是最好的搭配案例，如果西天取经保护唐僧的是三个孙悟空，那么遇到事情之后到底听哪个"猴哥"的？其余的"猴哥"甘于被支配吗？所以，还是孙悟空、猪八戒、沙和尚的强弱搭配比较合理，遇到事情孙悟空有绝对的"权威"可以带领其余两位师弟。

因此，经营者用人，不光要考虑其才能，更要注意人员的编组和配合。

(4) 人才引进需"降温"，搭配合理是关键。

企业不能盲目引进"鲇鱼"，否则很容易生成"鲇鱼"未到，"沙丁鱼"开溜。企业在运用"鲇鱼效应"，决定是否引进"鲇鱼"时，一定要看有没有实际需要，是否可以将本企业内的一些有作为的"沙丁鱼"提升为"鲇鱼"。如果盲目引进，就可能使一些有抱负的"沙丁鱼"由于看不到希望而另谋高就。

第二编　搭班子　构建一个高效而卓越的团队

有些单位一方面大量引进人才，一方面却人才大量流失。一项统计数字表明，企事业单位中等以上人才流失率高于20%。某国有企业两年前招用的10名中级人才到目前已经走了5名，原因是他们认为企业没有给自己合适的岗位。而企业方面却坚持说走的人是不愿在企业工作。

问题出在哪里？有关人士指出，人才引进的盲目性是首要原因。有些地方政府把引进多少人才作为评价工作成绩的标准，迫使人才引进"升温"。有的单位拿引进的人才装饰门面，以此来提高自身的含金量或作为申请资金和项目的砝码。专家认为，人力资源的结构总是呈动态的金字塔状，但有些地方往往只感到缺少顶尖人才，出台引进院士、博士的优厚政策，结果却是院士、博士没引来，却走掉了处于金字塔上层的骨干人才和处于中下层很具发展潜力的优秀青年人才。

仅仅将人才引进还是不够的。用人单位需要确立正确的人才观念，不一定要引进硕士、博士等高学历人才，那样会造成人才的浪费，而应该按需而取，寻找对自己最适用的人才。

人才引进之后又流失是市场不健全的表现之一。正常的人才流动是建立在合理的人才供求关系之上的，如果引进人才的水平高于所需或者是有需求而不引进人才，都会破坏人才的正常流动，造成无序的人才竞争和人才的供需不平稳，最终影响人才作用的发挥和整个社会人力资源的优化配置。单一化的人才战略问题重重，若是从多元化人才战略上发展就不同了：班子成员之间就不会产生太多的阻力，从而形成一种内聚性。也会使他们对其他人的想法真正感兴趣，也会变得愿意接受其他具有专长、信息或经验和当前的任务或决策相关班子成员的领导和影响。

如果能够完成人员的合理配置，那么班子成员就能看到对方的优点，互相都为对方的成功鼓掌，这个企业就会前途光明；一旦配置不合理，成员们由于排斥看到的都是对方的缺点，别人有点成就就心里不舒服，即使工资再高，生活在这样的团队也是痛苦的，那么企业也会因此看到更多的争端而不会得到发展，所作的一切努力就会得到适得其反的效果。

建"精品"班子，避免家族班子的产生

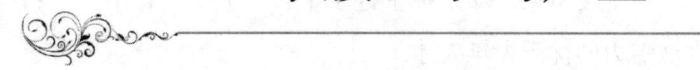

长期以来，国外有许多大企业建立的都是家族式领导班子，例如洛克菲勒公司与福特公司。但是稍微有远见的大企业已经逐步在改变这种状态，试图形成一种在专业管理制度下的领导班子模式。

为何这些家族式的领导班子要进行转变呢？显而易见，家族式的班子带来的弊大于利。家族式的班子总给人一种排挤外人的感觉，令一些少数非家族成员在班子中根本没有发挥的余地，合理化建议也得不到采纳。

纯家族式的领导班子在人才结构上，较之专业管理制度下的班子没有丝毫的优势。有很多时候这种家族式领导班子的组合根本就是不合理的，比如在作重大决策的时候很容易倾向于一些班子中有威望的家族长辈，不能在大家的群策群力下作出正确的判断，在某些经营管理方面出现问题也就在所难免了。

当然也不是所有的企业班子中都不能出现家族成员，如果这些家族成员非常能干而且勤奋，进入领导班子也不会带来什么弊端。

现代管理学之父杜拉克认为，如果让平庸的——甚至更糟的家族成员进入企业的领导班子，会使那些非家族的班子成员以及员工感到不快，整个员工队伍也会对领导班子的信任度大打折扣,有时班子中的那些非家族成员会很快的跳槽,使班子的战斗力锐减。

(1)杜邦家族成员入企考核严。

杜邦公司作为一个以家族班子为主的企业之所以能够得到长期的发展,就是因为它勇于面对这样的问题并及时进行解决。杜邦给家族成员带来的唯一好处就是,所有杜邦家族的男性成员无一例外的可以在杜邦得到一个工作起步的机会。在杜邦工作5~6年后,4~5位家族长者会对他们在公司的表现作出一个仔细的评估,如果认为他们在10年之后没有进入领导班子的可能,就会被毫不客气地请出杜邦。

从古代的皇族式的垄断管理中也不难看出这种弊端,只要某个人争得了皇帝的位置,他的整个家族都会得到提升,无论是有能力的还是没能力的,一律都封官封爵。往往会造就一种皇帝撑腰、肆无忌惮的行为的发生,况且若不是凭才能得到的官职也会遭到众人的鄙视,这就给整个国家的繁荣发展埋下了隐患。

(2)孙中山举贤避亲。

中国历史上也不乏在组建班子方面具有卓越的眼光的事例。

孙中山先生是我国民主革命的先行者,他在选用领导班子成员时就很有眼光。1912年元旦,他出任中华民国临时大总统,可谓掌握了中国的大权。

他有一位哥哥叫孙眉,早年侨居美国,经营商业,并有大片牧场和农场。为支持孙中山的革命活动,他拿出了全部家产,并加入了兴中会,直接参加了组织武装起义等革命活动,也是个有学问,而且有点名气的人。

恰巧这时广东都督一职出缺,于是便直接向孙中山提出要做广东都督。与此同时,孙中山还收到了许许多多的电报,要求委任孙眉担任广东都督。而且当时的教育总长、孙中山先生所尊敬的蔡元培先生也是举荐者之一。

孙中山想:论才能和民望,孙眉确实是广东都督的合适人选,但孙眉一旦担任了广东都督,那不是"弟荫兄"吗?孙中山从革命的大局来考虑，认为孙眉还是不当广东都督为好。于是他毫不含糊逐一复函给各位，陈述国民政府的用人原则是"唯才能是举，不问其党与省"，同时声明自己反对用人唯亲的传统陋习。他解释不能委任大哥的理由，说"受之适足以害之"，所以不能任命孙眉为广东都督，后来他推举了更懂得管理的蔡锷为广东都督。

孙中山坚持认为考试是最好的选拔官员的办法。他认为考试是为了避免封建恩赐官职、只凭君主一人喜怒的腐败；是为了避免资本主义国家选举制，"对于被选的人民就没有办法可以知道谁是适当"的盲目滥选；是为了避免资产阶级政党分肥制，"凡是委任官都是跟着大统领进退"的弊病；是为了克服资产阶级常任文官制度"只考试普通文官"、"只能用于下级官吏"的局限，从而保证"把国家的大事托付给有本领的人"。

孙中山领导的资产阶级民主革命虽然最后失败了，他所倡导的考试制度也未能实现，但他的反封建思想和对未来社会选用人才的思想是值得称道的。孙中山主张用考试权保证人民选用德才兼备的"专门家"组成国家官吏队伍。

（3）联想家族子女入企闯三关。

联想集团的"一把手"柳传志在这个方面也有着很坚定的态度，他说："我们不允许自己的子女进公司，以免形成一种管不了的力量，我儿子是'北邮'学计算机的，后来在哥伦比亚大学读了硕士，如果他到联想来工作，就会大大影响别的年轻人积极性的发挥。如果有些领导部门和关系户推荐一些人到公司来，必须进行笔试，合格后要3个副总裁签字才允许这个人进来，绝不能形成哪个家族成员被私自引进企业当中。"

若想组建一个合格的、有战斗力且服众的"精品"班子，一定要把家族内的人约束好，对于班子成员的选拔，一定要通过真才实学的考证才行，一定不能随便地让家族成员进入班子。如果那样不但会不服众，也会在某些方面拖整个班子的后腿，使整个班子失去应有的管理绩效，使企业为此遭受损失。

第二章

班子是集体的领路人

　　古往今来的历史上一直都存在着"班子"这一说法。唯一不同的是，古代的班子都是围绕着政治、权力组建起来的，而现今的班子不仅和政治挂钩，还和经济建设密不可分。

　　无论是争权夺利还是巩固政权，都需要搭建一个好的班子来实现奋斗目标，这是历史发展的必然。

班子成员要发挥承上启下的桥梁作用

班子成员不但要成为一个很好的决策者,还要在决策推出之后成为一个很好的执行者,并且这种执行,一定要建立在带动整个部门或企业员工共同执行的基础上,才能称之为一个好的班子成员。

一个企业的领导班子中必定要有一位"一把手",来把握整个企业的发展方向和全局。其余的班子成员则是这个企业内"一把手"的左膀右臂、助手。班子成员能不能发挥好自身的作用、摆正自己的位置,直接影响到班子的凝聚力和战斗力,对工作的顺利开展、各项工作目标的圆满完成,更是有举足轻重的影响。因此,在企业具体工作实践中,班子成员要全力支持"一把手"的工作,正确处理好与班子其他成员之间的关系,做到优势互补、团结合作;与此同时还要把领导班子的决策和命令,毫不保留地传达到企业员工的工作当中,做好模范带头作用。"这就要充分发挥班子成员承上启下的桥梁作用了。

(1)找准位置、当好参谋,发挥"承上"作用。

在《三国演义》中,刘禅继位不久,曹丕就分兵五路攻打蜀国,蜀国

第二编　搭班子　构建一个高效而卓越的团队

上下形势一片危急。而作为军事上的主帅诸葛亮却托病不出，急得皇帝刘禅和众大臣团团转，最后还是刘禅坐不住了，亲自驾临诸葛亮府邸登门拜访、询问破敌之计，此时的诸葛亮正在自家院中钓鱼。刘禅责备他时，诸葛亮顷刻间便除去了刘禅心中的顾虑——原来诸葛亮已经暗中使计挡住了五路中的四路兵马，而对付最后那路兵马也仅在挥手间而已。这就是作为军事上的主帅诸葛亮，做出的最值得我们学习的"承上"案例。

那么，如何才能像诸葛亮一样做好这个参谋呢？

一要有甘当配角的正确认识。领导班子好比一个乐队，"一把手"是乐队的指挥，班子成员则是乐手，班子成员只有按照"总乐谱"的要求，把握好主旋律，弹好"协奏曲"，绝不能串音、跑调。只有步调一致，齐心协力才能弹奏出优美、和谐、动听的乐章，才能开创工作新局面。

二要在工作中注重与一把手的密切配合，当好参谋。对工作要积极主动，敢于直言，善于提出自己的意见，对决策的正误一定要客观地进行判断。

三要善于领会"一把手"的意图。作为班子成员一定要有较强的悟性、灵性，在工作中要全面准确领会"一把手"的意图，使各项工作不偏离中心和方向，这样才能够与"一把手"在思想上、行动上保持一致，只有保持了一致，工作上才会出成绩。就像打仗一样，下级一定要按照上级的作战意图、方案，部署兵力、火力，明确作战的主攻方向，作战目标，协同作战等方案，这样才能取得战斗的胜利，否则，就有可能影响整个战争，所以领会上级的意图十分重要。

怎样才能更好地领会"一把手"的意图呢？

要了解"一把手"的常规工作思路和日常工作特点，可以从一般的会议讲话、平时的交谈、工作计划要点中加以分析研究，领会其意图。

要多请示、多汇报，在聆听"一把手"的意图和想法中体会其意图。

要联系工作实际或阶段性工作情况去分析、理解"一把手"的意图。

俗话说"一个篱笆三个桩，一个好汉众人帮"，班子成员都要以诚相待，鼎力相助，搞好配合。"智者千虑，必有一失"，任何人的工作难免出现疏漏，当"一把手"考虑问题不周时或出现失误时，要及时补缺，不能袖手旁观；"一把手"面临困境时，要挺身而出为其解难排忧。班子成员给"一把手"当好参谋是分内的事，也是必须具备的素质。

只有把"承上"工作充分地做好了，才能正确执行和实施整个领导班子所作出的决策，才能把对员工的"启下"工作做到位。

（2）抓落实、搞分管，承担"启下"重任。

"启下"工作要想做得好，班子成员就要抓好在员工队伍中的落实工作。在正确的决策和充分领会"一把手"的工作布置以后，班子成员的主要职责就变成了"抓落实"，不允许出现合自己想法的决策就执行，不合自己想法的决策就拖着、糊弄着，抱有抵触的情绪。

强化责任意识，对于领导班子成员在落实上出现的种种问题有一个很好的制约。抓落实体现的是一种精神状态，一种责任意识。首先要充分认识到职务的本质是责任，对自己肩负的重要职责有明确的认识，站在对企业负责的高度，以昂扬向上、奋发有为的精神状态，全身心地投入工作，把强烈的责任意识转化为克服困难的动力。其次要创造性地开展工作，要善于领会"一把手"的意图。班子成员自身要有较强的悟性、灵性，使各项工作不偏离中心和方向，这样才能够与"一把手"在思想上、行动上保持一致。根据总体工作目标，紧密结合所分管工作的实际，理清思路、把握重点，不断探索和创新，找出解决问题的办法和路子，开创工作的新局面。

做好分管工作才是做好承上启下、发挥桥梁作用的重点所在。班子成员能否做好分管内的工作，是衡量其是否称职的主要标志，也是班子成员能力、水平的体现，做不好分管工作，"一把手"不满意、企业员工也不赞同。

分管工作就是抓好自己部门，或者自己所管辖下员工的工作任务是否符合要求。那么，怎样做好分管的工作呢？

首先，要明确自己分管工作的任务、范围、权限，也就是自己应该怎么管、管什么，职责任务必须明确，不能乱管也不能不管，要按"一把手"的要求去分管。

其次，要善于学习和借鉴他人的经验和成功之处，寻求做好分管工作的方法、技巧和途径，特别是要学习"一把手"研究处理工作中的思维和方法，还有领导艺术。学习一定要虚心、诚心，从而提高自身素质，尤其是年轻的班子成员不要目中无人，这样即使有管理水平，也很难做好工作。

再次，在处理分管工作的时候一定要有主动性，对布置的工作要有明确的落实结果和检验，不能布置完任务就不管了。在执行过程中要克服依赖性，克服在决策之内一些事情的具体处理办法，请示"一把手"的情况出现。工作中不要怕出问题，不要怕困难，困难就是机遇，困难问题解决了才能验证班子成员自身的能力。同时班子成员要勇于承担责任，特别是遇到一些棘手的问题，要敢于承担责任，积极谨慎妥善处理问题，主动为"一把手"保驾护航，尽量把矛盾解决在自身能够处理的范围内。

最后，要能充分调动和发挥分管内员工的积极性、创造性，以及协作精神，要了解他们的思想动态，在工作、生活等具体方面多关心和帮助他们，使他们不分散在工作中的注意力。

如果说企业中的"一把手"是企业的头脑和上半身，把握着企业的发展大局；那么员工则是企业的下半身，是企业发展的根本力量。而领导班子成员就是处于承上启下作用的"腰"，如果企业的这个"腰"出现了问题，这个企业一定也会出现瘫痪的症状，不会好到哪去！所以班子成员在企业里一定要发挥自己的作用，一方面做到能很好地帮助"一把手"处理决策上的问题，另一方面还要很好地做好员工的管理和执行工作。让企业的"上半身"和"下半身"在班子成员这个"腰"的作用下，能够有机地结合起来发挥作用。

班子成员要有协同作战的意识

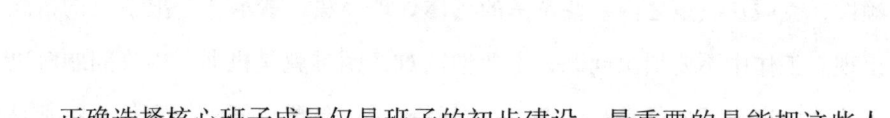

正确选择核心班子成员仅是班子的初步建设，最重要的是能把这些人的力量集中到一起：心往一处想、力往一处使，这就需要在班子内部建立一种很好的信任关系。如果班子成员貌合神离、互相猜疑，怎么可能形成一个高效率的、富有凝聚力和战斗力的班子呢？

班子成员之间要相互信任。从个人的交际关系中不难知道，信任是脆弱的，它需要很长时间才能建立起来，却又很容易被破坏，破坏之后要恢复又很困难。

要成为一名优秀的班子成员，需要学会与其他成员进行公开、坦诚的沟通；学会面对个体间的差异并解决冲突。说到底，一个真正信赖别人的人，一定也会受到大多数人诚心诚意的信赖。古有"士为知己者死"的豪情，如今几乎每个人都有"投桃报李"、"将心比心"的想法。相反的，那种漠视他人对自己的信任、时刻想利用别人达到自己目的的人是极少数的，也是最终会被社会淘汰的。

三国"赵子龙单骑救主"中有这样的细节：忽见糜芳身带数箭，踉跄而来，口言："赵子龙反投曹操去了也！"玄德叱曰："子龙是吾故交，安肯反乎?"张飞曰:"他今见我等势穷力尽,或者反投曹操,以图富贵耳。"玄德曰:"子龙从我于患难,心如铁石,非富贵所能动摇也。"糜芳曰:"我亲见他投西北去了。"张飞曰:"待我亲自寻他去,若撞见时,一枪刺死!"玄德曰:"休错疑心。岂不见你二兄诛颜良、文丑之事乎?子龙此去,必有事故。吾料子龙必不弃我也。"

可以看得出来,以刘备为核心的领导班子中,刘备对赵云就十分信任。赵云果然不负所望,拼死刺杀,七进七出长坂坡终于救出刘备之子阿斗。

一般来说,人在受到信赖的时候,都会产生快乐和满足的感觉,进而诱发出全力以赴的心情。班子中成员的互相信任,更是协调班子成员关系、发挥强大战斗力的制胜法宝。

领导班子的状况直接影响着企业的发展。实际上通用电气公司之所以能名扬天下,不仅是因为有了杰克·韦尔奇这样的"一把手",更重要的是通用有一个高效的领导班子。一个协作良好的领导班子,会使企业的业绩具有乘数效应。而如果班子成员协作不佳,相互冲突和相互制约则会使班子与企业共同灭亡。

20世纪60年代中期,日本经济迅速发展,成为世界经济大国,本土企业的国际竞争力也跃居世界前列。为探求日本经济奇迹的秘密,以美国为首的西方国家对日本企业展开了深入的研究。

研究发现,如果以日本最优秀的员工与欧美最优秀的员工进行一对一的对抗赛,日本的员工多半不能取胜,但如果以班组和部门为单位进行比赛,日本总是会占上风。原因在于,欧美的企业是由少数人来主导的,工作由上级以命令的形式发布。在个人主义盛行、鼓励个人奋斗的欧美社会,组织内经常会发生内耗,无法发挥最大的合作功效。而在日本的企业中,员工有着强烈的归属感,故而工作勤奋认真,将全身心都投入到了企业,而企业领导班子则善于发掘全体员工的智慧,注意调动员工的能动性,培养协作精神,使企业的绩效得到了很大程度的提升。

在现实生活中,协同作战能发挥巨大潜力的例子很多。美国芝加哥曾经举办的一次驴子结队拉重竞赛,被经常用来证明团结协作的效率:在这次比赛上,获得第一名的驴队能拉9000磅,第二名稍次于这一重量,当把两个驴队合在一起时,却拉动了30000磅。这说明,两个以上个体的协同作战所产生的效果会超过各个单独活动时的效果总和。它创造了一种集体的力量,在某些条件下甚至会发生质的变化。

日本民族对群体作用看得很重,他们认为单个日本人的力量好比一条虫,而十个日本人合在一起却能成为一条龙。在日本的企业中非常重视群体协作,正是这样的一些企业创造出了令世界瞩目的成绩。

领导班子作为群体的一种形式,必然具备群体的各项特征。群体动力学说可以说是建立高效工作的理论基础。群体动力学认为群体的行为不等于群体中各个成员个人行为的简单的算术和,群体与个人的关系是总体大于部分之和,即群体绩效大于各个成员的绩效之和,因为群体的行为包含有集体的行为,能够产生一种新的行为形态。

达美家电企业销售部经理菲利浦斯自认为善于利用人性的弱点,在掌管销售部业务之后,鼓励班子成员相互竞争,以对方为假想之敌来促进业绩。菲利浦斯除鼓励相互竞争外,还故意与个别班子成员接触,引发班子成员之间的敌视。他以为这样会让业绩提高,谁知道半年后的结果显示,菲利浦斯挖掘人性黑暗面、摒弃班子成员间协同作战的做法,根本提升不了销售绩效,反而使业绩大幅下滑。

如果班子成员通过共同努力来加强战略方向感——并以此来实现成功的交流——就可以极大地提高工作的有效性,并提高成员间的相互信任感。

领导班子往往是由一群强悍的人组合,因此一山多虎的相互对立,就难以避免。怎样才能使这些有能力的人融入班子中,发挥他们的作用呢?

第一,领导班子成员在处理重要的问题上必须努力取得各自的初步成效,然后反思取得成功的做法,从而找到如何发挥各自能力的最佳方式进行工作。

第二,领导班子中各个成员要做到融为一体的工作,就要主动为自己的工作职位找到相匹配的技能，学会无须确定角色就能共同工作。班子成员应在职业专长上而非个人关系上有紧密关系，如果做到这一点，即使在冲突的氛围下也能创造出惊人的价值。

一个企业班子要有效地进行工作，就必须满足这些条件。领导班子不是一种简单的形式，并不会由于班子成员互相喜欢对方而达到顺利工作的目的。事实上，一个企业班子无论其成员之间的个人关系如何，一定要存在互相信任和协同作战的意识。

清代诗人顾嗣协在《杂兴》中诗云："骏马能历险，犁田不如牛，坚车能载重，渡河不如舟；舍长以就短，智者难为谋，生才贵适用，慎勿多苛求。"企业领导班子中，有企业管理专长的，有党建思想政治工作专长的；有的擅长策划，有的擅长实施，等等。因此，在一个班子中，要相互拾遗、彼此补漏，使缺点得以克服、优点得以发扬光大。

兵熊熊一个，将熊熊一窝

无论是读史书还是看历史题材的电视剧，古代争夺帝王的队伍都出现了这样的现象：整个队伍不是能征善战屡战屡胜，就是将帅无能屡战屡败。这种现象不是胡编乱造出来的，它确实存在于古代战争中。这种现象突出了"将"在战争中具有举足轻重的作用。主要兵书也都无一例外地讲到过这个问题。《孙子》说："知兵之将，民之'司命'；国家安危之主也。"并把"将孰有能"放置在"主孰有道"以下的第一个位置上进行论述，是"较七计"中的第二个计。古代兵书中《孙膑兵法》也写有《将义篇》，还有诸葛亮的《将苑》等。

（1）千军易得，一将难求。

古代的两军交战，首先是做大将的一对一的进行单挑，久战不下才会下令大队厮杀，若是一方的大将被对方的大将打败或杀掉，那么败方的军队也会一哄而散、不堪一击。可是谁也没听说过在哪场战斗中，因为有一两个小兵被杀而使整个队伍失去战斗力、输掉战争的。现代企业的经济竞争如同古代的战争一样，如果某个企业领导班子出现了问题，影响的将是整个企业的前途，而企业内某个员工的错误则不会对企业带来什么重大的

第二编　搭班子　构建一个高效而卓越的团队

影响。

一个企业的核心力量在于领导班子，领导班子决定着企业的命运。打造一种顽强的企业战斗力，修炼一种执著的团队精神，领导班子就是决定性的因素，也是打造强大企业的中流砥柱。三国中，曹操、袁绍共讨董卓，议论如何取天下，袁绍认为，靠军事实力，曹操则说："吾任天下之智力，以道御之。"曹操说的智力就是领导班子的能力。

千军易得，一将难求。古来明君贤将总是把物色领导班子人选作为谋事的首位问题予以考虑的。周文王为求将，甘当姜太公直钩上的鱼；刘备为求将，甘心三顾茅庐，与"山野村夫"结下鱼水之情。事实胜于雄辩，在以这些人组成的领导班子，不但各位班子成员骁勇善战，就连手下的"小兵"一个个也是斗志昂扬。

战争需要伟大的将帅，办企业同样需要好的领导班子。古语有云："欲治兵者，要先选将。"什么人可以进入企业的领导班子，需要我们细心地审查一番。如果在班子中引入一些没有什么办事能力而且消极的人，那么这个领导班子肯定会受到影响，也势必影响到整个企业的大局。

（2）选将之道。

用将要尚贤，墨子说："尚贤者，政之本也。"何谓贤，司马光的《资治通鉴》有解释，说："惟才德皆备皆贤士也。"又说："才者，德之资也；德者，才之帅也。"《孙子》曾经对将才的标准作过论断"将者，智、信、仁、勇、严也"。企业领导班子成员应具备什么条件呢？战国时白圭在讲了"吾治生产，犹伊尹、吕尚之谋，孙吴用兵，商鞅行法是也"之后，提出了建立领导班子的用人观时说"是故其智不足与权变，勇不足以决断，仁不能以取予，强不能有所守，虽欲学吾术，终不告之矣"。白圭的用人标准是智、强、仁、勇，这标准大致同孙武讲的智、信、仁、勇、严差不多，这是古人的议论。

现代企业若想发展，选这些"将"的时候一定要慎重。

一要看这些人是否真的具有统领全军或一个部门的领导才能。

二要看这些人是否有为企业发展鞠躬尽瘁的态度和决心。

三要看这些人是否善于做自我批评并加以改正。

四要看这些人要有能令员工们信服的管理方法，也可以说是能否管得住人。

五要看这些人是否具有严谨的工作作风，在企业发展中起到模范带头作用。

这或许就是新时期建立领导班子的选"将"标准吧！

某企业一直都处于亏损状况，为此企业的领导班子专门在员工中寻找各方面的问题。尽管找到了各种各样的问题并加以改正，企业还是没能摆脱这种亏损的状态。我们分析一下这个企业的状况吧！可能在职工中存在一些问题，但是这些问题根本不会导致企业亏损，其根源还是在领导班子领导不力上。企业员工如同军队里的士兵一样，上级下达什么工作指令，他们便按指令执行。一旦领导班子在决策上出现错误，员工们做出来的事情肯定会变成无用功。可见这种原因出在了领导班子中，只能说这个企业的领导班子，没有过硬的管理能力。这样的领导班子无疑就是我们讲的那种熊了一窝的将领。所以他们在管理的时候不但没有这个能力，带出来的"兵"，甚至由他们组成的领导班子都是没有战斗力的，更谈不到企业发展了。

在事实面前，我们不得不承认领导班子在整个企业发展过程中起到的作用。所以企业在搭建领导班子的时候一定要严格把关，不能让"熊将"进入其中。

狮子率领的绵羊能打败绵羊率领的狮群

一个企业能够成功,说明它的内部必定有一个领导力和执行力均强的领导班子,否则把事情布置下去之后,下面的人未必照你的意思去做,企业的成功也就无从谈起了。

法国皇帝拿破仑曾经说过:"一头狮子率领的一群绵羊,可以打败由一头绵羊带领的一群狮子!"表面上,这句话无疑夸大了领导班子的作用,但事实却证明了这句话的价值:拿破仑带领着法兰西军队缔造了法兰西帝国。先后多次打垮了欧洲各个封建君主国组织的"反法同盟",保卫了由资产阶级夺得的胜利果实,并在欧、非、北美各战场上,进行了对欧洲各封建国家的战争,削弱了欧洲大陆的封建势力。从实力上看,拿破仑无疑就是那个率领羊群的狮子,而欧洲各个封建君主国的"反法联盟"正是被羊率领的群狮!

从综合实力上看,羊率领的狮群要比狮子率领的羊群强,而且在很多时候,羊的才干并不比狮子差,为什么偏偏会被打败呢?道理很简单:一方面,狮子的领导能力强。很轻松就能领导和驾驭一群羊,让自己的主张和政策能很顺利地执行下去；另一方面，狮群的执行力差。一只羊无论如何也不能统率一群狮子。

2004年，上海柴油机股份有限公司启动了"狮子工程"，意在培养上柴高层的领导力。"狮子工程"正是由拿破仑的那句名言演变来的：如果一家企业没有一个好的领导班子，即使员工都是骁勇善战的"狮子"也未必能带动整个企业的发展。而上柴就是要通过"狮子工程"培育出一个有强大领导力的"狮子"，从而带动整个上柴的发展。

正是如此，2005年7月4日，它才有实力与世界知名汽车制造商——日本日野自动车株式会社，共同出资在上海西南郊区成立了上海日野发动机有限公司。同时，我国首批规模化批量生产的欧Ⅲ柴油发动机——P11C在这里下线，结束了这一机型只能依赖进口的历史。

经济学中有一个著名的"二八原则"，对于企业管理和成为优秀的领导班子同样适用。一个企业的发展结果，来源于领导班子——占极少数的那部分人决定一个企业的命运，而被领导的大多数人去完成这些人所规定的任务，按方向去落实它的结果。在企业的反战过程中，起决定性作用的是占少数的班子成员，这就是"狮子"自身的领导能力问题了，那么领导班子成员是如何打造卓越领导力的呢？

首先，班子成员要具备的就是一些领导的基本能力。这些基本能力有12个方面的内容：第一，批判性思维；第二，创新能力；第三，口头表达能力；第四，写作表达能力；第五，第二环境的表达能力；第六，第二环境的文字表达能力；第七，表现出来的人际关系处理当中的可信赖的程度；第八，打算变化和另一个人的关系时的动作能力；第九，组织能力；第十，服务导向能力；第十一，安排时间的能力；第十二，信息传递能力。

而作为一个企业的领导班子成员，若想促进企业的发展还应进一步将这12个基本能力分三个方面表现出来：

（1）横向和纵向的全过程控制。

横向控制是指作为班子成员，要通过12个方面基本能力的运用，最终表现出对企业整个商业环节的全过程穿透和因果关系的全部洞察把握。在企业内部从原材料采购、产品设计到销售的全过程都要熟悉。纵向控制是指作为班子成员，对商业环节的某个细节要能比一般员工更加深入和了解。如果这个能力没有，就一定要是一个什么都懂的杂家，杂到可以明察秋毫并清楚所有的因果关系和接口，这样就可以在企业里立足了。因此，关于横向和纵向的控制至少应掌握其中一种。

（2）信息的正确处理。

对纵向和横向控制表现的变化信息的处理能力称之为综合处理能力。由于洞察各个环节之间的因果关系，所以在事务安排上就不会处理失当，在战略上就更能够掌握主动权。全过程控制是信息的正确处理的基础，要在事务的处理过程中正确判定和区分轻重缓急，从信息的收集、整理、分析、加工、备案等方面设置相应的机制和规则，并在处理之后进行正确总结评价，使决策效果持续改进和提高。

（3）形成明确的个人风格。

风格是一种投资，它会在一生影响人的产出。作为一个普通人，或许风格并未显得那么重要，但对于企业班子成员而言，塑造风格则很重要。例如，有些人的风格是一贯果断和强硬，似乎缺少人情味，但他做事从来一是一、二是二，坚持原则，不徇私情也从不冤枉人，这是优秀的；而有些人的风格是温文尔雅，把所有事情考虑得很仔细，都要打破沙锅问到底，从来不漏掉每个细节，那么大家在依赖他这种个人风格的时候，就会去找他。拥有好的个性风格的班子成员，便能利用个人魅力领导下属。

如果能够有效运用这 12 个方面的基本能力并最终将其表现为横向和纵向的全过程控制、信息的正确处理以及形成个人风格这三个方面的结果，那么就具备了卓越的领导力了。

海尔集团首席执行官张瑞敏曾谈到，一个企业的领导要有将一件事从头抓到底的韧性。这句话在某种程度上反映了执行力对于企业的重要性。许多企业的领导班子都有这样的烦恼：布置的任务或者一个制度经常得不到落实，或者落实得如何企业领导人不知道，这反映出企业执行力方面存在很大问题。

在一个企业中，如果班子成员没有什么威信，那么这种执行力自然高不了。其次，狮群自身对命令的贯彻上也存在问题，它们从来都是我行我素、很少出现群居现象。无怪乎羊率领的狮群会被打败！

综上所述，不难得出结论：企业若想致力于长远发展，就必须建立一个拥有很强领导力的领导班子，让企业内部的"羊群"发挥作用，来带动企业发展的进程。

第三章

领导班子结构的合理化布局

配备一个结构合理的领导班子，其直接目的是提高领导效能，以推动该部门和企业工作的发展。这就像最好的一个乐队一样，即使每个成员都是优秀的演奏家，如果我们组合得不好，也不会演奏出优美动听的曲子来。如果我们每个部门和企业的领导结构合理、协调，领导结构系统运转自如，就能达到最优的集体效能，产生巨大的集体力量。

领导班子结构分析

领导班子的结构则是指领导班子成员的配置和组合方式，它是一个多序列、多层次、多要素的动态平衡体。从企业产生至今，组织结构大致可分为6种：直线制组织结构、职能制组织结构、直线—职能组织结构、事业部制组织结构、模拟分权组织结构、矩阵制组织结构。这6种组织结构各有利弊，在不同程度上发挥着各自的作用，不能主观单纯地判断哪种组织结构合理与不合理。

（1）直线制组织结构的利弊分析。

直线制组织结构是最早的一种企业组织结构形式，自企业诞生以来一直存在至今，只是从简单发展到了成熟而已。

直线制组织结构企业的特点是实行垂直化管理，企业各级组织服从自上到下的领导，一切生产经营活动均由企业的领导班子成员直接进行指挥和管理，很多工作都是在这种直接指挥下完成的。在这种组织结构中，企业不另设职能机构，大部分管理职能基本上都由企业部门领导自己执行。

显然，直线制组织结构具有两大特征：一是垂直领导的等级制度，部门领导负责其管辖范围内所有职员的工作，并且有权要求职员无条件服从命令；二是职能的专业化分工，责任明确，职责分明，工作标准化。

优点：组织稳定、职责明确、命令统一，它通过组织分工、制度管理使员工齐心协力地为一个共同目标努力，极大地拓宽了组织所能达到的知识的广度和深度。

缺点：管理重心高，组织效率低；权力过于集中，管理风险大；缺乏横向合作，不利于资源的优化整合。员工的基本职责是执行命令，而不是去考虑如何做得更好，因而抹杀了员工的工作创造性。它对组织负责人的知识和技能要求过高，因此在业务比较复杂、企业规模较大的情况下，个人往往是很难胜任其本职工作的。

直线制组织结构是企业最早引用的一种组织结构。这种组织结构简单，管理费用低，比较适用于规模小、外部环境不复杂、处于发展阶段的企业，并不适用于那些现代化、大规模的企业。

(2) 职能制组织结构的利弊分析。

随着企业的发展，企业的"一把手"再也忙不过来的时候，就产生了职能制组织结构。这种结构中，组织是从上至下将相关业务活动按照一定职能的划分，设立职能部门将有关活动组织起来。比如在企业"一把手"下面设立相应的职能机构，协助"一把手"做管理工作。

优点：专业化管理程度较高，能够发挥各类人才的作用，管理权力适度分化，它能够充分发挥职能部门的专业管理作用，减轻直线领导人员的工作负担和减少个人化管理带来的风险。

缺点：容易造成除了"一把手"外的多头领导，各部门权责不明，不利于统一指挥，特别是在上级行政负责人和职能机构的管理命令产生矛盾时，下级常常无所适从，从而影响企业的组织运行和经营秩序的混乱。

这种组织结构基本上同直线制组织结构应用的范围差不多，但不同的是，职能制组织结构对于管理工作要求精细但组织内部不需要进行过多的跨越职能部门的协调，外部环境相对稳定的企业来说比较合适。

(3) 直线—职能组织结构的利弊分析。

直线—职能制组织形式是综合了直线组织结构和职能组织结构的优点

建立起来的一种组织结构形式，它既保留了直线制组织结构的集权特征，同时又吸收了职能制组织结构的职能部门化的优点。这种组织结构也叫生产区域制或直线参谋制，它把企业管理机构和人员分为两类，一类是直线领导机构和人员，按原则对各级组织行使指挥权，并对自己部门的工作负全部责任；另一类是职能机构和人员，按专业化原则，从事组织的各项职能管理工作，但不能对直接部门发号施令，只能进行业务指导。

优点：命令统一，职责明确，专业化管理程度较高，组织稳定。它既保证了企业管理体系的集中统一，又可以在各级行政负责人的领导下，充分发挥各专业管理机构的作用。

缺点：职能部门之间容易缺乏交流、协作和配合，职能部门与行政负责人之间容易产生摩擦，组织系统的灵敏度较低，下级的许多工作要直接向上层领导报告请示才能处理，常常造成企业运作效率低下。

直线—职能组织结构是比较通用的一种企业组织结构形式，海尔在发展初期采用的就是直线—职能组织结构，当时企业小且产品单一，只有600多人，采用直线—职能组织，下达命令指挥到底，效率相当高。随着企业成长，产品多元化、员工人数增加，直线—职能组织对发展已产生阻碍，为加快产品开发和生产速度经常临时组成临时项目小组，完成任务就解散。在现实中，许多企业通过设立各种综合委员会或建立各种会议制度，协调各部门、各单位之间的业务工作，提高组织的运作效率就是这个道理。

（4）事业部制组织结构的利弊分析。

事业部组织结构不同于前几种结构，它是为了适应现代化大型企业的发展需要而建立起来的一种比较先进的企业组织形式，它起源于西方，是欧美、日本大型企业所采用的典型的组织形式。它是一种分权制的组织形式，企业可针对自身的产品、服务、项目、地理分布、商务或利润中心等来成立事业部进行运作管理。事业部常常实行独立核算。

优点：拥有相对独立的自主权，专业化管理程度高，组织控制力强，能充分发挥经营管理的积极性，利于组织专业化生产和实现企业的内部协作，能有效地建立各事业部之间的竞争机制和激励机制，有利于降低企业的经营风险,有利于培养和训练管理人才。

缺点:对管理人才要求高、数量大,企业与事业部的职能机构重叠容易造成管理资源的浪费,各事业部只考虑自身的利益影响事业部之间的协作,各事业部独立核算造成管理费用的增加。

很明显,这种组织结构适用于规模大的企业,尤其是跨国公司,即经济规模大、产品结构复杂、跨区域经营的大中型企业。要求这种企业的事业部必须具备三个基本要素:①相对独立的市场;②相对独立的利益;③相对独立的自主权。

(5) 模拟分权组织结构的利弊分析。

模拟分权组织结构也是一种复合结构,它综合了直线-职能和事业部组织结构的特点。模拟分权组织结构中的组成单位并不是真正的事业部门,但在管理上却将其视之为一个独立的事业部,他们拥有较大的自主权,相互之间存在有供销关系等联系。

优点:能够降低企业管理中的集权化程度,消除直线制组织结构的缺陷,提高各部门管理者的责任心,有效地调动下级部门的工作积极性,提高组织的效能,减轻高层管理层的决策负担。能够有效地解决企业规模过大而不易管理的问题。

缺点:由于这种模拟分权不是彻底分权,从而造成了责权不十分明确,在任务制定和考核中存在一定的困难,而各部门在沟通协作上亦存在一定的缺陷。

模拟分权组织结构虽然优点比较多,却并不能满足所有企业的不同的要求,但对于大型的钢铁、纺织、石油、化工、电子信息等一类大企业还是非常适用的。在这些企业内部中,部分单位生产出来的产品可能直接成为其他单位的原料,因此,它们之间的经济核算,只能依据企业内部的价格而非市场价格,也就是说这些生产单位没有自己独立的外部市场,这就是"模拟"的本质所在。

(6) 矩阵组织结构的利弊分析。

在过去,新组织结构的引进和发展中存在着一场所谓的潜在革命。管理者已经开始认识到组织必须充满活力，也就是说组织必须具有适应环境变化要求的快速重组的能力。于是，矩阵组织结构也就应运而生了。它就是涵盖了按职能划分的垂直领导系统和按产品（项目）划分的横向领导关系的一种组织结构形式，也就是说，矩阵组织结构是在直线－职能制垂直组织结构的基础上，再增加一种横向的领导系统。

优点：横向协作沟通密切，组织运作高效，系统机动、灵活，反应灵敏，部门工作积极性较高，能够发挥企业的资源优势。

缺点：这种结构存在一定的隐患，一旦区域部门和产品或服务部门之间的沟通和协调出现问题或发生断裂，就会严重影响公司的决策，导致无法实现对外部客户承诺的产品和服务。而且成员位置不固定，组织不太稳定；对管理人员的素质要求比较高。

矩阵结构最早的实践是 ABB 的前身 ASEA，一家瑞典公司。

1979 年巴纳维克出任 ASEA 总经理时，着手对公司的组织结构进行改革。首先，他把公司扁平化，并在公司拓展国际业务时将公司重组为全球矩阵组织。ABB 成功之处在于其全球性矩阵组织结构的战略与执行，这种组织结构方式，可以使公司因为提高效率而降低成本，同时，也因较好创新与顾客回应，而使其经营具有差异化特征。这一组织结构模式被现代化的大企业广泛采用，如杜邦、雀巢等都是这种组织结构的受益者。

在一个庞大的组织系统之内，如果领导班子具有最佳结构，其成员同心同德，互相取长补短，他们所管理的组织自然就会兴旺发达。

战略的变化将决定组织结构的形式。没有一种组织结构可以适应任何经营环境和战略。但并非所有的组织结构在任何环境下和不同的战略条件下都可以发挥出同样的作用。适者生存，只有那些在环境发生变化、企业经营战略进行调整之后对企业的组织形式迅速进行调整的企业才能在激烈的竞争中得以生存。

破除官僚主义，做轻巧企业

一些国家在管理上存在严重的官僚主义，国家内等级制度森严，一级管一级的审批制度多如牛毛，在处理问题上不但烦琐复杂，还会在同一个问题浪费许多不必要的时间。同理，在一些企业里也存在严重威胁收益增长的因素，就是企业内高度发展的官僚体制。

（1）现代企业发展的脚镣——层级审批制度。

层级审批制度曾经一度被奉为组织信条而行之有效的方法，在现代经济中已经开始扼杀企业本身的发展，企业被官僚主义吹毛求疵的正式审核制度弄得喘不过气来，不但延误决策，还打击了生产积极性。

还有一些企业，少数派大股东在法律上成为最高决策机构的股东大会的主角，只有他们在实际决定和执行经营方针的董事会中享有支配性的发言权。可以说，企业行动基本上是在投资者的实际支配下进行的。在这个阶段中，以讲究功能、工具理性为核心的管理组织逐渐体系化、官僚化，官僚制的管理目标在于使整个组织系统维持协调运行。而那些审查预算及大部分经营决策的"精英官僚"，正是一些企业策略的规划者。他们为审查提案而举行的会议，无论是研究企业产品的新定价方法，还是审查创新设计的产品，都必须遵照规定的程序和步骤。一旦提案的创意通过这种层层考验，通常它的最佳商业机会已经错过了。

官僚主义的管理体制本身就包含着一些非理性成分。在这个意义上讲，"官僚制"与"官僚主义"的界限难以划分，官僚制是孕育产生官僚主义的温床。一旦企业产生了广泛的、过度的官僚体制，便会使企业成员丧失创造性激情。

（2）官僚主义日益威胁着企业的前途、命运。

美国企业之所以在20世纪70年代和80年代之交受到了挑战，不纯粹是因为其他国家开发出某些更伟大的技术，更重要的是因为它们向美国的管理技能的挑战。在这种新的竞争形势中，公司成败的决定因素，最主要在于管理能力。而官僚主义却在时时刻刻侵蚀着这种管理能力。

在杰克·韦尔奇接手通用电气公司之前，处于瘫痪边缘的通用公司普遍存在这样的问题。通用电气公司所跨行业广泛，几乎每个人都可以算是经理。在通用电气公司的40万名雇员中，有2.5万名具有"经理"这个头衔。这些经理中有500名是高级经理，130名是副总裁或处于更高的地位。在"管理"方面，这帮管理人员除了审查下级的活动之外，几乎什么也不做。理论上讲，为了保证企业沿着正确的道路前进，这种审查是必不可少的。但在实际上，经理人要耗费过多的时间填写日常表格，将自己的计划汇报给上级经理，而不是自己动手实施。

通用公司的管理结构一度被形容为像一个雕刻精细、层层相叠的结婚蛋糕。比如事业部主管必须要向资深副总裁汇报工作；资深副总裁按规定向执行副总裁汇报工作；然后向总裁汇报，最后才到集团总裁的办公室。

韦尔奇认为，像通用这样的大公司，要在竞争越来越激烈的全球市场中生存，就必须改变大公司般的行动和思考模式，破除企业内部的官僚主义。它应该学会轻巧、灵活，并开始以小公司的角度来思考。

上台伊始，韦尔奇精简了组织层次。例如，通用电气公司重型燃汽轮机制造基地，全厂有2000多名职工，年销售收入达20多亿美元。全厂由一位总经理负责,他下面只有几位生产线经理,如叶片生产线、装配线、调试线等,每个生产线经理直接面对100多个工人。没有班组长,也没有工长、领班,更没有任何副职。又如,飞机发动机公司,1990年开始,把厂长以下的各级组织全部撤销,把协调人员、技术人员、市场销售、质量控制和供应人员与生产工人混在一起,自愿组成若干业务小组,每组20~50人,选举产生组长,进行自我管理整个生产工序,实行自我控制,只有最终产品的质量检查和控制。

他还简化了企业内部官僚制的层层审批制度,在企业领导的设置上,从公司到产业集团直至基层,都采用上层的副职担任下一层次的正职的办法,每个人只向一个上级报告工作,因而层层有职、有责、有权,避免了多头领导,做到决策迅速,办事效率高。每一个产业集团的主要负责人都是公司的高级副总裁,而产业集团的副职,都是产业集团某一主要部门的负责人,分管一个主要部门的工作。这样的干部设置既保证了产业集团一级负责人参与公司一级事务的讨论、决策,了解公司的工作目标和战略思想,以便更好地贯彻公司的总体战略,也使公司可以更好地了解下面的情况和意见,便于正确决策。这样的机构设置人人职责明确,避免了下级向上级的多头汇报和越级汇报,以及上级越级干预下面工作而产生的混乱。

在这种思想的指导下,通用公司由一个"肥型"组织机构的大企业转变为"瘦型"组织机构的大企业,使业务流程顺畅了。

(3)"瘦型"组织结构,优势明显利发展。

"瘦型"组织机构的大企业较之"肥型"组织机构的大企业有很多优势:

首先,"瘦型"组织机构的大企业有更好的沟通。没有官僚体制的繁冗,人们听的同时也在说;更因为人比较少,他们通常也更能认识和了解彼此。

其次,"瘦型"组织机构的大企业行动较快。它们清楚在市场上犹豫不决的代价。

再次,"瘦型"组织机构的大企业里有较少的层级和粉饰,领导人的表现会清楚地显露出来。他们的表现和影响,大家都很清楚。

最后,"瘦型"组织机构的大企业的内部耗损比较少。它们花较少的时间在无穷无尽的审察、认可、打通关节及文件上。人较少,因此只做重要的事。它们的人可以自由地把自己的精力和注意力放在市场上,而不是和旧体制对抗。

对于一些规模比较大或内部官僚主义严重的企业,不妨试着破除内部的官僚主义,精简企业内部层次,打造一个全新的轻巧型企业,让企业轻装上阵。

坚持专业化管理，建现代化班子

作为现代化企业，坚持专业化机构管理很重要。所谓专业化就是使企业向着专业化规模发展，形成规模经济，促使企业专业化水平的提高和成本的降低，不能像全能型企业那样什么都管，让那些繁杂事务拖企业的后腿，分散企业领导者的精力。比如日本有许多企业不建立自己的原料仓库，让商社和株式会社去搞，将需要的材料送到生产现场，形成社会供给形式。这样，企业就可以集中精力搞经营，搞生产，搞管理，搞专业，形成规模经济效益。

从对比中可以看出，现代化组织机构模式具有很大的优越性：从数量上看，传统模式的机构设置，大概比现代模式机构设置多一倍；从内容上看，现代企业机构是综合性的，过去则是单一职能。

北京巴维公司的前身是北京锅炉厂，现今已是一家中美合资企业。合资前有职工2500人左右，采取的是苏联传统的管理模式，有20多个科室。合资后按美国模式改成了八部二室，10个部门，大致砍掉了一半。北京松下公司采用也是日本松下的管理模式，职工2000多人，七部一室，总计八个部门，部门数量比传统少了一半。目的是追求高效率，工作一贯管理，现代企业的部门设置，一个重要方向就是追求部门、科室的综合化。

经常会有人这样认为：提高效率减少部门，不就是机构合并？而大生产却是要求分工合作的，这两项原则不是相违背吗？过去的一些企业大都分工太细，这并不是优点，而是组织结构问题。大生产的过程强调分工是对的，分工的好处不能忽视：分工管理、专业化管理比起专业化水平不高的企业来说是能提高效率。但分工管理增加了企业管理程序，分工分得太细程序也会相应复杂，工作周期延长，引起协调工作量的增加；分工太细能令企业内部出现分散主义，各搞一套，抓质量不顾成本，搞生产不顾质量，达不到有效的生产目的。因此，分工要适当，分工过了头，负效应超过正效应，就会引起管理效益的下降。

传统组织理论强调分工，对分工缺点看的少，分工越来越细。现在应当简化分工，不是简单的部门合并，而是要着眼于管理连贯，提高效率。

哪些部门可以合并，哪些部门不用合并，要从管理的内在规律出发，不能凭主观愿望，要客观地分析，找到利于提高企业生产的部门合并方式：

（1）相同职能的部门可以合并。

北京巴维公司成立之前，有个供应科是搞采购的，成立后把供应科改成采购部，把采购职能合并一起，原来只采购原料，现在基建原料，工、模、卡具直至设备的采购，文具、办公用品的采购全归采购部。宝钢原来部门很散，运输部门很多，有铁路运输、公路运输还有码头运输，有厂内交通管理，后来合并成一个运输部；还有党政相关部门的合并，党内组织部和行政人事处可以合并，相类似的党内宣传部、行政教育处可以合并，但合并有一条，组织部有一条党的机构必须独立，我们可以不叫机构合并而"合并办公"，两块牌子一套班子，一个办公室。

（2）双重职能的部门可以合并。

即管理职能和辅助职能的合并，辅助、生产职能的合并。与设备有关的管理职能叫设备管理职能，设备管理主要是管理设备的登记、造册、变

第二编　搭班子　构建一个高效而卓越的团队

动、设备的管理。在传统企业中负责设备管理职能的部门叫设备科，与设备有关的还有一个辅助作业的职能部门，负责设备的维修、设备的备件。这两个部门一个是设备科，一个是机修车间，这是可以合并的。坚持走职能综合化的路子，着眼于管理效益的提高，加强管理程序的连贯性。

现代化企业大部分都采取单职制的组织机构，目的就是企业中尽量少设或不设副职。减少副职，这是组织机构的一个重要问题。国有企业中大都存在副职多的毛病，甚至在有的企业还出现了官多兵少的现象。一个处里，一个处长二个副处长，下面领导二个兵的现象相当普遍。

单职制是现代管理发展的方向，副职多是管理落后的重要表现。为什么要减少副职？不是为了少几个人，减少一些费用，这不是重要的，如果对管理有好处，多设几个人，多点工资是可以承受的。问题是副职多了，妨碍了管理的现代化。如果每个副职都分管一个方面，他专业管理面很窄，对其他问题不熟悉，说话时说不到点子上。作为领导不能只代表一个部门的观点，但因他只管一个部门，只能有这方面的意见，这些事最后得由"一把手"汇总来统一思想。

单职制管理也有一定的弊端，那就是班子成员的工作量增加了。从现代化组织机构理论方面可以采取合理授权的办法解决这个问题。有些工作不一定非要设立一个副职，可以授权给其他班子成员代行。举个例子：

一个企业加强培训，大企业培训机构很大，不仅有人事部门，还有培训中心、职工学校、技校、党校，好多校长。这些学校的校长和处级制是一致的，有些企业只好设管教育的副厂长，但也可以不设，设一个教委，重大问题由企业领导决定，日常工作由授权人事处长代管，人事处长兼教委副主任，教委主任则由"一把手"兼任，教委副主任就比校长高一级，实际上形成同级领导，就可少一个管教育的副厂长。

关键职能就是将生产、技术、开发、销售、财务、人事等职能中，对实现企业任务和战略起关键性作用的职能部门找出来，在机构设置上，不是平起平坐。不像看机构图那样，总管理部下设几个部，几个部都是并列的。在这些部门中，有的是关键部门，有的是一般部门，要突出其关键部门的作用，在人员配备及职权上要比其他部门高，在人力、物力、财力上都要赋予它更大权限和责任，把它提高到决策层，让它有指挥权，否决权，这是组织成功的重要条件。关键职能部门不是绝对的，这是由企业的经营战略决定的。不同的战略，它的关键职能部门是不一样的，所以，有多种组织机构形式，其管理重点也不一样。

例如，以质量为中心组织模式的企业，就是把质量管理部门作为一个关键职能部门看待。多适用于电器类行业的企业。顾客要求质量过关，家电生产企业一般多采取质量取胜的战略。为质量取胜战略服务，组织结构上要突出质量管理部门的作用，质量管理部门，即质量管理委员会，是领导"一把手"下面的一个直属机构，作为一个决策机构来考虑，质量管理委员会研究提高产品质量的措施，质管会的主任同意后，以"一把手"的名义下达，这样对各个部门就有指令性了，就不是部门之间的意见了，这个措施必须执行。

北京原来有两家电视机厂，一家是牡丹电视机厂（生产牡丹牌电视机），一家是东风电视机厂（生产昆仑牌电视机）。在20世纪80年代初期，东风电视机厂比牡丹电视厂大得多，但是，现在东风电视机厂已经被牡丹电视机厂兼并了。原来牡丹电视机厂早在80年代初就明确了以质量取胜的战略。把质量管理部门提到战略位置上，突出了它的作用。除了这样以外，牡丹电视机厂的厂长，是质量办公室主任提上来的，他脑子装的都是怎么提高质量，所以质量措施通行无阻，这就保证了它能在激烈的市场竞争中生存并发展起来。

坚持组织结构专业化管理的企业，在生存、发展和壮大方面都能起到积极的作用，关键看我们能否抓住其要领，来完成现代化的领导班子的搭建工作。

班子内部的协调发展

领导班子是组织的核心，具有特殊功能和特定作用。处于核心地位的一把手，在这个群体中起着关键作用，任何工作的开展，都需要"一把手"带头、示范、协调和推动。领导班子内部协调与否，直接关系到班子战斗力的发挥，关系到事业的兴衰成败，"一把手"的责任尤为重大。如何当好"一把手"，这是新时期领导工作的一个关键问题。

（1）适度放权。

在我国现阶段，"一把手"高度的集权管理的现象比较普遍，这种现象只会导致企业运行缓慢。如果大小权力都集中到"一把手"身上，职员们凡事都要先行而后动，主动出击在原则上就是越权，搞不好会弄丢自己的饭碗，谁都不会去冒这个险的！如果"一把手"能把大部分的权力下放到领导班子中其他人员身上，让他们有机会发挥自己的优势，有权力决定自己怎样做才能做得更好，不必千篇一律。放权的结果就是要让下属全都行动起来，充分利用自己手中的权力，完成自己的工作，使之更趋完美。

一个优秀的"一把手"最关键的作用，其实就在于如何把人员合理地进行统筹安排。而要做到这点必须学会如何放手管理，比如雇用在各个专业领域里比自己更好、更聪明的人，使他们熟悉他们要做的事情，这是成为一个高增长企业的唯一办法。

思科总裁兼 CEO 钱伯斯就是一个很好的"一把手"，钱伯斯在思科的好多决策上根本不需要亲为，下属便能很好地作出正确的决策并执行。

钱伯斯也是所有知名企业中最乐于放权、最懂得放权的"一把手"。他的头脑里始终这样认为：一个人的能力是有限的，如果只靠一个人的智慧指挥一切，即使一时能够取得惊人的进展，终究会有行不通的一天。在钱伯斯看来，所谓的最有能力的"一把手"并不是指那些死握着权力不放、集权搞独裁的人，反而那些乐于放权，让企业领导班子中多个人共同管理的企业，在经济发展的今天更能一帆风顺。

的确，合理的放权是企业管理中最核心的问题，因为管理的实质就是通过他人去完成任务。授权意味着企业的"一把手"可以从繁杂的事务中解脱出来，将精力集中在管理决策、经营发展等重大问题上来。

钱伯斯在思科公司确实是这样做的：他赋予员工们更多的自主权，让他们自己把握自身工作中的所有细节问题并适时地作出决定。他还对招聘进来的人才委以重任，让他们每个人都能够独当一面，既体现了钱伯斯对他们的充分信任，又显示了钱伯斯对员工们的尊重。他从不告诉下面的人应该怎么去做，而是告诉他们一个目标，让他们来看怎么实现这个目标。这就避免了在那种上面作了决定，下面只是执行的集权做法，使进入思科的人才充分发挥了他们的主观能动性。正是这样，使钱伯斯有了更多的时间去旅游和耐心寻找使思科更壮大的机会。

在钱伯斯这种"分权"理论的指引下，思科员工的积极性得到了重大的发挥。"一把手"只负责重点的目标策划，到了执行的时候每位员工可以不听从其他人的具体实施指令，直接采用自己认为最佳的方式，只要能更好地完成任务，他的直接上司也就乐于放手让他们自己选择。这样一来，思科的高层管理层负责确定战略和目标，建立公司所需要的文化，然后放权到基层，让更多的基层人员拥有决策权。

放权是企业发展的必经之路,而监督下放的权力使用是否合理是贯彻落实的保障。如果只授权而不监督,后果就是四分五裂;如果不授权,只监督,局面则会是一潭死水。我们可以通过多种方法来完成放权后的监督工作,但哪种方法最为有效呢?不同的"一把手"都有着自己的办法,下面介绍两种:

①授权的时候,通过让大多数员工的集中注意,让其与员工作证来监督被授权者的行为最为有效,也最省事。

②上级的直接监控。这种监督比较耗费精力,但可以根据特定的任务、被授权者的经验和他们先前的表现来调整监控程度,这种方法也是最能提高被监控者效率的一种。

企业的"一把手"们不妨把手中聚集的权力暂时地分散下去,让自己更轻松的同时,带来员工们的生产力革命也是有可能的!

(2)加强沟通,化解企业内部冲突。

企业的领导班子在处理企业的问题时一般都会形成一定的合作关系,但合作并不意味着成员之间不存在对问题的不同意见。从任何一个成功企业的发展历程上不难发现,如果一个企业的领导班子中不存在冲突,大家一团和气,对"一把手"或其他成员提出的议案都举双手赞成,听不到任何异议,那么这个企业一定存在问题。

箭牌口香糖执行董事长小威廉·来格礼曾说过:"如果两个人的意见永远一致,就表示其中有一个人是多余的。"

事实上,成功企业的班子成员之间的冲突无时无刻不存在着,当然这些冲突中可能有些是显性的,有些是隐性的;有些是建设性的,有些是破坏性的;有些是认知层的,有些是情感上的;有些可能危及企业存亡,有些可能不值一提。面对企业的核心力量发生的冲突,作为企业的"一把手"应该正确面对它、分析它、解决它,从而提高班子的整体绩效。

面对班子内部出现的不同性质的冲突,"一把手"或执行委员会应该采取不同的方法来解决。对于破坏性的、情感上的以及危及企业存亡的冲突，我们应尽量避免它们的发生，一旦发现此类冲突的迹象，就应该快刀斩乱麻，将其扼杀于摇篮之中。而对于建设性的、认知层的冲突，则应加以适当的引导，利用冲突发掘不同的意见，激发更多的创意。

通用公司前任 CEO 杰克·韦尔奇就十分重视发挥建设性冲突和认知层冲突的积极作用。他认为，企业必须反对盲目的服从，每一位成员都应有表达不同意见的自由，将事实摆在桌面上进行讨论，尊重不同的意见。

怎样才能利用好成员之间的冲突，让冲突转变为企业前进的动力呢？成员之间的冲突一般都出现在沟通上，他们之间如果没有真诚的交流，冲突在一定程度上只能起到反作用。

沟通是管理的精华、是协调冲突的最佳武器。班子成员若想减少冲突，首先就应该建立起一种信任关系。通常情况，尽管班子成员之间可能会花很多时间来相互交谈，但由于担心会受到对方的报复，常常隐瞒重要的信息，不发表批评意见，或接受有问题的战略，从而无法实现有效的沟通。糟糕的对话带来的最严重的后果往往是无法利用不同的观点和背景，从而降低了成员间进行创造性工作以及适应市场变化的能力。

零售帝国沃尔玛创始人山姆·沃尔顿很注重企业在管理中的沟通，并能通过有效的沟通，很好的处理企业内部员工的冲突，发挥他们的潜在力量。

在沃尔顿看来，企业管理中最重要的莫过于企业成员之间的沟通。沃尔顿总是不遗余力地与领导班子成员和员工沟通。

沃尔顿会对各个地方的沃尔玛连锁店进行不定期的视察，并与员工们保持沟通。这使他成为深受大家爱戴的领导核心，同时这也使他获得了大量的第一手信息。一方面，他通过沟通发现问题，同时也乘此机会挖掘人才。他常会在视察完某家店面之后，给业务执行副总经理打电话说："让某某人去管一家商店吧，他能胜任。"业务经理若是对此人的经验等方面表示出一些疑虑，沃尔顿就会说："给他一家商店吧，让我们瞧瞧他怎么做。"因为在沟通中他已经了解了这个人的能力。

第二编　搭班子　构建一个高效而卓越的团队

沃尔顿也绝不能容忍班子成员不尊重普通员工。如果在与员工的沟通中得知有这种象,在经过调查确认之后,沃尔顿就会立即召集领导班子开会加以解决这种问题。因此,有效沟通对沃尔玛公司的发展起到积极的效应。

韦尔奇曾经向员工们发表演说时指出:"我们已经通过学习明白了'沟通'的本质。它不像这场演讲或录音谈话。它也不是一种报纸。真正的沟通是一种态度,一种环境。它是所有流程的相互作用。它需要无数的直接沟通。它需要更多地倾听而不是侃侃而谈。它是一种持续的互动过程,目的在于创造共识。"

能实现有效沟通的班子,成员之间高度的互相信任,能够虚心地分析每种做法的可行性,使领导班子能发挥出合作的共力。相反,不能实现有效沟通的班子,成员之间缺乏信任感,致使为了某些问题总是喋喋不休、谁也不服谁,或者干脆各干各的,这样就造成了成员们不能充分发挥各自的潜能,甚至出现"1+1<2"的现象。

在一个企业里,不论是领导班子成员之间,还是领导班子与员工之间,都要形成一种有效的沟通模式,让整个企业从上到下,尽可能地避免那些恶意冲突的产生,让企业由内而外地产生一种强大的凝聚力,实现企业和谐发展的目标。

解决"1+1<2"的问题，发挥班子成员的力量

班子中影响企业发展的另外一个问题就是"1+1<2"的现象，就是说企业有了领导班子之后确实比一个人领导的力量大了，但是远没有达到它应该发挥的最大力量。

（1）"1+1<2"现象产生的多方面原因。

①一些领导班子成员对"铁腕政治"爱不释手。这样就导致公司纪律森严，人人小心翼翼，如履薄冰，员工们不敢对外界评论和探讨该公司，更不敢思考该公司的未来发展战略。领导说什么是什么，从来没有人敢提出异议。这样的公司能否有长远的发展，结果还有待观察。如果一个团队是独裁专制性的，那它的健康水平也就低。

②一些班子成员善用"借刀杀人"的伎俩。在有些事情上碍于情面，不便亲自动手，于是想尽办法借助外力解决。比如，以公司管理中遇到的一些问题为理由，引入咨询公司，在咨询报告中提出种种改革措施，趁机削弱某些人在公司的影响力和控制力。或者借着市场调整的机会给他们一些不可能完成的任务，从而为削权制造借口。

③一些领导班子成员的决策错误。某家电制造公司在自己的内部报纸上

开辟了一个长达一年的专栏,让员工给中层经理提意见。每个中层经理都必须被写进专栏,而且必须是负面批评,如果有一段时间没有被基层员工在专栏中提到,报纸的主编就会点名批评这个中层经理,说此人一直默默无闻,肯定没有在业务拓展上下工夫。一年下来,中层经理人人自危,因为自己的把柄都被老板掌握,自然俯首帖耳,以求年底考核时不被炒掉。

④班子成员自视过高,看轻其他的人。某企业生产管理部共有4位成员,他们是进入公司2年的A先生,B小姐,进入公司4年的C先生与D小姐。他们各有特点:A先生做事有条理,交给他做的事总能有计划地完成,但是A先生在工作中主动性不够。B小姐活泼开朗,经常在工作中会提出一些新鲜点子,但是做事条理性欠缺。C先生从公司刚成立就已在此部门工作,经验丰富,而且工作积极主动。D小姐与C先生同为公司资深员工,工作经验丰富,且公司人缘很好,在公司各个部门都有好朋友。部门成员对本职工作都非常熟悉,工作完成情况较好,但就是感到他们并没有进行真正的合作,并没有爆发出应有的团队潜能。另外,部门成员对待其他部门的态度看法也很冷淡,平时言谈中总是流露出不满的情绪,诸如某某部门的人员如何没有理念啊,没有思路啊,自满的态度在部门成员间平时的交谈中表露无遗。

为了避免过多的争端,班子成员们往往都会为自己戴上一副或者几副不同的面具,来隐藏自己的真实目的,其言必称以公司利益为重。任何正常的运作都可被用来作为借口,从而使得一切都不露痕迹,其结果使得领导班子的领导动力明显不足。

如何才能把班子的力量完全发挥出来呢?除了一些政治方面的问题,最重要的就是如何调动班子成员的干劲儿。

(2)提前规划定职责,做好做坏有标准。

作为"一把手",仅仅了解班子成员的内心愿望还不够,不要以为多发奖金,多说好话就能调动他们的积极性。用正确的方法和措施调动班子成员积极性,对企业发展的作用不言而喻的。那么怎样解决"1+1<2"

这个问题呢？

首先，必须让班子成员明白自己和整个战局的关系，还要讲清这件事情做好会怎么样、做不好会有什么后果，这对他的积极性就有了初步的调动。

其次，凭什么说你做好了或做坏了，凭什么给你这种奖励或惩罚。如果这是规定好的，不是人为临时定的，积极性就会得到更大程度的调动。

（3）"两奖"并举不容少。

奖励一定要做好两方面的工作，一个是物质奖励，另一个是精神奖励。它们之间相辅相成，在激发班子成员干劲儿方面都发挥着积极的作用。香港联想曾经有位总经理，分红权、认股证、期权都在他口袋里面，到时候再宣布他要给谁多少。今天看来给人家的东西并不少，但是没有人感谢，没有人真正被调动起积极性，就是两种奖励没有有机的结合好。

物质需求是人们从事社会活动的根本动力，奖励时重视它无疑十分重要。但是重视物质奖励绝不是提倡个人抛开国家、企业的利益，专为自己的物质利益奋斗；精神需要是人们的高层次需要，精神利益的满足是促使人们自身能力发展完善的重要动力。实行精神奖励，能促使人们在愉悦的精神享受中陶冶思想情操，加强科学文化知识修养，使自己的各种能力不断发展、丰富，成为有理想、有道理、有文化、有纪律的劳动者。

物质奖励和精神奖励既有联系又有区别，奖励时要将他们结合好才能发挥效果。现阶段，既不能只给物质奖励，使人们忘记大目标；又不能超越历史阶段，只进行精神奖励。要在不断满足人们物质需要的基础上（包括奖励的内容和形式），不断提高人们的思想觉悟，对于社会先进分子则应有更高的要求。

（4）提高班子成员积极性的妙计。

①向他们描绘远景。"一把手"要让班子成员了解工作计划的全貌及看到他们自己努力的成果，成员们越了解公司的远景，对公司的向心力就越高，也会更愿意充实自己，以配合公司的发展需要。有些成员渴望了解

更多的公司远景但无从知晓，与其让成员浪费时间、精力去打听小道消息，还不如让他们更加明确公司的目标规划。否则成员会对企业没有归属感，能混就混，不然就总想着换个更有发展前途的企业去发展。

②授予一定的特权。授权不仅仅是封官任命，"一把手"在向班子成员分派工作时，也要授予他们一定的特权，否则会让他们有一种有权无实的心理障碍，而失去鼓励的效果。正确的授权可以清除心理障碍，让他们觉得自己是在"独挑大梁"，可以单独决策一些事情。他们也会迸发出一种潜在的力量。

领导者需要做的一是要让所有的相关人士知道被授权者的权责；二要在授权之后，就不再干涉在他权利之内的事情。

③给成员好的评价。有些班子成员总是抱怨说，"一把手"只有在自己出错的时候，才会注意到他们的存在。身为"一把手"应该尽量给予成员们正面的回馈，尤其是在公共场合的正面评价，至于一些负面批评可以在私下提出，以保全成员的公共形象。

④善于听成员们诉苦。不要打断班子成员的汇报，不要急于下结论，不要随便诊断，除非对方要求，否则不要随便提供建议，以免流于"瞎指挥"。

就算在一起商量工作，领导的职责应该是帮助下属解决问题。如提供信息和情绪上的支持，比如说一些"你一向都做得不错，不要搞砸了"之类的话更有激发作用。

⑤给予适当的特殊奖励。在认可下属的努力和成就的同时，给予他们一些特殊的奖励，比如特派学习、度假旅游等来提高他们对完成工作的渴望。

⑥坚决处理企业内部不和的现象，鼓励合作。严肃处理因个人原因导致的在工作过程中发生的争端。必要的时候应采取降级处理，在这过程中除了那种极力避免产生争端的成员在其中，否则不要偏袒任何一个人。避免因处理不公，一波未平，一波又起的事情发生，鼓励在工作方面的合作。

群策群力才是发展之路

对于企业来说，要认识到企业的生存与发展应由一个班子来担当，特别重要。许多企业之所以未能得到发展，一个最主要原因就是由一人主宰着企业的命脉，难免出现一步走错满盘皆输的命运。

（1）揭秘福特之衰败。

很大程度上福特公司在后期衰败以至几乎崩溃，最主要原因在于亨利·福特独揽管理大权。在福特公司发展和成功的时期，事实上是由亨利·福特和处于平等地位的詹姆士·库曾斯共同组成的一个真正的领导班子来经营的，许多领域的最后决策权在领导班子中有明确的分工。自从库曾斯进入政界，并在新政时期成为一名深受人们欢迎的自由派参议员后，就退出了福特公司的领导班子，而真正掌权的就只剩下亨利·福特一人了。从那以后，福特汽车公司开始走下坡路，这不能说是一种巧合，归根结底只能说是福特没有依靠班子成员群策群力发展的结果。

企业高层管理的工作应由一个班子而不是由一个人来担当。一个人就算再优秀，也不可能同时精通企业经营的各个方面。除此之外，企业管理任务的工作量也不是一个人所能承受的。除了一些小企业，所有大企业的管理任务都需要班子成员共同努力才能实现合理化管理。

一人管理企业通常情况下是搞不好的，从企业管理任务的复杂性来说，从一开始它就是要由一个班子来担当。企业里当然要有一个人来充当"一把手"，但班子成员的群策群力的作用，是哪一位想要做好"一把手"的人都不容忽视的方面。

（2）李嘉诚的"有容乃大"与职责定位。

长江实业集团的创始人李嘉诚有别于一般中国商人，他既胜在经营，也胜在管理。特别是在公司管理方面，确有他的独到之处。

李嘉诚的核心理念是"长江不择细流"、"有容乃大"。他在解释长江集团成功经验时说："只有认识到自己在企业里的真正作用，自己才不会那么骄傲，不会认为自己样样出众，承认他人的长处，得到其他人的帮助，这便是古人说的'有容乃大'的道理。今日，如果没有那么多人替我办事，我就算有三头六臂，也没有办法应付那么多的事情，所以成就事业最关键的是要有人能够帮助你，乐意跟你工作，这就是我的哲学。"

在李嘉诚的领导班子中有被人称为长实的新型三驾马车，他们分别是霍建宁、周年茂和洪小莲。长实系的投资安排、股票发行、银行贷款、债券兑换等，都是由霍建宁参与抉择。霍建宁的年收入在1000万港元以上，而人们的评价是霍氏的点子"物有所值"；周年茂赴英专修法律，回港后即进长实，被李嘉诚指定为公司发言人。两年后选为长实董事，1985年提升为董事副总经理，负责长实系的地产发展，并代表长实参与政府官地拍卖；洪小莲原跟随李嘉诚任秘书，后来任长实董事，不到40岁就全面负责楼宇销售。李嘉诚非常善于分析这些人在决策方面独到的见解，这也正是长江实业集团发展的秘密所在。

李嘉诚所采取的这种管理办法，是相当普遍的一种结构形式：企业里有一个人明确地作为"一把手"，另外有三四个高层管理人员组成领导班子，班子中每人承担明确分工的高层管理职责。通用汽车公司五十年来也是采用的这种结构——一位董事长，一位副董事长，一位执行委员会主席,一位总经理。这四个人按其个性予以分工,而这四个职位则是固定的。

有些企业虽然存在这样一个领导班子,但不存在这种管理实效,所以有必要采取措施防止"一把手"在这层伪装下实行独裁。

(3) 群策群力——最大限度挖掘企业潜力。

①管理学大师西门士的管理理念在德国的遭遇。1887年通过的德国公司法在很大程度上是西门士的思想反映。该公司法规定在公司中必须要成立一个董事会即领导班子。但是许多德国公司,特别在1900年到第二次世界大战期间,大都是由一位专权的总裁来亲自管理的。由于这些企业同西门士所规定的原则相反,董事会的其他成员都没有明确的分工,所以这些企业的工作效率一直很低。

要防止这点产生唯一有效的办法是,让每位领导班子成员的任务明确,并把分配给他们的任务作为直接的、首要的职责来完成。再有就是在较大的公司中,凡承担任何一项重要职责的班子成员都不适合再承担与其工作职责不相符的任务。

很多公司在这点上都做得很好,都得到了应有的回报。国际商用机器公司就是其中一个,该公司在一些主要领域中有一些集团负责人,如研究、工程和制造,国内销售和服务、国际,以及非电子计算机业务。但该公司另外还有一个是由董事长、总经理和两位高级人员组成的四人领导班子。这四个人都不担任具体作业工作,每一个人都承担明确分工的高层管理的职责而没有其他的职责,这样就有效避免了决策上独裁现象的产生。

领导班子除了利用班子中成员群策群力的做法以外,利用企业员工们的合理化建议对企业的发展也是利大于弊的一项举措。

②西南航空公司——利用员工的合理化建议结硕果。西南航空公司就充分利用了这点,在公司保持势头继续运行中发挥了重大的作用。西南航空公司的45个分支机构的300多名员工们,利用他们的私人时间集中讨论了各方面的问题,例如公司在哪些方面做得较好、怎样保持高昂士气、怎

样更好地处理员工们的建议、怎样改进操作以及提高公司整体精神文明。

公司的领导班子在回复方面也相当迅速,员工们的每项建议在30天内都能得到答复。一些关键性的数据,包括每月载客人数、公司季度财务报表等员工们都能知道。员工电话簿是用三个环装订成的册子。第一页记事录上介绍一名高级领导人的姓名并贴上他们的照片。这页记事录上的记载超越了基本要求,还提出了一些有趣问题,例如,"假如我休息,我……""第一线座谈会"是一个全日性的会议,专为那些在公司里已工作了10年以上的员工而设的。会上副总裁们对自己管辖的部门先作概况介绍,然后公开讨论。题目有:"你对西南航空公司感到怎样?""我们应该怎样使你不断前进并保持动力和热情?""是什么使你在公司里干了10年?""我能回答你一些什么问题?"在全体人员的群策群力下西南航空公司也一直保持着良好的运营势头,成为了为数不多的几家成功的航空公司之一。

种种迹象显示,无论是采取领导班子中成员群策群力的方法,还是采取全员群策群力的方法,都能使企业走向正确的发展道路。

第三编　立规矩
树立制度高于一切的管理思想

俗话说，"无规矩不以成方圆"。毫无疑问，规矩是管理企业过程中一个非常重要的因素之一。规章制度是使公司的雇员知道哪些事是可以做，哪些事不可以做的。立规矩重点强调的是要制定一个较公平的制度，然后再是制度的传播与员工的遵守问题，制度制定的公平与合理是首要因素，其次再是强有力的执行，对违反制度者要依制度予以惩治。

第一章

制度的建立和完善应始终放在首位

在任何一个企业内,都需要建立完善的规章制度。一套好的规章制度,要比多指派几个管理人员顶用得多。无论制定什么样的规章制度,事先都要对企业的实际作深入的分析与调查,整理分析各类问题,再制定规则,这样的规则才有意义。规章制度若徒具冠冕堂皇的条文,而与企业的实际情形背道而驰,则无异于一纸空文。另外,一套优秀的规章制度必须与时俱进,必须适应时代的变化,才能发挥管理好人的作用。因此,作为一个管理者,必须时刻关注单位的规章制度是否符合实际,发现不合实际或不合情理的制度要及时纠正、不断改革,这一点非常重要。可以说,一个好的规章制度,必然是不断发展、不断改革的制度。这样规则是活的规则,只有活的规则才有意义。

建立健全组织机构

为了实现一个目标是组织成立的根本原因，组织是为了实现目标而结成的人的集合。组织，作为一个系统，它不是要素的简单相加，而是对要素有着放大或缩小的作用，这就是组织效应。组织效应来源于组织结构，最优的结构才有最佳的功能。

爱迪生，是人们所熟悉的大发明家，一生中有2000多项发明，平均13天一项。这么多项发明对于一个人有限的精力和生命来讲，实在是不可思议的。但是，爱迪生却把它变成了现实，这其中的奥秘就是爱迪生实验室。爱迪生实验室充分体现了"1+1＞2"的组织效应，可以说，出自爱迪生实验室的研究成果远远要多于在其中工作的人员独自努力成果的总和。

其实，早在2000多年前，古希腊哲学家亚里士多德就提出了一个著名的论点：整体大于各部分相加之总和。当时人们不理解这增加的部分从何而来，因而称它为"整体悖论"。然而，这种"整体悖论"的现象是随处可见的。手握成拳头要比所有的手指出击有力量；人类双眼的视敏度不是单眼的两倍，而是6～8倍，不仅如此，双眼还能形成立体感。这在单眼是根本不可能实现的。在生产领域，流水线的作业要比同样数量的个体独立完成作业的效率高出几十倍。在科技领域，20世纪40年代的"曼哈顿工程"，60年代的"阿波罗计划"，80年代的"尤里卡计划"等创造的斐绩，无一不说明组织是这样一个群体，它能够达到个人想达到却达不到的目标。

一个企业的组织结构可分为直线制组织机构、职能制组织机构、直线－职能组织机构、矩阵制组织机构等，这些组织机构各有优缺点，但一个组织机构要满足什么条件才算是一个完善的组织机构呢？

1. 职能互补

在欧洲有一种很有趣的说法，很富有哲理：什么是天堂——天堂，就是英国人当警察，法国人当厨师，意大利人谈情说爱，而由德国人来组织一切；什么是地狱——地狱，就是法国人当警察，英国人当厨师，德国人谈情说爱，而由意大利人来组织一切。这说明，即使对于同样的要素，如果采取不同的组合方式，也会产生截然不同的整体效果。而好的整体效果，来自于要素上的职能互补，各取其长。

日本早稻田大学社会科学部教授冈泽宪芙在论及政党时曾说："一个充满活力，有战斗力的政党应该由这样一群人组成：有拉票能力的魅力型候选人，有信赖感的首相候选人，有政策能力的优秀政策家，有集资能力的资金筹措者，有谈判能力及议会运营专门知识能达成妥协和合意的技术人员，能够使平凡的候选人和陈腐的政策产生魅力的商品价值并能向政治消费者加以提示说明的优秀宣传员以及能制作使外界舆论有好感的舆论工作计划和善于同宣传媒介交往的报道员等。"可见，对于一个现代的政治组织，实现其成员的职能互补是多么重要。

2. 素质互补

组织结构中职能互补的要求是指"你会我不会，我会你不会"的横向结构。但任何一个组织都是立体的，而不是平面的。这就要求在建构组织时，不仅要有合理的横向结构，而且要有合理的纵向结构。拿破仑曾经有

第三编　立规矩　树立制度高于一切的管理思想

一句名言："一头狮子率领的一群羊能够打败一只羊率领的一群狮子。"这句话很形象地说明了一个组织内部具有合理的纵向结构，即由谁领导、由谁执行的重要性。

"曼哈顿工程"是一个非常典型的例子。造原子弹是爱因斯坦带头建议的，他又是当时世界科学界的泰斗，似乎"曼哈顿工程"的技术领导人非他莫属了。可是当时美国政府为了寻觅这项工程的领导人曾经费尽心机，最后选中了奥本海默。奥本海默当时不过是一位二流物理学家，但他因"知识面广，善于团结人，有组织才能……"而被选中。事实证明选对了，几年之后原子弹爆炸了，人类从此进入原子能时代。假如选爱因斯坦将是什么样的结果呢？他虽有卓越的科研才能，但生活都不能自理，有时出门散步连家门都找不到，怎么去领导几十万人的大工程呢？当然，爱因斯坦深知自己只是一个实干家，而非一个领导者，所以当以色列要选他当总统时，他坚决拒绝了，因为他自知是不能胜任的。

原子弹没有爱因斯坦不能爆炸，没有奥本海默也不能爆炸，可以说是爱因斯坦和奥本海默的合理组合才诞生了原子时代。

"一个优秀的组织要有合理的纵向结构，其成员要实现素质的互补。"西方一些学者在谈到这个问题时认为：高瞻远瞩，有战略眼光的人可以断；思维敏锐，善于系统分析的人可以谋；能抛头露面，冲锋陷阵的实干家可以行。巴顿将军在这个问题上也有一段精辟的论述，他说："又懒又聪明的兵可以当统帅，又勤快又聪明的兵可以当参谋，又懒又愚蠢的兵可以当卫士，而又勤快又愚蠢的兵是不该留在军队中的。"

建立严格的用人制度

制度需要严格执行，已是不争的事实。企业在用人时更要如此。在用人方面日趋严格，这已经是大势所趋。松松垮垮的领导只会把一个团队搞成一盘散沙，无法协作工作。具体来说，用人制度包括权限制度、升迁制度、培训制度、奖惩制度以及福利制度。

所谓的权限制度其实就是一家企业的架构，规定每位员工在企业中的权限以及义务等内容，从企业主、管理阶层一直到最基层的员工，视企业规模而定。以我国目前现状来看，企业大多由企业主身兼管理阶层的角色，这是中小型企业常见的形态，对于任何一家企业来说，只要有员工，就必须要设定每位成员的权限和义务，也就是要各司其职，这是最基本的。

升迁制度，就是要让有能力的员工有机会向更高层的职位升迁，承担更大的责任和挑战，实现员工的个人价值和企业的价值最大化。如同古人常说的一句话：人往高处走，水往低处流。只要是有能力的人，一定不甘于长久处在卑微的职位，必须要发掘出来并放在合适的位置上，让他的能力得到最大限度的发挥。相对来说，小型企业较缺少这方面的资源，因为企业规模不大，没有足够的升迁途径，也就限制了人才能力的发挥。不过，作为小型企业未必就没有机会留住好的人才，关键是看企业主有没有这样的胸怀。

培训制度，是一家企业保持竞争力的重要手段。知识经济时代的竞争，说白了就是人才的竞争。但遗憾的是，在我国绝大多数企业都没有意识到这一点。一般的企业除了对新进员工会进行一些教导工作之外，其后的职场生涯完全就是靠员工个人的修行了，不但得不到企业的支持，更别提企业对员工进行系统化的教育和培训了。其实，企业最重要的资源不是财物，而是人才！因为在如今这快速变动的时代，人才才是最重要的资产。虽然有许多工作可以交给机器去做了，但是机器是永远替代不了会思考的人的，人的价值远大于机器。

奖惩制度，是保证一家企业能够维持工作纪律，进行正常运作，并且让员工产生一种公平、合理的竞争心理，是维持员工向心力的一种外在环境。奖惩制度的原理就是设定公平的规定和目标，并且以达到规定和目标与否来进行评判员工的工作表现的机制。这种制度也可以同时与升迁制度进行必要的横向联系，让员工产生更大的工作诱因，并因此而形成一种良性循环。

福利制度则是每一家企业都必须要建立的，因为这也是维持员工向心力的一种有效手段。福利的内容因企业而异，看企业本身的能力来定，这并不要求某家企业有哪些福利就要照搬过来用在自己身上，这是不现实的。建立完善的福利制度表面上看来减少了企业主的利益，但是实际上，员工的待遇提高后，通常工作积极性都会得到很大的提高，也就是工作效率得到提高，直接替企业创造更多的效益，作为企业主当然是得到更多的利益了。

以上所列的各种制度都属于用人制度，各种制度都可以独立运作，并且能够互相影响，其中的某些制度可以同时相结合以便利于工作的展开，所以一般有规模的企业都会设立专门的人事部门来负责这一方面的工作,以便严格执行上述用人制度。

著名企业马克西姆餐厅的用人制度十分讲究,对于员工严格任用、严格管理,使每个员工素质都很高。

严格任用就是用高标准来要求员工,以事择人,不能勉强。一旦发现用人上的失误和漏洞要及时修正,不能将就。马克西姆餐厅有着严格的等级制度,在提升和任用各级管理人员时,他们有着十分严格的标准。不够条件或条件不成熟的,决不轻易升迁。没有达到领班水平的,绝不能提升为领班,即使在领班短缺的情况下,也不可改变这一原则。这样做的结果是最大限度地保证了每一级工作人员的水平,有利于提升整个餐厅的服务水准。

严格管理主要体现在各项规章制度上。马克西姆餐厅从卫生条件到服务,甚至到回答客人的各种问题,都有严格的规定。内容全面具体,任何员工都不得违反。例如有这样一条规定:对顾客提出的任何问题,永远不能回答不知道。如果遇到自己不清楚的问题,应向客人说明,马上去问,然后给顾客一个满意的答复。这在服务人员中已经形成了一种职业习惯,即必须尽力给顾客以满意的回答。

规章制度的建立并不困难,难的是长期有效地执行。马克西姆餐厅在这一点上,有它自己的独到之处。虽然它们也像其他企业一样有着严格的惩罚条例,但它们似乎更注重调动工作人员的积极性,使他们能够比较自觉地遵守各项制度。

有章可循是用人的关键点,在管理中落实下去也同样重要。不能随意姑息迁就,否则就会使企业疏于管理而陷入混乱。只要全体工作人员都能认真主动地工作,就能够给企业带来财富。

设计好薪酬制度

工资是企业付给员工的合理报酬。它应当是公正的，而且应尽可能使员工和企业管理者都感到满意。报酬率首先取决于不受领导和员工思想左右的环境，如生活费用、人员的余缺情况、一般经营条件、企业的经济地位等；其次取决于采用的支付方式。常见的工资支付方式有计时、计件、包工三种。这些方式各有利弊，其效果取决于环境和领导人的能力。支付方法和报酬率有赖于管理部门的能力和才智，工人的热忱和车间的平静气氛也在很大程度上依赖于它们，如果运用得好，即可激励员工的干劲。

既然薪酬在激励中具有重要作用，领导者在设计与管理正规化的薪酬制度时，应遵循以下原则：

第一，公平性原则。企业职工对工资分配的公平感，也就是对工资发放是否公正的判断与认识，是企业在设计工资制度和进行工资管理时首先需要考虑的因素。这里的公平性包括三个含义：本企业工资水平与其他同类企业工资水平相当；本企业中同类员工工资水平相当；员工工资与其所作的贡献相当。

第二，激励性原则。企业在内部各类、各级职工的工资水准上，适当拉开差距，真正体现按贡献分配的原则。平均主义的"大锅饭"分配制度的落后性及其奖懒罚勤的负面作用，人们分析得已经很多了，这里不再赘述。

第三，竞争性原则。在社会上和人才市场中，企业的工资标准要有吸引力，才足以战胜其他企业，招到所需人才。究竟应将本企业摆在市场价格范围的哪一段，当然要视本企业财力、所需人才可获得性的高低等具体条件而定。但要有竞争力，开价至少是不应低于市场平均水准的。

第四，经济性原则。提高企业的工资水准，固然可提高其竞争力与激励作用，但同时不可避免地会导致人力成本的上升，所以工资制度不能不受经济性原则的制约。不过企业人力资源主管在考察人力成本时，不能仅看工资水平的高低，还要看职工所能取得的绩效水平。事实上，后者对企业产品的竞争力的影响，远大于成本因素。也就是说，员工的工作热情与革新精神，对企业在市场中的生存与发展起着关键作用，若过多计较他们的工资给多给少，难免因小失大。

建立竞争机制

我们正处在一个充满竞争的时代，管理者必须重新界定自己和企业的地位。无论你的企业是营利性的或非营利性的，都必须面对高利润企业的高效率竞争，若不及时反省管理规律，随时都有可能惨遭淘汰。

管理者应向部属说明企业竞争力的重要性。强有力的竞争，可以促使员工发挥高效能的作用。因此，在对下属的管理中，引入竞争的机制，让每个人都有竞争的意念并能投入到竞争之中，组织才会永远保持活力。

心理科学实验表明，竞争可以增加一个人50%或更多的创造力。每个人都有上进心、自尊心，耻于落后。竞争是刺激他们上进的最有效的方法，自然也是激励员工的最佳手段。没有竞争，就没有活力、没有压力，组织也好、个人也好都不能发挥出全部的潜力。

美国企管专家认为，没有竞争的后果，一是自己决定唯一的标准，二是没有理由追求更高的目标，三是没有失败和被他人淘汰的顾虑。

当前，许多企业办事效率低下，效益不高，员工不思进取，懒散松懈，从根本上说，是缺乏竞争的结果。鉴于此，要千方百计将竞争机制引入企业管理中。只有竞争，企业才能生存下去，员工才能士气高昂。

竞争的形式多种多样，例如，进行各种竞赛，如销售竞赛、服务竞赛、技术竞赛等；公开招投标；进行各种职位竞选；用几组人员研究相同的课题，看谁的解决方式最好，等等。还有一些"隐形"的竞争，如定期公布员工工作成绩，定期评选先进分子等。你可以根据本企业的具体情况，不断推出新的竞争方法。

竞争中要注意的问题是竞争的规则要科学、合理，执行规则要公正。要防止不正当竞争，培养团队精神。有些竞争不但不能激励员工，反而会挫伤员工士气。如果优秀者受到揶揄，就是规则出了问题，不足以使人信服。

竞争中任何一点不公正都会使竞争的光环消失，如同一场裁判偏袒一方的足球赛。如竞选某一职位，员工知道领导早已内定，还会对竞选感兴趣吗？如进行销售比赛，对完不成任务的员工也给奖，能不挫伤先进员工的积极性吗？失去了公正，竞争就失去了意义，只有公正才能达到竞争的目的。

凡是竞争激烈的地方，都经常发生不正当竞争，如不再对同事工作给予支持，背后互相攻击、互相拆台；封锁消息、技术、资料；在任何事情上都成为水火不相容的"我们和你们"；采取损害公司整体利益的方法竞争等，这些竞争势必破坏团队精神。企业的成功依赖于全体员工的团结、目标一致，而不正当的竞争足以毫不含糊地毁掉一个组织。

为了避免不正当竞争的弊端，首先要进行团队精神塑造，让大家明白竞争的目标是团队的发展，"内耗"不是竞争的目标；其次是创造一个附有奖励的共同目标，只有团结合作才能达到；再次是对竞争的内容、形式进行改革，剔除能产生彼此对抗、直接影响对方利益的竞争项目；复次是创造或找出一个共同的威胁或"敌人"，如另一家同行业的公司，以此淡化、转移员工间的对抗情绪；最后是直接摊牌，立即召见相关方面的人员把问题讲明白，批评彼此暗算、不合作的行为，指出从现在开始，只有合作才能受到奖励，或者批评不正当竞争者，表扬正当竞争者。

不可否认，竞争确有负面的影响，尤其在员工素质较差时，可能会出现一种无序的恶性竞争或不良竞争，影响企业的发展。但竞争的好处是显而易见的，利大于弊，领导者还是大胆地鼓励竞争吧！只有平庸的人才害怕竞争。

坚决抛弃法不责众的思维定式

生活中，有的管理者认为，在出现问题时，只有照多数人的意见办事才不会把事情闹大，才能和平地收拾局面。其实不然，这样不讲原则，迁就多数，势必后患无穷。

现代社会讲民主，因此，少数服从多数成了理所当然的事。如果这个多数是由知识水准较高的人组成的，当然没有问题。但是，如果这个"多数"的组成分子都是些素质不高的人，那多数人的意见就不一定正确。

重要的是对既定制度的维护，违反了制度就是错误的。

有些居心叵测的人很会蒙骗群众，以"多数"作后盾而提出无理要求，这样的"多数"也无须服从。在这种情况下，管理者可能会显得孤立，但这并不可怕，这种孤立必定是暂时的。

有这样一件事，某厂有个工人盗窃了厂里的产品，数量虽然不很大，但性质肯定是偷盗。因为这人是老工人，平时找他帮忙的人很多，都与他有点交情，于是，很多人都为他求情，只有厂长坚持要依法处理。

有人就说："少数服从多数嘛。"厂长理直气壮地说："厂规是厂里大多数人通过的，要服从，就服从这个多数。"

一时间，厂长似乎有点孤立，但时间一长，理解和赞同他的人便越来越多，而偷盗厂内财物的情况也从此大为减少了。

在这件事中，如果听了大多数人的意见，不加处理，或轻加处理，不仅厂里的偷盗之风会愈演愈烈，厂规厂纪也将成为一纸空文。届时，厂长威信扫地，这才是真正的孤立呢。

不仅处理问题如此，实施新规定也应如此。

新的意见和想法一经提出，必定会有一些反对者。其中有对新意见不甚了解的人，也有为反对而反对的人。一片反对声中，管理者犹如鹤立鸡群。这种时候，也要学会不怕孤立。

对于不了解的人，要耐心地向他说明道理，使反对者变成赞成者。对于为反对而反对的人，任你怎么说，恐怕他也是不想接受的，那么就干脆不要寄希望于他的赞同。

只要真理在握，反对者越多，自信心就要越强，就要越发坚决地为贯彻目标而努力。

有家商店，店面虽然不大，地理位置却相当好，由于经营不善，连年亏本。新管理者一上任，便决意整顿。

他制定一系列规章制度，这一来就结束了营业员们逍遥自在的日子，因此遭到一片反对之声，新管理者被孤立了。但他坚持原则，说到做到。

结果不到两年，小店转亏为盈。当年终颁发奖金的时候，一个平时最爱在店堂里做手工活，因而反对新规定也最坚决的女士说："嗯，还是这样好。过去结绒线，一个月顶多结一两件，现在这些奖金足可以买几件羊毛衫了。"

管理者以法不责众的做法求得一时的不孤立，最后只会更加孤立。假若他当时不搞改革，弄到工资也发不出的地步，他还能不孤立吗？

管理者在管人的过程中一旦形成"法不责众"的思维定式，就会束手束脚，就会丧失原则。管人者欲求大多数人的支持，创造积极的管人局面，就必须坚决抛弃这种思维定式才行。

第二章

规章制度是组织高效运行的保障

制度是保障一个企业正常运行的基石。任意践踏制度的管理注定不是成功的管理。管理者最忌讳而又最容易犯的错误就是把个人意志凌驾于制度之上,长此以往,制度形同虚设,员工的行为、组织的运行必然产生不可逆转的偏差。

执行问题没有商量的余地

究竟什么是执行？又是如何执行？

对员工而言，执行就是完成任务的过程。对管理者来说，该如何执行呢？

对管理者而言，执行是一套系统化的运作流程，包括管理者对方法和目标的严密讨论、质疑、坚持不懈地跟进，以及责任的具体落实。它还包括对企业所面临的商业环境作出假设，对组织的能力进行评估，将战略、运营及实施战略的相关人员进行结合，对这些人员及其所在的部门进行协调，以及将奖励与产出相结合。

很多企业管理者们都认为，作为企业的管理者，他们不应该屈尊去从事那些具体的工作。这样当领导当然很舒服了：你只需要站在一旁，进行一些战略性的思考，用你的远景目标来激励自己的员工，而把那些无聊的具体工作交给手下的员工们，自然，这种管理工作是每个人都向往的。

管理者本身就需要有一种执行的本能，他必须相信，"除非我能使这个计划真正变成现实，否则我现在做的一切根本没有意义"。因此，管理必须参与到具体的运营过程中，参与到员工当中。只有这样，你才能对企业现状、项目执行、员工状态和生存环境进行全面综合的了解，才能找到执行各阶段的具体情况与预期之间的差距，并进一步对各个方面进行正确而深入的引导，这才是管理者最最重要的工作，而且不论组织大小，这些关键工作都不能交付给其他任何人。

举例来说，企业应该以人为本，员工应该是一个企业最重要的核心资产，只有亲身实践的管理者才能真正了解自己的员工，而只有在真正了解自己员工的基础上，一名管理者才能作出正确的判断，正确的判断总是来自于实践和经验。

执行力的意义来源于正确的策略，执行的意义在于把事情做出结果，策略的意义在于做正确的事情。显然策略正确是至关重要的。设计合理的策略流程与营运流程，让策略适合于竞争环境的同时更加适合于执行。这就一方面要求管理者制定策略时，要考虑这是不是一个能够彻底得到执行的策略，另一方面要求管理者要用策略的眼光诠释执行。

好的策略应与执行相匹配。因此，管理者制定策略后也需要参与执行。只有在执行中，才能及时并准确地发现策略目标能否实现，从而可以及时依据执行状况调整策略，这样的策略才可以有效达到目标。有效地执行策略可分为以下几个步骤。

（1）量化愿景。宏大的愿景经常压得人喘不过气来，譬如"成为产业管理者"。有效的愿景应该是，能将企业虚无缥缈的梦想转换成可执行的目标。因此，管理者建立企业愿景的第一步，就是说明企业从甲地走到乙地的明确步骤。

例如，5年内营业额从1.5亿美元增长到3亿美元。为了达到这样的营业收入，企业要推出多少新产品？雇用多少员工？这些问题可以驱使管理者思考企业处境，找出该做的事。

（2）用口号传达策略。策略本身是复杂的，但是企业要用简单、直接的口号，传达策略的精髓，将策略融入员工的生活。

（3）规划结果。有些管理者喜欢利用管理工具（如平衡计分卡）来衡量重要指标，作为警讯之用。这个方法的缺点是，若指标显示未达标准，大家便开始慌张，并未与解决问题的执行办法连接。

解决这个问题的方式是，把策略衡量方法变为目标承诺，清楚描述在时间限制下，可衡量的特定行动与结果。举例来说，"拓展新市场"可以改为"拓展欧洲市场，第四季能产出500万美元的额外收入"，最后再指派一位负责人，全权负责这个策略目标。

（4）规划你不做的事。阻碍策略成功的重要因素是，员工认为新策略是额外的工作。对原本就感到工作繁重不堪的员工来说，只能草草了事。因此，企业策略不应该增加，而是取代，把无须完成的策略取代掉。如此一来，员工做事时也不会失去焦点。

（5）开放策略。过去，策略都只掌握在管理者的手里。开放策略让员工明白，什么工作才符合策略需要。同时，管理者也要将绩效评估的标准与策略结合，否则策略执行最后很容易失败。如此一来，销售人员才会知道，太小的交易不接，以免浪费时间；太大的单子也不能接，因为企业无法胜任。

（6）状况与进度自动化管理。平均而言，中国式领导花在掌控工作进度的时间约是65%，实际上这些宝贵的时间应该花在重要决策上。管理者应该利用网络工具控制工作进度、最新收入状况，以及了解进行的活动是否偏离策略目标等。另外，网络工具能预先控制风险，比如，提醒领导限制网络事业的开支或针对高利润顾客需要推动行销活动。管理者若能掌控这些资讯，就可以省下许多时间。

（7）建立执行与策略之间的良性循环。策略管理就是管理策略执行的程序，包含内部与外部资讯的结合。内部资讯是为了了解哪些活动在轨道上运行，今天有哪些工作是重要的。外部资讯包括产业趋势、对手的动作、经济的走向等。

中国式领导必须掌握：哪些趋势转变了？这些趋势与企业的策略是否相违背？该采取什么对应措施？只有内部资讯与外部资讯相结合的情况下，策略与执行之间才能良性互动。

慈不掌兵，义不守财

员工最喜欢什么样的管理者？从人的常性角度而言，当然是那些整天笑呵呵、心慈手软的上司，或者是对员工有求必应，掏腰包时决不皱一下眉头的领导。

员工工作时候的自由度很高，到领钱的时候又收获颇丰，这样的头儿谁不喜欢？但客观地说，管理者不是幼儿园的阿姨，不能仅仅去讨员工的欢心，更重要的是，要为企业创效益，这才是管理者最大的职责。如果你一味地求慈寻义，只会宠出员工们的怠慢之心，致使整个企业人浮于事，企业的生存与发展又从何谈起？我国有句古语叫做"慈不掌兵，义不守财"，说的就是这个意思。

《孙子兵法》有言："厚而不能使，爱而不能令，乱而不能治，譬若骄子，不可用也。"可见，掌兵不是不能有仁爱之心，而是不宜仁慈过度。如果当严不严、心慈手软，姑息迁就、失之于宽，乃至"不能使"、"不能令"，当然就不能掌兵。

《左传》记载：孙武去见吴王阖闾，与他谈论带兵打仗之事，说得头头是道。吴王心想，"纸上谈兵管什么用，让我来考考他。"便出了个难题，让孙武替他训练姬妃宫女。孙武挑选了一百个宫女，让吴王的两个宠姬担任队长。

孙武将列队练兵的要领讲得清清楚楚，但正式喊口令时，这些女人笑作一堆，乱作一团，谁也不听他的。孙武再次讲解了要领，并要两个队长以身作则。但他一喊口令，宫女们还是满不在乎，两个当队长的宠姬更是笑弯了腰。孙武严厉地说道："这里是演武场，不是王宫；你们现在是军人，不是宫女；我的口令就是军令，不是玩笑。你们不按口令训练，两个队长带头不听指挥，这就是公然违反军法，理当斩首！"说完，便叫武士将两个宠姬杀了。

场上顿时肃静，宫女们吓得谁也不敢出声，当孙武再喊口令时，她们步调整齐，动作规范，真正成了训练有素的军人。

在企业中，孙武所遇到的这种情况也屡见不鲜。管理者也应该像孙武一样，用一些有力的手段来压住企业自由散漫的风气，让员工对你的权威不敢小视，这样才能有效地管理好员工，管理好企业。

这是"慈不掌兵"，下面再看"义不守财"。

所谓"义不守财"原意是指世上忠义之士好友众多，然好友则必然重友而轻财，就是所说的仗义疏财，所以义者不宜守财，也守不住，因为他们不在乎财。

其实朋友多了本是件好事，俗话说"多个朋友多条路"，作为管理者若能把员工像朋友一样对待，好处自然很多。但你也应时刻记住自己的身份，你和员工之间平时可以是朋友，但在企业中的上下级关系却是不容忽略的。作为管理者，你应做的是为企业聚财、守财，而不是慷慨地散财。企业作为一个以赢利为目的的组织，其存在的初衷和最终目的就是要求财，如果你一味地慷慨大方，只能让员工消极怠工，也只会让企业无从发展。

清朝的康熙皇帝是一个以仁义著称的君主，从他对奸臣鳌拜的囚而不杀便可看出来。到了晚年，康熙的这种性格显得越发突出。为了杜绝贪污，他设置了一种制度，即生活贫困的官员可以从国库里借银子，待生活好转后再还给国库。于是许多京官外官就纷纷把国库当成了自家的金库，无论真穷假穷，都向康熙伸手，一"借"就是几万两。康熙也有求必应，慷慨解囊。谁知银子一借便有去无回，致使国库亏空。讨债时，大小官员又"哭穷"，拒绝还钱。以仁义为怀的康熙下不了狠心，只得不了了之，导致康熙末年财政赤字、国库空虚。

康熙帝最终明白了自己的弱点，所以在临终前将皇位传给了以阴狠著称的四阿哥胤禛，即后来的雍正帝。雍正登基后，立即大刀阔斧地整顿吏治，下旨将亏空钱粮各官即行革职追赃，不得留任。后以户部库存亏空银250余万两，令历任堂司官员赔补。雍正元年，被革职抄家的各级官吏就达数十人，其中有很多是三品以上大员。雍正帝利用这种手段，终于弥补了国库的亏空，并且使吏治为之清明，国家富庶，为日后的乾隆盛世奠定了坚实的物质基础。

"慈不掌兵，义不守财"是治军理国的大智慧，也是管理员工、树立威信的大谋略。管理者应该把这句话作为自己的座右铭，让这种意识深刻地印在自己的心中，如此才能管好员工、治理好企业。

员工考核一定要实事求是

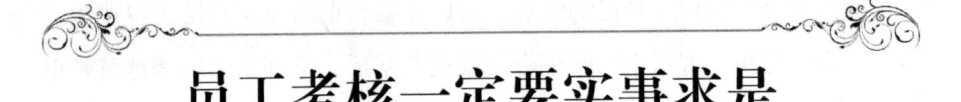

人都是有感情的动物，人们在决策时很容易受情感的牵制，这样常常会使得他在评判一个人的时候有失公允。尤其作为一名管理者，在考核员工的时候，一定不能感情用事，以避免不必要的损失。

自古以来，中国就被誉为礼仪之邦。重人情，一直被认为是中国文化最显著的特性之一。人情，有其积极的一面，当然也有其消极的一面，如果一个管理者因为人情关系而不能实事求是地对员工进行考核，那么就会给企业带来很大的损失。

日本西铁百货公司社长尾芳郎与名古屋商工会议所主席土川元夫是老朋友了，由于名古屋商工会议所急需一名管理分部的主任，所以尾芳郎就把自己认为是人才的一个朋友介绍给了他。

但是没有想到名古屋商工会议所主席土川元夫和这个人面谈后，立即告诉尾芳郎说："你介绍来的这个朋友不是个人才，我很难留他。"

尾芳郎听完以后很吃惊，接着有点生气地说："你仅仅和他谈了20分钟左右的话，怎么就知道他不能被留任呢？这种判断太草率，也太武断了吧！"

第三编　立规矩　树立制度高于一切的管理思想

土川元夫解释说:"首先,你的这个朋友刚和我见面,自己就滔滔不绝地说个没完,根本就不让我插嘴。而我说话的时候,他似听非听,满不在乎,这是他的第一个缺点;其次,他非常乐意宣传他的人事背景,说某某达官贵人是他要好的朋友,另一个名人是他的酒友等,向我表白炫耀,似乎故意让我知道:他不是一个一般的人;最后,在谈业务发展时,他却根本说不出来什么东西,只是跟我瞎扯。你说,这种人怎么能共事呢?"尾芳郎听完土川的话后,认为土川的分析是很有道理的。

就这样,土川元夫没有顾及老朋友的情面,拒绝了他的推荐。后来,经过努力寻找,终于找到了一个真正有才能的人。

无独有偶,也是在日本,索尼公司的总裁盛田昭夫也是本着实事求是的态度,才发现了大贺典雄这个人才。

二战结束以后,盛田昭夫与井深大一起成立了东方通讯实验室,后改名索尼公司(SONY 取自美式英语中的"SONNY－BOY",意思是"可爱的小家伙")。开始时,公司生产的不过是电饭锅、加热垫一类的东西。但此后不久,他们决定向高新技术产品进军,并很快生产出了日本第一台卷盘式磁带录音机。

当索尼公司在东京大学校园内演示磁带录音机时,在人们的一片喝彩声中,音乐系一个"吵吵嚷嚷"的二年级学生提出了许多关于磁带录音机的实用性和缺点等各种技术问题,这个学生就是大贺典雄。

事后,大贺典雄竟"无礼"地给盛田昭夫写了一封信,直言不讳地告诉盛田:"从一个歌唱家的观点看,你的录音机只是一堆破烂货。"

盛田昭夫并没有因此而记恨他,相反的,却喜欢上了这个直言不讳、敢于批评索尼公司弊端的年轻人。在1953年,他聘用大贺典雄作为公司的特别顾问。

后来,大贺典雄加入了索尼公司,成为索尼录音机商业部的部长,为公司的发展作出了重大的贡献。

这里,土川元夫和盛田昭夫给我们做出了榜样,在对员工进行考核时,一定要实事求是:行就是行,不行就是不行,绝不能存有任何的私心偏念,否则,只会给企业带来损失。

张平两年前从学校毕业后,来到了先河广告公司的策划部。他属于那种聪明好学,刻苦钻研,能力又非常强的人,因此很快就适应了工作。在做好自己本职工作的同时,他还经常向主管提出一些富有创意的想法。

但是,张平的主管并没有因此而赏识他,相反的,却十分妒忌他的才能。在工作中,处处压制张平,总是抓住他的一些小毛病不放,真可谓是"吹毛求疵"。

两年过去了,当初和张平一块到公司而且能力不如他的同事,一个个都升了职,加了薪,而他却还是一个普通员工。

无奈之下,张平只好辞职去了另一家广告公司。在那里,他得到了经理的重视,很快就开始独当一面了。

正是由于张平的出色表现,这家广告公司的业务越做越大,和许多企业都建立了合作关系,这其中相当一部分是原来先河广告公司的客户。

后来,先河公司老板知道了这件事,一怒之下,辞退了那个"妒贤嫉能"的主管,但是,公司由于失掉张平而遭到的损失却是无法弥补的。

第三编　立规矩　树立制度高于一切的管理思想

下令不随便，令出如山倒

商场如战场，管企业就如同治军。治军讲究为将者要一言九鼎，让士兵感到军令如山，没有讨价还价的余地，这才是一个大将所应有的魄力。在企业中，管理者就是将军，一定要拿出将军的魄力去向员工传达自己的意识，做到下令不随便，令出如山倒。

军事作战中，往往就是这种情形：士兵们只要听到军官的命令，就得马上执行，即使前面有刀有枪也要勇往直前，军官实际上就是一名独裁者，他们所下达的命令对士兵们来说就如同圣旨，没有谁敢违抗。因为战争是非常紧张激烈的，丝毫的怠慢和延误都会带来整个军队惨遭覆灭的严重恶果！

在企业管理中，当你为了集体利益而不得不损害你的某位属下的私人利益时，你可以直截了当地命令他，以显示出你的领导的威严。举个例子说吧，当你要求司机明天晚上务必把车子开到公司来接你去会谈，而他却打算请假去参加晚会，在经过你的劝说仍不能生效时，你就应该拿出领导的威严来，直接命令他："明晚七点务必把车开到公司来。"这就是你解决问题最有效的方式——你为了顾全大局，不得不用的命令的方式。

说是这样说，但要注意，该命令时不可犹豫，而不该命令时也不能随便下令。作为一名领导，最忌讳的就是滥发命令。随意施令将会大大损害你的领导威信。这也是命令，那也是命令，不分青红皂白，不辨明暗是非，结果只会使你的下属感到反感，他们就会把你的命令看轻，甚至不屑一顾，不遵照执行，如此，你的威信就会一落千丈。

现代的西方电影当中就时常出现随意滥发命令的老板形象。他们那些不假思索的粗鲁做法，给很多的人造成了极坏的印象。有些管理者觉得那样很气派，所以就竞相模仿，结果可想而知是误入歧途。

有这样一种说法：领导权越大，地位越高的人，越是不会随意发号施令。

情况可能就是这样的，因为大领导们知道自己命令的重要性，是不可滥施的，而那些职权并不是很大的小领导们，好像是为了过足领导的瘾，产生一种领导怪癖，到处乱发命令，指挥别人做这、做那，走到哪，哪里就会听到他扯着嗓门下命令，要求别人遵照执行，在他所领导的小范围内出尽了风头。这样的领导是兔子尾巴长不了，过不了多久准会垮台。

作为一名管理者，如果习惯于随意滥下命令，那将会造成许多后果，只会使用命令来领导别人的人，绝不会成为一名杰出的管理者。这种随便滥用命令的管理者将会失去下属的心，得不到下属的支持和拥护，注定会失败。因为人心向背，是决定一个人成败的关键性因素。如果你的随从者对你说："既要我们这样做，又要我们那样做，一时东一时西，完全没有一个准确的目标，最后事情办糟了，那可就不是我们的错了。"那么你所领导的集体就不再是一个具有很强凝聚力的坚强的团体，如果每个人都只是按照你的命令行事，那么这个集体就失去了生存的活力，变得停滞、呆板。

一方面，管理者下令不能随便；另一方面，在下达命令后，管理者一定要做到令出如山倒。当你下达命令之后，可能还会有些故意不听号令，他们或许是性情乖戾的员工，或者是与你同期进企业的同事，也可能是比你年长的员工。这时，不管是什么人，你就必须毫不犹豫地处置他，否则有令不行将是常有的事！

另外，在工作中也要注意，总有一些员工心怀叵测，在你下命令时故意装作不明不白。对付这些人，你必须始终抱着一个原则：令出如山倒，不可动摇！只有这样，你才能在下属当中建立起领导应有的绝对权威！

当然，在现实生活中，并非一切都很顺利，有些时候也会遇到阻碍而无法达预期的工作目标。比如，没有按你的命令达到预期的营业额，经费超出预算，拿不到预约的原料，无法在约定期限内交货，无法回收成本等；或许你也可能听过员工的抱怨："这很难办呢！""请再多宽限几天吧。""我已经尽力了。"对此类问题的处理基本原则是，你不可轻易地与员工妥协。虽然达成目标并非易事，然而若每次都延迟进度，重新修正，最后任务的内容就变得含糊不清。此时你需要坚定地重复你的命令，并大声地激励对方："不要净说些丧气的话，努力去做看看！"

在这样鼓励与责备共存的话面前，大多数员工都会奉命行事，并在工作中发挥最大的潜力，让你的命令真正地得到贯彻实施。对于那些拒不从令的员工，你只能动用"军法"处置，记住，他们挑战的不仅仅是你的命令，更是你的权威。

制度下以身作则

在一个公司中，管理者的行为是员工们的榜样。制度作为大家共同遵守的准则，对管理者的要求远胜普通员工。管理者只有在制度下身体力行，以身作则，才能维护自己在员工们心目中的威信，才能让下属自觉地遵守制度。

许多员工眼中的管理者，都具有某种其他人所没有的特质，若你不具备某种独特的风格，就很难获得员工的尊敬。在此特质中，最重要的即在于管理者的"自我要求"。你是否对自己的要求远甚于对员工的要求呢？偶尔，你会站在客观的立场，为对方设身处地想想吗？这种态度与涵养是身为管理者必须具备的。

员工服从管理者的指导，其理由不外以下两点：

一是因管理者地位既高，权力又大，不服从则将遭受惩罚。

二是因管理者对事情的想法、看法、知识、经验较自己更胜一筹。

这两个条件无论缺少哪一个，部属都将叛离而去，而其中第二点尤为重要。因此，作为一个管理者应当时刻不忘如此地反省自己：

"我的各方面能力比不比员工强？想法、看法以及做法是否比他们更具超前性？我应当怎样做才能更出色？"

"在要求员工做一些事情之前，我是否应先负起责任，做好管理工作呢？"

"我是否太放纵自己了？要求别人做到的，我自己有没有做到？"

优秀管理者对自己的要求远甚于员工，优秀管理者常会站在客观的立场设身处地为员工着想。一天到晚为自己打算的人，绝非一个优秀的管理者。

不过遗憾的是，相当一部分管理者总是忽视或没有能力做到这个"自我要求"，发生错误时总是喜欢归咎于他人。譬如，一个公司必须开发新产品了，赶紧召开员工大会，一个无能的管理者常常是自己大脑空空，却在抱怨别人："这些员工净是窝囊废，竟然拿不出一个新构想！"其实，新构想不能全靠员工去构思，身为管理者应该多动动脑筋，先制定个框架，或先为员工指明个方向，然后再要求员工全力筹划，这样靠着双方的努力才能顺利达成目标。如果只是把责任全部推给员工，即使事情成功了，也会失去员工对你的信任。要知道，如果员工在心里对一个管理者没有什么信任可言了，那么就别想让他们再很好地服从你的管理了。

"善为人者能自为，善治人者能自治。"一个公司的业务能否在激烈竞争的潮流中得到发展，重点在于管理者是否有正确的自律意识。管理者只有身体力行，以身作则，才能建立起人人遵守的工作制度。比如说要求公司的职员遵守时间，管理者首先要做出榜样；要求员工对自己的行为负责，管理者也必须明白自己的职责，并对自己的行为负责。

管理者要培养良好的自律性，成为员工的表率，最好能参照以下两点建议身体力行：

（1）要乐于接受监督。据说，日本"最佳"电器株式会社社长北田先生，为了培养自己员工的自我约束能力，自己创立了一套"金鱼缸"式的管理方法。他解释说，员工的眼睛是雪亮的，管理者的一举一动，员工们都看在眼里，如果谁以权谋私，员工们知道了就会看不起你。"金鱼缸"

式管理就是明确提出要提高管理工作的透明度,管理的透明度一大,把每个人置于众人监督之下,每个人自然就会加强自我约束。

(2)要保持清廉俭朴。作为一个公司管理者,应该清楚自己的节俭行为,不管大小,都具有很强的导向作用。管理者的言行举止是员工关注的中心和模仿的样板。中国台湾塑胶集团董事长王永庆曾说:"勤俭是我们最大的优势,放荡无度是最大的错误。"他是这样说的也是这样做的。在台塑内部,一个装文件的信封他可以连续使用30次;肥皂剩一小块,还要粘在整块肥皂上继续使用。王永庆认为:"虽是一分钱的东西,也要捡起来加以利用。这不是小气,而是一种精神,一种良好的习惯。"

只有不断地反省自己,高标准地要求自己,才能树立起被别人尊重的良好形象,并以此感染手下所有的员工,使他们产生尊敬、信赖、服从的信念,从而推动工作的发展。

公正比公平更重要

公平是处理冲突的最佳境界。但在实际操作中，管理者很难做到公平，因为不同的人有不同的公平标准，有时对很多人来说是公平的事对部分人来说却意味着不公平。

有 7 个人住在一起，他们每天都要分一大桶粥。麻烦的是粥每天都是不够的。最初，他们抓阄决定谁来分粥，每天轮一个。结果每周下来，他们只有一天是饱的，那就是自己分粥的那一天。后来，他们推选出一个道德高尚的人来分粥。强权就会产生腐败，大家开始想尽办法去讨好他，贿赂他，搞得整个小团体乌烟瘴气。再后来，大家决定组成三人的分粥委员会及四人的评选委员会，但他们常常互相攻击，等粥吃到嘴里时全是凉的。最后，有人出了个主意：大家轮流分粥，但分粥的人要等其他人都挑完后才拿最后的那一碗。为了不让自己吃到最少的，每个人都努力将粥分得平均。最后，大家快快乐乐、和和气气，日子过得越来越好。

还是同样的 7 个人，不同的分配制度就产生不同的风气。所以，一个单位如果有不良的工作习气，一定是机制问题，一定是没有做到完全公平、公正。

公正，即"公正地评价员工"。共同的价值观是对员工作出公正评价的基础；为每个员工提出明确的、具有挑战性的目标和任务，是对员工绩效作出公正评价的依据。

公平，即"公平地对待员工"。对每位员工的劳动给予能够体现"内部公平和外部公平"原则的回报；为每位员工的发展提供公平的机会和条件，在真诚合作与责任承诺的基础上展开公平竞争。

公正是公平的前提，公平是公正的体现，但是公正了不一定就能公平。例如，管理者为实施激励，出台了一些相应的规定以配合奖惩。但很多人为了达到奖励标准，会根据考核办法，全力做到符合规定，这时真的、假的、半真半假的、亦真亦假的情况都会出现。弄得考核的人头昏脑涨，很不容易分辨清楚，以致每次公布结果，员工都觉得不公平。

激励的用意，原本在改善组织的气氛，鞭策员工积极向上，保持团队稳定的工作步伐。然而，不公平，就可能导致员工互相猜忌，甚至怨声载道，消极怠工，破坏生产计划，反而得不偿失。

得到奖赏的人是少数，但是一旦他们认为奖赏不公平，自己获得的东西少于自己应得的回报，感激心理就会荡然无存。得不到奖赏的人居多数，他们可能认为遭受了不公平的待遇，心里不服气。这些反应，往往抵消了激励的功能。

激励不好，不激励也不好，这是个两难问题。人性既不像有些人所描述的"天生懒惰，讨厌工作"，也不像有些人所寄望的"经过适当激励，人人均能自我领导，并且具有一定限度的创造性"。人性只是具有可塑性，不激励不足以调动员工的行为，而激励也无法完全改变员工的行为，不平的心理，更是激励的一大阻碍。

最好的办法，便是根本改变公平的观念。管理者坦诚说明"我只能够公正，却很难保证公平"，因为如果管理者自己强调"公平"，员工就会用不公平来批评他。得到奖赏不感激，未得奖赏不服气，完全是管理者自认为公平所招致的恶果。坚持公正但承认不公平的存在，是解开两难选择的突破

第三章

管理中的"情、理、法"

管理就是管事、理人,企业要做到有情管理,无情制度。

任何企业要想发展壮大,就必须拥有完备的管理制度,但企业是由人组成的,除了要讲制度外,还要讲感情。怎样正确地看待制度和感情?在这里,我们对管理的概念进行了分解,管理就是管"事",以理动"人",把事情管好,让人人有事可做、事事有人管,这样,在做事情的时候,人被调理、梳理得比较顺,人际关系也比较协调。

凡事求合理

（一）全面权衡，防止"一叶障目"

作为企业领导者，除了定期对员工进行评估，开诚布公地谈论已取得的成绩和存在的不足，一起制定下一阶段的工作目标外，要想取得绩效评估的良好效果，你还必须掌握以下的评估技巧。

（1）"三明治"式的工作评估。"三明治"式的工作评估，指的是评价下属的工作时，你可以选择三步走的做法，先肯定你下属的工作成绩，然后再具体地指出他工作中的不足，最后提出你对他的期望。这就好比"三明治"一样，将批评夹在好与期望之间，令你的下属更易于接受你的评估。

评估下属工作成绩时，描述问题要力求准确，泛泛而谈是不能起到好效果的。因为，你的下属不能具体知道自己的工作到底是好还是坏。泛泛评估根本就不能说服你的下属，反而让他觉得你是在有意和他过不去。

在评估下属工作时，与其说"你的这份报告做得太马虎了，我实在不能接受"，还不如说"你的报告中的数据不够准确，市场分析也不够精确，与当前真实的市场情况尚有一定差距……"这样，你的下属必定会心服口服，无话可说。

对下属提出的期望要诚恳。如"你是个很有进取心的年轻人，我希望下次你做得更好"，"我发现你的工作每次都有进步，我真高兴，相信你一定能给本部门作出更大的贡献。"不要小看这几句评价的话，它能让你的下属在接受你的评估后备感温暖，工作更有激情。

（2）避免"心理移情"。在我们与人的交往中，经常会无缘无故地对一个人心生好感，而也可能对一个不认识的人厌恶至极。对于喜欢的人，你愿意与其长久交谈，把他的一切都看成优点；而对不喜欢的人，你的眼光总是停留在令你不快的缺点上。这就是"心理移情"作用。

中国企业的一些领导也往往不能免于此，对自己喜欢的员工时常会赞誉有加，而对自己不喜欢的员工则往往吹毛求疵。作为一名优秀的企业领导，在给员工作绩效评估时千万要避免这种情况。

你在为下属作绩效评估时，应在心中先问问自己："我对这个人看法如何？我喜欢他吗？我不喜欢他吗？为什么？"如果你不能找到足够的原因加以证明，那你极可能受到了潜意识的影响，而这些潜意识形成于一些和工作无关的事。

其实，你和你的下属在处理相互关系时不知不觉地会有这种现象。如你可能有个下属，他非常依赖于你，总是问你许多问题，不断征求你的意见，力图让你开心，未经你的允许从不敢擅下决定。如果你有弟弟妹妹，你很喜欢他们，他们也总是依赖于你，你习惯于接受他们的求助并给予帮助，你就可能对那个员工产生积极的心理移情现象，在潜意识中把他当做你的弟弟妹妹之一。

然而，同样是这个员工，也可能使别的企业领导难以忍受或发怒。因为这个领导者很不喜欢弟弟妹妹式的依赖，自然而然也就憎恶下属的依赖，对他缺少独立工作能力不能容忍。

又如，你可能有一个下属员工独立工作能力很强，善于创造性地开展工作，他不常征求你的意见，甚至也不在意你的赞美。你可能喜欢他，理由充足：他使你免于分心，专注于其他事情。这种反应是基于理性，基于你的工作习惯，而不是基于心理移情。

而另外的一个领导者，由于过去他的小妹妹擅自行动，无视兄长和父母的劝阻，曾使家庭陷入非常尴尬的境地，那么他就会对下属员工的过分独立表示不满，认为他应该更多地征求领导的意见。

这样的例子会让你清楚地认识到，你为什么喜欢某种行为或员工。只有当你对这种情况保持警惕时，你才能做到评估的是下属的工作而非其个人。

因此，在你对某些事情或个体员工进行评估之前你必须具备翔实可靠的资料，全面回顾过去一段时间的工作情况，并且明确自己的态度，保持警惕，不让个人感情影响评估的公正性。

（3）全面评估，避免一叶障目。在企业当中，那些工作表现好、业绩出色的员工往往容易受到领导的偏袒，而对于那些有失败、过失记录的员工来说，他们在领导心中多少会留下一些不良的印象。但事实上，有些过失的员工往往比那些暂时表现出色的员工更具有发展潜力，只不过是没有遇到机会展示罢了。

作为一名中国式领导，应该懂得，员工工作的好坏与他是否犯过错误，是否有过失败的经历并没有关系。失败和过失都是暂时的，不代表他一生都这样，你的任务是客观、正确地评价员工在各个阶段的工作业绩，并不断地使其能力得以提高。

当然，员工取得业绩是一件大家都高兴的事，值得为之骄傲，但你同样不能由此产生出一种个人偏好或憎恶的情绪。你对某位员工的偏袒，虽然在很大程度上给他信心以及继续挑战工作的勇气，甚至是更多的工作机会，但势必会让其他员工心存不满，打击他们的积极性。

因此，消除你心中的成见，以公正的态度对待每位员工所犯的错误和所取得的成绩。只有客观、全面的评估，才有可能避免犯一叶障目的错误。

(二) 不要因奖励一个人而失去很多人

中国企业的领导眼中，不能只有"超级明星"，还要有整个企业。企业领导者是金字塔的塔尖，而更多的企业员工是金字塔的基座。事实上，所有赢利的企业都是靠拥有中等技能、知识的一群人，加上少数的"明星"来运作的。

只有一个人频繁地得到某种奖励或认可，就意味着其他人都是失败者。偶尔，某个人会比其他人更为突出，这时没有谁会妒忌他所得到的褒扬——但这种事并不多见。企业领导如果非要从一批非常出色的员工中挑出一个人来，常常会挫伤其他员工的积极性，并导致他们工作表现的恶化。

对于这种奖励导致的团队不和、破坏情绪的现象，许多领导者采取轮流得奖的方法来解决这一问题，他们尽可能地使每个人至少在一段时期里能够取得一定的认可。但是，如何才能真正解决这个问题呢？

（1）只要有良好的工作表现，就予以认可，不要等什么奖励周期。

（2）鼓励员工相互表示对各自工作的认可。来自同事的认可，其意义与来自领导的认可相当，有时甚至更有作用。当然，两者都有的话是最好不过了。

（3）对特别杰出的员工，你的行为应注意恰当好处。因为这样的员工，大家公认他是最出色的。有时，你应该事先把获奖者的提名向员工们公布，让员工们也得到评价的权力，或许员工们对谁应得到奖励心里最有数。

总之，在你和你的员工对所有出色的工作都能予以认可前，不要采用这种只让一人独得的奖励。不应该鼓励手下的员工互相竞争，"只让一人独得"的奖励正好犯了这个大忌。这不能促进合作，相反却很容易使员工互相保密，拒绝向别人提供帮助。

很多企业对最常见的认可手段——工作评估，制定了严格的条件。不知是什么原因，人们认为严格限制得到高分的人数会有好处。这种想法很不现实。作为企业领导，你真正应该做的是，设定一个需要全力以赴才能达到的高标准，然后，尽力使所有的员工都能达到这个标准。这时你就可能说："当然喽，我的手下个个都非常出色。"

企业领导不能只频繁地奖励一个人，领导的眼中不能只有"超级明星"。须知，世界上知名的大企业能够取得今天的成就，全靠企业全体成员的共同奋斗。

（三）学会拒绝员工的不合理要求

要是在全年最忙的几天，有员工要请假，或者别的领导想从你部门借一名员工用一周，你很可能会一口回绝："不行。"

一些平常你有可能同意的要求，在某些场合下却不得不回绝。所有人都想顺人意、讨人爱，但在工作中难免要拒绝别人的一些要求——有的要求合情合理，另一些却可能是非分要求。

下面是管理者非坚持立场不可的一些例子：

（1）不能批准员工的休假。这里有两种情况：要么是你的下属没有按照安排休假计划的规定办事，要么是这段时间已经安排给其他员工休假了。

要是前一种情况，就应该让下属知道他没有遵守规定。你应该这么对他说："很抱歉，我们打算在那个星期盘点存货，一个人手也不能缺。你知道，正因为这样我们才规定每年的一月安排休假计划。"

有时，员工的请假要求与别人预先计划好的休假有冲突。遇到这种情况，企业领导要让他明白，批假的原则是"先申请先安排"，所以不能批准他的请求。不过，可以准许他与已安排休假的那个员工协商掉换休假日期。

（2）员工要求加薪或升职。遇到那些特别尽力进取的员工请求加薪或升职时，要开口说"不行"实在是一件很为难的事。特别是有时员工的职位、薪酬早该变了，但预算紧缩、生意清淡，或其他因素使你无法对他们的勤勉予以奖励。这时，最好如实相告，说清楚为什么不能提职或加薪。

第三编　立规矩　树立制度高于一切的管理思想

处理这类问题时，切忌作超出你职权的承诺。即便你说了你承诺的事要视将来情况而定，如等生意出现转机，预算松动之后等，员工仍可能把它看成是正式的承诺。

（3）员工要求改变上下班时间。照顾子女、交通问题以及其他事情常常给员工带来困难。能与员工配合，帮他们渡过暂时的困难当然好，但不一定总能行得通。关键是怎么说"不行"。如果员工感到你对他的困难漠不关心，他就很可能另谋高就。

具体处理时要尽可能灵活，探讨各种可能的办法，这样即便不得不否决他的请求，你为此所作的努力也有助于消除员工的怨恨。

有些时候，准许员工偶尔稍许迟到或早一点走，不是什么大不了的问题。重要的是一定要事先征得你的同意，不然，你迟早会发现下属自行其是确定上下班时间。

有时你准许某个员工提前下班，而有时候又不得不否决这类要求，这时一定要跟员工讲清楚原因，否则，他们会认为你办事没有原则或偏袒某些人。

（4）员工要求调到另一部门。如果是一个可有可无的员工请求调动，那就赶快批准，你还应该庆幸自己的运气。但要是你最得力的员工请求调动，而且是在大忙时节，或在一时找不到人顶替的时候，千万不要断然拒绝，因为那样会使一个好员工消沉下去。

你应该跟他坐下来谈谈为什么要请调，通过交谈才会发现问题在哪里，也许你会发现促使他调动的原因可能与工作无关。可能是他与某位同事关系紧张，也可能是一些通过调整工作可能解决的问题。

如果谈话毫无结果，没有什么能使他改变调动的想法，你只有拒绝。但要尽可能减少给他造成的消极影响，尽量给他一线希望。比如，你可以说："现在不能调，过一两个月再看看有没有机会。"

这样做不仅为你赢得了考虑其他可能性的时间，而且在这段时间里，员工的想法也可能发生变化。不管怎样，领导对员工的调动要求表现出关心，有助于减轻拒绝对员工造成的伤害。

兼"情"顾"理",点到为止

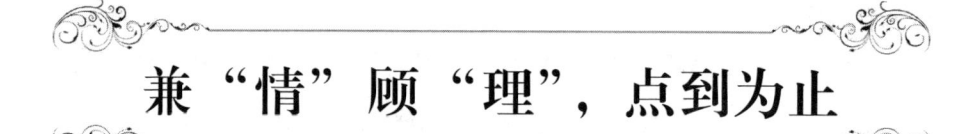

（一）惩之有理,刚中有情

如果下属员工犯下了不可原谅的错误,理应受到应有的处罚。简单的惩罚并不能从根本上让人心悦诚服,也不能从根本上防止此类错误的再次发生。这时候,就需要管理者采取一些必要的管理艺术与手腕,将"情"与"理"有效地融为一体,实现惩罚的目的。

管理者在惩罚员工时,应注意以下四点:

（1）决不轻易放过第一个以身试法者。千里之堤,溃于蚁穴。再严明的法纪,也经不住员工们一次又一次的违反、破坏。为了维护法规、制度的严肃性,企业领导必须及时捕捉第一个胆敢以身试法者,教育本人,从严处置,同时教育更多的下属。这种治理方法,又叫"枪打出头鸟"。第一个以身试法者,犹如出头之鸟,一来数量少,容易惩处;二来影响极坏,倘若不及时打掉,后面势必会跟上来一群。因此,就凭这两点,企业领导也不应轻易放过这第一个以身试法者。

（2）重点惩处性质最恶劣者。有时候,你会同时遇到好几个违反法规的员工。如果不分青红皂白,一律加以严惩,一来打击面过宽,起不到应有的教育、挽救作用；二来对工作和生产也会产生不利影响，甚至会因此而蒙受一些不必要的损失；三来领导树敌过多，不利于以后搞好上下级关系。

为此，领导者在从严处置时，不能不讲究方法和策略，尽可能扩大教育面，缩小打击面。企业领导应从若干个违法之人中，精心挑选性质最恶劣、影响最坏的一个，予以重点惩处，同时对其他几个违法情节较轻，认识态度也较好的下属，给予适当的批评教育。这样做，不仅能教育多数下属，而且也能使受到严惩的人，陷于孤立的境地，从而切实收到惩一儆百的良好效果。

（3）惩处违法者，应做到合情合理。在管理员工中，任何惩罚手段，都是无情的。但是，中国企业领导在运用这一无情手段时，应该尽量做到合情合理。所谓合情，就是合乎人之常情，惩处方式不过火，不偏激，不超过常人的心理承受能力，能被多数人的感情所接受；所谓合理，就是要惩之有理，符合有关法规、制度、条文的精神，分寸适度，使人心服、口服。只要领导者能做到严之有理、刚中有情，就能收到预期的良好效果。

（4）辅以必要的关心、帮助和教育。在惩处违法者时，领导还要对下属辅以必要的关心、帮助和教育，只有"视卒如爱子"（孙武语），你才可能使下属懂得，对他的严格要求实质上也是一种爱护，从而使下属从心底接受领导的管束，接受对自己的惩处，逐步将自己铸造成一个能和企业协调运转的合格"零件"。

以上四点是企业领导在惩罚员工时应该特别留心的。当然，在具体实践中，你所采用的方法手段还可以更加巧妙一些。总之，中国式领导从各个不同的侧面，充分发挥应有的聪明才智，就可以同时收到惩处、团结、教育下属的综合效果。

（二）把握好奖惩的共性原则

企业的员工应该是主动工作和认真负责的，那些屡犯错误、消极疲沓的员工应该受到相应的惩处。当然，这种惩处并不意味着不允许犯错误，也不等于说，凡是犯了错误的，都应予以惩罚。惩罚的关键不是针对所犯的错误，而是员工的责任心，看他是否尽到了自己的工作本分。

实际上，对于有上进心的员工来说，失败乃是成功之母。许多企业的优秀员工，并不是他们没犯过错误，而在于他们是为了创新而犯错误的。因此，他们犯错误的次数越多，所积累的经验越丰富，他们创新成功的可能性就越大。

为了充分发挥员工的积极性，中国式领导必须对下属的工作作出合理的、公正的评价。正确地评价他们的工作，估计他们的责任心，是对他们进行奖惩的基础，也是提升或调离他们职务的依据。

任何一个办得好的企业，它的员工所以能尽职尽责，主要是因为它对员工能及时、公正地进行评价，同时，又以此评价的依据，对他们做出恰当的奖励或惩处。凡是这样做的企业，它的各级员工就能尽到自己的责任，他们能保持旺盛的工作热情，有上进心。他们很自然地在工作中展开了竞赛。

久而久之，在该企业中就会形成一种良好的工作作风和传统习惯：以上进为荣，以消极平庸为辱。这种优良传统的形成，是企业的精神财富，是无价之宝，是财运亨通，年年赚钱的基础。

要对员工的工作作出正确的评价，必须有一整套的评价制度和方法。对一个员工的评价，必须是全面的和系统的。评价一个下属的工作成绩，切忌片面性和主观性。因此，对一个员工作出正确的判断需要经过较长时间的观察、检验和比较，而不是草率地据一两件事就对他的品质、责任心和工作能力作出判断。

在进行评价的时候，要听其言，观其行。要把他所做出的实际工作成绩作为衡量的主要标准。在一家公司里，首先要看他的工作是否推动了公司的发展，是否有助于公司完成它的目标。企业要特别防备那些只会说而不会做的人，要奖励那些埋头苦干和认真负责的员工。

在奖惩员工的过程中，中国式领导要把握好奖惩的五个共性原则：

第三编　立规矩　树立制度高于一切的管理思想

（1）多奖少罚。奖励的作用在于鼓励良好行为重复再现，处罚的作用在于抑制不良行为重复再现。从这个意义上讲，必须多奖少罚。

（2）奖罚分明。有的企业领导碍于面子，对下属的错误不敢处罚；还有的领导，气量狭窄，对有功的下属不给予奖励。这都是与奖罚分明的原则背道而驰的。

（3）奖罚公平。奖罚只与工作效果、工作能力、工作态度相联系，而不能与其他事物如感情、关系等相联系。

（4）奖罚规则尽量明确。即把奖罚的规则尽可能形成明文的规章制度，以防止奖罚的随意性。随意奖罚，就可能使得奖罚产生不公平。"尽量明确"意味着有部分奖罚，是不可能用规章制度的形式事先明确表述的。事物是发展变化的，领导者不可能事先预知下属在将来可能发生的一切行为。但是，你尽可能地把奖罚规则事先清楚地设定。

（5）奖罚应指向具体行为。奖励应该和下属的具体行为相挂钩，使他明确地知道什么行为是被领导所欣赏的，需要被加强的。比如，有的领导给下属发一笔奖金，并且表扬下属说："你的工作很出色，给你100元奖金。"这样的奖励效果就比较差。因为奖励没有和具体行为挂钩，奖励失去了行为导向作用。类似"你的工作很出色"的界定，含义模糊，指向不明。

除此之外，还有一种更加糟糕的奖金发放方式，习以为常地出现在许多企业员工的工资单上，几千元的奖金数额，却没有任何说明。这样的奖励方式就属于"投资大、效果差"。同样的道理，处罚也应指向具体行为，才能使下属明白什么行为是要被抑制的。

（三）渐进式罚则

任何一个中国式领导都离不开惩罚这一管理手段。为了实现既定的战略目标，维持组织的生存发展，领导者就必须合情合理地运用奖惩手段，激励那些有助于达成战略目标的行为，相应地抑制或减少偏离目标的行为，使组织全体成员发愤图强。

相比较而言，处罚下属最适宜的方式是采用渐进式罚则。

渐进式罚则是一种纠正违纪规则和行为的系统方式。一个典型的罚则有六个步骤：第一步是非正式警告；如果警告不起作用，就要采取后继步骤。后继步骤依次为：口头批评、书面警告、留职察看、停职，最后为开除（如需要）。

在大多数企业中，每位员工在一天工作开始时所处于的工作状态是很重要的。如果有一个员工迟到了，就会影响整个部门的工作。

假设一位员工在他开始工作的第一个月就迟到3次，你找他谈话后，他连续几个月都按时上班。但是，他上周又迟到了，今早也迟到了，并且没有恰当理由，可见你与他关于迟到一事的非正式谈话没有任何效果，所以现在你应该对他使用渐进式罚则。

（1）口头警告：非正式警告。渐进式罚则正式开始的第一步骤经常被称为口头警告。你把这名员工叫到一边并提醒他，你与他以前谈过迟到的事。因为他连续上班迟到，你必须提醒他注意，你的企业或部门是不能容许这种行为的，告诉他如果继续迟到你将对他采取什么行动。

（2）面对面批评教育。如果一位员工在受到口头警告之后又重犯错误，下一步就是批评教育。

这种谈话与口头警告不同，它比较正式。口头警告通常比较简短，经常在房间安静的情况下进行，而面对面的批评教育则一般时间较长，而且通常在一间办公室或一间会议室内进行。

对于面对面的批评教育，企业领导通常应该精心准备，并就解决问题的方法达成共识。鉴于口头警告达成的解决问题方法通常是口头的，面对面的批评教育所达成的解决问题方法应该形成书面形式。这不仅可以提醒领导与员工双方记着所达成的共识，它本身也能起到文件的作用。

（3）书面警告。渐进式罚则的下一步就是对犯错误的员工进行书面警告——记载员工所犯错误的一封信或表格，它们被放入员工的个人档案。书面警告通常比前两步更为严肃，员工一般都不愿意在个人档案中留有污点，即使是书面警告，对他们也有威慑作用。

如果书面警告是关于工作业绩不佳的,你应详细说明工作业绩标准是什么,并指出这位员工的业绩差在何处。你还应该说明:你已采取了什么措施帮助这位员工提高他(或她)的业绩。你做的这些会保护你免受潜在的指责,这些指责人可能会说,你没有作任何努力帮助员工提高工作业绩。

(4) 察看处罚。到目前为止,你为了改变员工的工作业绩和行为表现所作的一切努力都是积极的,并且你还提供了相应的措施。如果仍然没有效果,下一步则应当是对这名员工进行察看处罚,你应设定一个解决这个问题的最后期限。

你现在所做的是给你的当事人一个改正错误的机会,在你对他(或她)进行某种形式的处罚之前,他(或她)应该改正自己的错误。大多数人都认为察看是很严重的处罚,因为他们知道你把它是当回事的。

实施渐进式罚则的两个主要目的是解决员工的作业不良和品行不端的问题。如果员工工作业绩不佳,察看处罚就是解雇的最后处罚步骤。如果所有的再培训、劝告和教育方法都不起作用,你还可以让这名员工在察看阶段改正错误,给其最后一次机会。如果这也不起作用,其他的处罚方式不会起任何作用。当然,你还可以把这名员工调到另外的工作岗位,如果他仍不能适应,你只好解雇他(或她)。

企业对察看处罚的做法各有不同,工会的合同、公司规章制度手册和一些不成文的习惯做法左右了这一行为的实施。通常察看处罚通知是以书面形式的通知单,由企业领导签名并通知员工本人。通知单一式三份,员工持有一份,部门领导持有一份,人事部门也应保留一份存档。

察看处罚的时间可以短至10天,通常为30天,甚至更长。如果一位被处罚的员工取得了显著的进步,这时你可以解除对他(或她)的察看处罚。如果他(或她)在察看处罚被撤销之后,重犯以前的错误,你可以恢复对他(或她)的察看处罚,或者进行下一步的处罚。

(5) 停职:第一步实质性处罚。除了解雇,最常用的处罚员工的方法是不付工资的停职。尽管部门领导对停职时间的长短持有一定的自主权,但大多数企业依据员工违规的严重程度来确定停职时间的长短。

发布停职通知的机制与察看处罚类似，因为停职是很严重的处罚。企业应该制定停职的有关文件，文件应该说明停职的期限并由有关领导签名，还应通知受处罚的员工本人。

如果一名员工受到停职处罚后被恢复工作，而后又继续犯错误，你对他（或她）实施的下一步处罚可能是更长时间的停职，甚至解雇。

（6）解雇：最后一步处罚。渐进式罚则的主要目的是给犯错误的员工改正错误的机会，它的步骤一步比一步严厉，就是要督促员工改善不良行为，提高业绩，以免被解雇。但是，如果员工始终不能达到企业的要求，那么只好解雇。

不论受到何种处罚，员工的思想难免会一时转不过弯儿来，这就需要企业领导者心慈一点，私下里提前与他谈一谈，交换一下意见。

所谓交换意见，并不是让你对受处罚的下属唠唠叨叨一大堆，一个劲儿地对他进行教育和说服，而是让对方参与到谈话之中去，进行相互交流。否则，你说了大半天儿，却没有说到点子上，起不到实际作用，当事人也会对你产生反感。

谈话中，企业领导要让下属逐渐步入正轨，认识到自己所受处罚的合理性，并非是你有意在为难他。如果下属确有委屈或难言之隐，你应该表示体谅，说一些劝慰的话。

要让员工明白，处罚决定的作出，绝不是专门对人的，而是对事而言的，请他不要过于激动，以免引起误会。许多员工会认为，他们受到了处罚，自己的人格同时也就受到了侮辱。这就需要领导通过交换思想让他明白，所有的处罚都是为了企业的利益和发展，而不是故意去伤害某人的感情。

在肯定被处罚对象的工作成绩时，你要坦诚善意地提出对方违反了什么纪律，这会给部门工作造成什么样的不良影响，做到循循善诱，务必防止简单粗暴。通过和风细雨的一次谈话，有劝说、有疏导、有安慰，才能让下属心服口服，才能让他的脑筋彻底转过弯儿来。

宽容对待出错的下属

（一）批评也要有分寸

古人云："人非圣贤，孰能无过。"在企业里，员工的失败、错误固然是不可避免的，但企业领导也不能"以成败论英雄"，给员工下"他只会犯错误"或"他根本无法办好事情"的结论都是非常错误的。

一两次的失败并不能说明什么问题，当犯了错误的员工在为自己的行为懊恼之时，你对他的斥责只能使他的信心再次遭受打击，甚至有了"破罐子破摔"的想法。也许他本来是个很有才华的人，却被你无意中的评价给伤害而无所作为了。

作为管理者，对员工的批评一定要注意"分寸"。这里要注意以下两个问题：

（1）批评应该是私下进行，要给下属留"情面"。人人都有自尊心，下属虽然犯了错误，领导一样要尊重他，应该尽量避免公开批评下属。工作之余找来下属促膝谈心，语重心长地指出问题，要比开会宣布的方式有效得多。当然，一些严重的问题就要另当别论了。

（2）批评要尽量做到"对事不对人"，也就是多从事情上找原因，少从个人身上找原因。下属做错了事应该受到批评，关键是不要把下属的失误归结为个人的原因。

很多时候，下属工作的失误并不完全是本人的因素所造成的。如果一味地把"矛头"指向个人，势必会让下属产生委屈感和不满情绪，批评的目的也就无从谈起了。

管理者在批评下属时，必须注意以下问题和技巧：

（1）批评前弄清事实。弄清事实是正确批评的基础。有些企业领导一时激动，就不分青红皂白对下属进行批评，而忽略了对客观事件本身进行全方位的调查。

（2）采用妥当的批评方式。批评的方式有很多种，这就需要领导根据具体的当事人和事件进行选择。比如，性格内向的人对别人的评价非常敏感，可以采用以鼓励为主、委婉的批评方式；对于生性固执或自我感觉良好的员工，可以直白地告诉他犯了什么错误，以期对他有所警醒。另外，对于严重的错误，要采取正式的、公开的批评方式；对于轻微的错误，则可以私下里点到为止。

（3）问清下属犯错原因。虽然领导可能自认为已经清楚地了解了事件的客观真相，但在批评时还是要认真地倾听下属对事件的解释。这样做有助于领导了解下属是否已经清楚了自己的错误，也有利于领导作进一步的批评。有意思的是，下属往往会告诉领导一些领导可能并不清楚的真相。如果领导没有办法证实这些问题，则应立即结束批评，再做进一步的调查了解。

（4）不要大发脾气。下属所犯的错误有可能令领导非常生气，但领导千万不要在批评时大发脾气。这样做的后果是领导会在下属面前失去自己的威信，并且给下属造成对他有成见的感觉。

（5）不要威胁下属。威胁下属容易让下属产生"仗势欺人"的感觉，同时难免会造成领导与下属的对立。这种对立会极大地损伤企业内部的团结和合作。如果下属感觉到自己的尊严和人格受到了侮辱，很难想象他能再全心全意地为企业工作。

（6）认错后切忌穷追猛打。在下属认识到自己的错误后，领导应该尽快结束批评。过多的批评会让下属感到厌烦。

中国企业的有些领导具有"痛打落水狗"的精神，员工越是认错，他咆哮得越厉害。他心里是这样想的："我说的话，你不放在心上，出了事你倒来认错，不行，我不能放过你。"或者"我说你不对，你还不认错，现在认错也晚了！"

这样的谈话进行到后来会是什么结果呢？一种可能，是被骂之人垂头丧气，假若是女性，还可能大哭而去。另一种可能，则是被骂之人忍无可忍，勃然大怒，重新"翻案"，大闹一场而去。

犯错误是第一阶段，认错是第二阶段，改错是第三阶段。不管是经过批评后认错，还是未经批评而主动认错，都说明他已到达第二阶段，当领导的应努力帮助他迈向第三阶段。

另外，企业领导不应该经常将下属的某个错误挂在嘴边，喋喋不休地反复唠叨。

如果在批评时，下属有抵触情绪，那么在批评后的几天之内，领导应该找下属再谈谈心，消除下属可能产生的误解。如果批评后，下属还没有改正错误，企业领导就要认真地分析他继续犯错的原因，而不应盲目地再次批评。

实际上，沟通是解决问题的最佳方法。大多数的错误不是由下属主观引起的，可能是多种因素的综合结果。当领导在批评下属时，也要认真地反省自己应该承担的责任。一味地批评下属员工，而不反省自己的错误，也是许多中国企业领导的通病。

（二）积极应对员工的过失

员工的失礼、失信和失误，是每一个中国企业的领导者都不希望遇到但又不能回避的问题。企业领导只有学会以积极的态度对待这些问题，才有可能使坏事变成好事。

（1）宽容对待员工的失礼。这里所讲的失礼，通常指的是员工对企业领导不讲礼节、没有礼貌的种种表现。

例如，有的员工在企业领导作报告时，一边听一边交头接耳，该鼓掌时不鼓掌，不该鼓掌时乱鼓掌。有些员工在公开场合故意与领导"顶牛"、"较劲"，你指东，他偏向西。有些员工喜欢在背后给领导编造和传播一些小道消息，甚至搞点恶作剧。

面对员工的失礼，作为企业领导，首先要有"宰相肚里能撑船，将军额头能跑马"的气量，不能因员工对自己不尊重就耿耿于怀，更不能寻机报复、给员工"小鞋"穿。

其次应该认真分析员工对自己失礼的原因，看是员工对自己抱有个人成见，还是员工个性怪僻所致；是员工恃才傲物、心智不成熟，还是自己在工作中没有坚持原则或领导无方造成的。

如果是因为员工无理取闹导致的失礼，应尽可能给员工以宽容，淡然处之；如果是因为自己方面的原因而使员工失礼，就应主动向员工赔礼道歉，说明情况，并加以改正，重新赢得员工的好感与尊重。

（2）谨慎对待员工的失信。这里所说的失信，指的是员工在工作上不守诺言、言而无信的种种表现。例如，有些员工对当着领导或大家表了态的事情，过后不承认；有些员工对领导者交代要按时办好的事，到时却忘得一干二净。

面对员工的失信，作为企业领导，既不能采用强硬的态度批评指责一通，也不能采取迁就的方式不了了之。

首先，应该仔细分析一下员工失信的原因所在，是员工言行不一的工作习惯使然，还是因为自己对员工的要求太高，员工能力达不到所造成的。

其次，如果是因为员工的原因而导致失信，最好采取单独或私下交谈的方式，对员工进行批评教育，引导员工明晓事理，懂得若经常失信于大家尤其是领导，就会成为不被别人信任的人。在此基础上，要求该员工在今后的工作中，一定要做到言必信，行必果。这样做既保住了员工的面子，避免他的不良情绪上升，又能使员工感觉到失信的严重性和解决这一

第三编　立规矩　树立制度高于一切的管理思想

问题的必要性。

如果是企业领导对员工的工作要求太高而使员工失信,领导应当众向员工和大家做好解释工作,不要让员工背负"失信"的坏名声。

(3) 正确对待员工的失误。这里所谈的失误,指的是员工在工作中出现的各种差错。例如,有些员工因不熟悉业务、能力不强或习惯于丢三落四,以致工作上错误不断;有些员工不履行工作职责或乱履行工作职责,致使自己完不成工作任务或造成经济损失;有些员工为了捞取个人利益,百般刁难,甚至行贿受贿,出现经济犯罪。

面对员工的失误,中国式领导首先要冷静对待,既不要大惊小怪,也不要视而不见,更不能曲意包庇,而要尽快采取有效措施进行补救,使损失降到最低限度。

其次要认真分析造成员工失误的原因。有些是因为员工的经验不足,工作方法简单,能力欠缺,或是员工的疏忽大意、思想认识有问题等主观因素造成的;有些是因环境条件的限制,企业领导不支持、乱决策或无法预测的天灾人祸等客观因素造成的;有些则是主客观因素兼而有之。领导者一定要分清原因,不可轻易对员工的工作全盘否定。

再次要区别对待,分别处置。对出现失误的员工,一方面要讲原因,另一方面又要讲感情,要针对他们造成失误的原因,认真对他们进行批评教育,对造成重大损失的,要严肃查处直至绳之以法,使其他员工能以此为鉴。

(三) 用好犯过错误的员工

人们常说,一个失败者的出路有两条,一是成为更辉煌的成功者,二是成为出色的批评家。不可否认,失败是教训的拥有者,你若能给他们一个成功的机会,他们就会将这些教训转化为成功的财富。

中国企业的领导一定要消除心中的成见,别再对下属的几次失败耿耿于怀,再给他们一次机会。坐下来,与他们恳谈,帮助他们分析犯错误的原因,找到症结,恢复他们的自信心,在你的言谈举止中充分表现出对他们的信赖。只要他们走出消极的误区，一样能为企业创造佳绩。

在企业管理实践中，中国企业的一些领导在员工出现了过失以后，常常会产生一些不良心理，譬如说不信任、失望，甚至导致与对方的距离感。这些心理的产生虽然有其客观原因，但作为领导者却不应放任其存在，以致影响正常评价犯有过错的员工曾作出的贡献。

那么，管理者应该怎样正确对待犯了错误的员工呢？

（1）敢于起用犯过错误的员工。任何一个领导者都应当给予员工犯错误的权力，对于犯错误的员工要会用、敢用。提拔人才应当不拘一格，不能因为一个人有这样或那样的缺点就将其忽略，打入冷宫。是金子就该让它发光，是人才就该才尽其用，这是一条最起码的用人原则。

对于那些犯错误的员工，提拔他们会产生很大的积极影响。首先，这样做给了他们信任，使他们更加热心工作。他们会认识到，自己的领导者不是一个心存偏见、喜欢公报私仇的人。其次，这样做给他们提供了唯才是举的竞争环境。这两个方面是做好管理工作的基础。

虽然被提拔的人才一时还不能做得令大家满意，但不必过于着急，是金子终归有一天会发光，这只是迟早的事情。

（2）尊敬和信任犯过错误的员工。一般而言，员工的错误行为都不是故意造成的。在这种情况下，他们会有一种不安，特别是那些平常兢兢业业工作的人，在无意中犯了错误，其本身甚至可能会产生一种自卑感和犯罪感。如果再因此而失去领导者及周围人的尊重和信任，自尊心就会受到伤害并产生孤独感和冷落感，进而造成工作没干劲，生活无热情，甚至本能地产生离心力和强烈的情绪冲动，朝着错误的道路越走越远。

在这种情况下，企业领导者要特别注意尊重和信任员工，为他创造一个温暖的环境，要比平时更主动、更热情地接近他、关心他，使他坚定改正错误的决心和信心。同时，还要做好他周围员工的工作，让大家主动接近他，对他加以安慰、勉励。领导这样做，员工就会努力改正错误，继续创造优秀的业绩。

（3）对犯错误的员工的价值给予肯定。一个人会有过错，但同样也有其价值。也就是说，这个人有缺点，但同时也会有优点，尤其是具备与众不同的长处的人。如果领导者能把他一时的过错与对他本人的全面评价严格区分开来，并对其优点给予充分肯定，就会促使其冷静地反省自己的缺点或过错，并以积极的态度改正。相反，如果因员工的某种缺点或过错而全盘否定他本身的价值，则会使其在感情方面难以接受，甚至会引起他强烈的不满和反抗。

（4）护短也是可采用的方法。员工虽有缺点，但确实已尽了自己的能力，对于这种员工，企业领导要尽量保护他，使他感受到你的支持。

当员工偶犯过失、懊悔莫及，已经悄悄采取了补救措施时，只要这种过失尚未造成重大后果，性质也不甚严重，领导者就应该佯作"不知"，不予过问，以避免损伤其自尊心。

在即将交给员工一件事关全局的重要任务之前，为了让员工放下包袱、轻装上阵，领导者不要急于"结算"他过去的过失，可以采取暂不追究的方式，再给他一次将功补过的机会，甚至视具体情节的轻重，干脆宣布"减"、"免"他的处分。

护短之前，不必大肆声张；护短之后，也无须用语言来点破；更不要主动找员工谈话，让员工感激自己……唯有一切照旧，若无其事，方能收到最佳效果。

当员工在工作中犯了"合理错误"，受到大家的责难，处于十分难堪的境地时，作为领导者，你不应落井下石，更不要抓替罪羊，而应勇敢地站出来，实事求是地为员工辩护，主动分担责任。这样做，不仅拯救了一个员工，而且将赢得更多员工的心。

关键时刻护短一次，胜过平时护短百次。当员工处于即将提拔、晋级的前夕，往往会招致众多的挑剔、苛求和非议。这时候，作为一个真正的领导者，就应该站在公正的立场上，奋力挫败嫉贤妒能、压制冒尖的歪风邪气，勇敢保护那些稍有瑕疵的优秀人才。

（5）严肃与宽容并举。人是不可能不犯错误的。领导者要在体察犯错误之人的所作所为的基础上，做到大事清楚、小事糊涂；既要严肃，又要宽容。要按照允许犯错误、更允许改正错误的原则办事，在不违背原则的前提下对犯错误的人采取宽容的态度，多记善事，不念旧恶，把大多数人团结起来一道工作。

如果偶有失误就受到领导的严厉斥责，或者降职开除，员工就会失去锐气，不敢再露头角，变成谨小慎微、不求有功但求无过的人。宽容是帮助的前提，不懂得宽容就谈不到如何帮助。但是，宽容也不是无原则的迁就，而是在企业制度规定允许的范围内，尽量做到宽大为怀。

（6）合理使用犯错误的员工。一般来讲，要区分两种员工，然后予以合理的使用：一种是有缺点而又顽固不化的员工，使用这样的员工应谨慎；另一种是知错能改的员工，这种人应当放手使用。事实上，放手使用痛改前非的员工不仅仅是为你增加了一份力量，且会收到一石三鸟的功效：一能使其感受到领导的爱护和信任；二能促使其痛改前非；三能激励其将功补过，积极工作。

实践证明，有过错的人往往比有功劳的人更容易接受艰巨的任务。对有过错的人来说，使用本身就是一种强大的激励力量，足以使其一跃而起，创造出令人刮目相看的成绩。特别是当他们犯了错误而受到别人的歧视和冷落之后，其最大愿望往往就是恢复自己的价值和尊严。领导者一旦为其提供了这种机会，他们便会迸发出超乎常人的热情和干劲，完成常人难以完成的任务。

及时化解员工的抱怨

（一）不可忽视员工的抱怨

中国式领导应当充分重视员工对企业的抱怨与不满，绝对不可对员工的不满和抱怨掉以轻心，漠然视之。员工虽然不会因为心存抱怨而愤然辞职，但是他们会在抱怨无人听取又没人考虑的情况下辞职。因为他们感到自己的人格受到了侮辱，感到无法接受。如果你希望员工愉快、满怀热情地工作，你就应当花点时间倾听他们的诉说。多花点时间听听员工的心声，对你是有益无害的。

如果领导认为对某一事情表示不满，就表明此人对企业或所在部门甚至对领导个人极为怨恨，那就大错特错了。抱怨是在领导对待员工的方式不当时发出的怨言。不满并不意味着不想。实际上，正是抱怨和不满，才使你意识到企业里可能还有其他人在默默忍受着、抱怨着同样的问题。

你的员工常会对工资、工作条件、同事关系以及同其他部门的关系发出怨言。而对员工抱怨，你必须谨慎地处理，不可置之不理，轻率应付。你要设身处地，变换角色地想想事情为什么会发生，尽量考虑问题发生的原因，避免因操之过急而引起矛盾激化。

在解决员工所抱怨的问题时，企业领导应当做出一种姿态：向员工的抱怨敞开大门。即宣称他们的门户随时敞开，欢迎有抱怨的员工直接向你投诉，并承诺你将全力解决。这种方式可以使员工随时随地意识到自己利益不受侵犯，能使员工全身心地投入到工作中去。

要真正找到员工抱怨的原因，最好听一听他的意见。即使你一时没空，也要约定一个时间让他来说。不要当即反驳下属的怨言，让他们先诉为快。如果抱怨的对象中有其他的员工，你必须同时听取另一方的意见，以便公正地解决问题。

如果打算解决问题，请立即采取行动，不要拖延，不要让员工的抱怨越积越深。如果你不准备采取什么行动，也应告诉抱怨者其中的原因。

在面对员工的抱怨时，你需要有耐心和自我控制力。尤其是员工的抱怨牵涉你，使你感到很尴尬时，更需要极大的耐心和自我控制能力。并非员工的所有抱怨都能得到圆满的解决，因为有些可能违背了企业的政策，甚至是一些错误的、不合情理的抱怨。但是，对于这些抱怨，你也不能漠然视之。

你要认真地倾听他们的抱怨，然后再作表示。发泄怨言似乎是希望你采取什么行动，而实际上只要你给他们一双理解的耳朵，他们就会感到心满意足。而且，你也应当解释清楚为什么那个抱怨不能被彻底解决。

在处理员工的抱怨时，应当形成一个正式的决议向员工公布。在公布时要注意认真详细、合情合理地解释这样做的理由，而且应当有安抚员工的相应措施，作出改善。

有些抱怨可能涉及更高的管理部门，你应允许下属越级向更高领导层诉说。当然，你也可以向上级汇报，由你做下属向上司提出抱怨的桥梁。在你的下属向更高领导层诉说前，你也应向上司简明扼要地说明情况，然后由上司去处理，不必再插手。

在处理员工的抱怨时，要具体情况具体分析对待，而且你还要相信员工的忠心。

（二）探究抱怨产生的根源

中国式领导在处理抱怨时，要特别注意一点，就是处理时要从源头着手，这样才能保证处理的有效性，不至于使抱怨激化，演变成冲突。

通常，抱怨是一系列是非爱憎的综合体，由抱怨所衍生的各种矛盾也往往十分复杂，不容易使人轻易地察觉到其实质性问题，这就为领导的管理工作增添了障碍。破除这层障碍，把抱怨的实质性内容或问题清晰化，找出其根源或症结所在，从而有针对性地处理各种抱怨就成为中国式领导的一个艰巨的任务。

对于抱怨产生的根源，企业领导可以从以下几个方面寻找：

（1）产生抱怨的客观原因。产生抱怨的客观原因即外在原因，它包括自然因素和社会因素两部分，其中社会因素占据主导地位。也就是说，产生抱怨的客观原因，通常都会在社会因素方面得到具体表现。

个人在社会生活实践中，如果遭受政治、经济、法律、道德、风俗习惯、人际关系方面的限制就可能会引起挫折。例如，工作不称心；职务、级别得不到晋升；受他人诬陷、排挤；得不到领导的理解、信任；爱情婚姻失意，等等。

社会因素对个人行为产生的阻碍，有时比自然环境更多，影响更大。战胜这方面的挫折，不但需要个人主观努力，而且更有赖于提高组织和整个社会的文明程度。

（2）产生抱怨的主观原因。这是基于抱怨者自身的生理和心理方面的要求得不到满足而衍生的抱怨。

1）生理方面的原因。这个方面的原因主要是指个体本身因生理素质、体力、外貌及某些生理上的缺陷所带来的限制，导致个体活动失败。由生理原因造成的挫折容易使人产生自卑感，自尊心容易受到损害，甚至使人自轻、自贱。

对因生理原因遭受挫折从而产生抱怨的人来说，更经不起外界的讥讽、嘲笑和冷遇。作为企业领导，对这些人更要做耐心的开导工作，鼓励他们从其他方面努力，发挥其他方面的长处。

2）心理方面的原因。心理原因相对于生理原因而言就更加复杂，因为人的心理往往是捉摸不定的，并且因人而异表现出各自不同的特点来。但就导致抱怨这一结果而言，它通常有以下三个方面的因素：

①自我估计过高。如果一个人自我估计和评价远远超过其实际能力，目空一切、眼高手低地去追求一些根本无法实现的目标，必然会造成挫折。当然，如果一个人自我估计过低，自卑、畏缩不前，也会错过机会，产生挫折。这些挫折当然会自然地演变成抱怨。

②目标过高。抱负水平是指个人对自己所要达到的目标规定的标准。规定的标准越高，其抱负水平越高，反之亦然。如果规定的标准过高，抱负水平过高，远远超出自己的实际能力，当然实现抱负的可能就很小，产生挫折感进而心生抱怨也就难免了。

③不合理的要求得不到满足。主体的一些不合理的、不切实际的需要得不到满足，也会使其产生抱怨。如享乐主义、绝对自由、绝对公平得不到满足就抱怨社会、组织和他人。这种现象在生活中虽然很少见，但也是一部分人产生挫折感的重要原因。这就要求企业领导有针对性地做好思想教育工作，使有这些错误思想和需要的人放弃不合理的想法，从而恢复其心理平衡。

（3）引发抱怨的具体问题。当你察觉到某个员工原本非常敬业，最近却像是在梦游般地频繁地出差错；或是某个人缘极佳的同事，连续几天都莫名其妙地把自己"关禁闭"，不屑跟别人聊上一句，那你得当心了，因为他们已经向你亮起了红灯，发出了一道警讯。

倘若你未能防微杜渐，及时予以开导，他们的情绪便会越来越低迷，所传递的警讯也会越来越强烈。比如，在部门内制造恶毒谣言来弄得人心惶惶，或是在业务上故意捅个大娄子让你头痛一番。

别忘了你是他们的领导，要是依旧坐视不理，让雪球越滚越大，那最后这个烫手山芋必然还是要留给你自己。而如果你遇到这些"不满"的表现，首先要做的是了解员工的不满究竟是因为什么问题引起的。下列是一些常见的问题，仅供参考：

1）薪酬与付出不符。有付出就应当有所回报，这是每一个领导对待员工的酬劳问题时应当遵循的准则。况且大部分人都是为了生计才工作，这是最实际的问题。倘若所付出的劳动，未能维持起码的生活水平，难免令人泄气。有些员工不得不做兼职，赚取外快，这样在工作时难免会精力不足，以致有所错漏，时间一长自然会造成同事投诉、领导不满的恶性循环。

2）领导的态度不当。每一个下属都是有自尊的。如果你的态度嚣张，比如他们称呼你时你却只用鼻子哼一声，肯定会招来员工的不满或批评。

3）没有"工休"时间。这里的工休时间不指法律明文规定的休息时间，它往往表现在一些更为微小的工作间歇中。如员工在工作期间稍事休息，活动活动，聊聊天，借此松弛一下紧张的神经和肌肉。如果公司要求员工不停地工作，连午餐、上厕所的时间都严格控制，似乎不近人情，员工疲乏之余便会埋怨顿生。

4）加大工作量。有时候因领导的失策或疏忽，令本来已忙碌的员工更感吃力。譬如人员流失，一时未能雇人将空缺填补上，从而造成其他员工在正常的工作时间里分担了额外的工作。

5）没有公平对待员工。特别优待表现卓越的员工，是无可厚非的事情，但完全不理会其他员工，甚至将他们一贯的努力抹杀，也是不公平的行为。这种做法往往会使员工的不满和抱怨直接针对领导本人，令领导工作更加困难。

6）未获重视。譬如，所有的决策过程都没有员工参与；员工所提出的建议或点子，领导都当耳边风，根本没有被采纳的机会等。这些行为都会使员工感到不受重视，令他们在一定程度上感到被轻视，甚至不安，从而导致不满或抱怨。

7）拖欠工资。这里有两个方面：一是拖，二是欠。对于辛勤工作的员工来说，领取工资是理所当然的，并且"月薪日"就是他们一个月的指望。在银行排了半天队，才知道公司未发薪金，那种愤怒是可想而知的。至于欠工资就更不消说了。

8）同事不合作。不是每个员工都具有互助精神，有些人专门喜欢将别人踩在脚下往高处爬。如果这时领导不够精明，未能分辨是非善恶，又未加以引导，吃亏的人一定会滋生出对领导的怨气。

9）加班没有额外补偿。很多公司只派工作给员工，要求他们在指定时间内完成，至于是否需要超时工作，公司一概不予理会。遇有员工投诉工作太多，必须抽出私人时间完成，领导反而批评他无能。这种管理方法理所当然地会使员工产生抱怨，并且经由这种原因引起的抱怨很难得到平息。

10）职业倦怠。员工在企业待了很长一段时间后，企业领导如果不加以激励，员工便会产生职业倦怠并对目前的工作提不起兴趣。由这种原因引发的不满及抱怨情绪虽然表现得毫无理智，但确实也是一个重要方面。

11）前途无望。每一个积极向上的员工都希望自己在企业有所发展，但如果碰到的领导吝于授权，也不提供任何的职业培训，其结果是使员工生出前途无望之感慨。当他面临这个问题时，他所采取的措施只有两种可能：要么仅仅是发出不满的抱怨，要么干脆离职。

12）临时取消休假。许多领导要求员工随叫随到，不管员工是否在休假中。只要有事，就要急电其回公司上班。这种行为员工非常反感，因为他们会有一种卖身的感觉。

一手胡萝卜，一手挥大棒

管理学领域中流行这样一句话："一手胡萝卜，一手挥大棒。"意思是对部下施威、批评或者责罚，使他惊醒于自己的错误，待他的愧疚心平息下来，又要恰当地给他一点甜头，引导他朝正确的方向走。

如果我们把领导的发威比喻为"火攻"，就可以把领导的施恩视为"水疗"，但是管理员工的过程中，一味地"火攻"和"水疗"都不能达到理想的效果。唯有水火并进，双管齐下，才是最好的方法。

三洋机电公司前副董事长后藤清一先生年轻的时候，曾在松下公司任职。某一次，因为一个小的错误，他惹恼了松下。当他进入松下的办公室时，松下气急败坏地拿起一只火钳死命往桌子上拍击，然后对后藤大发雷霆。后藤被骂得狗血淋头，正欲悻悻离去，忽然听见松下说道：

"等等，刚才因为我太生气了，不小心将这火钳弄弯了，所以麻烦你费点力，帮我弄直好吗？"

后藤很无奈，只好拿起火钳拼命敲打，而他的心情也随着这敲打声逐渐归于平稳。当他把敲直的火钳交给松下时，松下看了看说道："嗯，比原来的还好，你真不错！"然后高兴地笑了。

批评之后，反以题外话来称赞对方，这是松下的高明之处。后藤走后，松下悄悄地给后藤的妻子拨通了电话，对她说：

"今天你先生回家，脸色一定很难看，请你好好照顾他！"

本来，后藤在挨了松下的一顿臭骂之后，决定辞职不干，但松下的做法，反使后藤佩服得五体投地，决心继续效忠于他，而且要干得更好。

无论是哪一家公司，当员工犯下不可原谅的错误时，管理者必然要对其加以斥责。然而，聪明的管理者，在痛斥部属之后，务必不忘立即补上一句安慰或鼓励的话语。也就是说，管理者首先用"火攻"来镇住局面，但是并没有就此结束，而是接着通过"水疗"把恩泽缓缓地传递下去，以浸润到各个员工的心中。如此，恩威并举，令员工不得不对你心服口服。

因为任何人在遭受管理者的斥责之后，必然垂头丧气，对自己的信心丧失殆尽。心中难免会想：我在这家公司别想再往上爬了！如此所造成的结果必然使他更加自暴自弃，甚至会产生挂冠而去的念头。

然而，此时管理者若能适时地利用一两句温馨的话语来鼓励他，或在事后私下对其他部属表示：我是看他有前途，所以才舍得骂他。当员工听到这样的话后，更容易认为："原来上司也不是冷酷无情呀。"他们也许会想："好好干仍有升职加薪的机会，努力吧，领导也许会因为我的出色表现对我另眼相看。"

美国著名企业家玛丽·凯在《用人之道》一书中这样说道："决不可只批评不表扬，这是我严格遵循的一条原则。你无论批评什么或者批评哪个人，也得找点值得表扬的事情留在批评后。这叫做'先批评，再表扬。'"当然，这种方式并不是绝对的，表扬、批评的方式和尺度可以灵活掌握。

总之，有批评也要有表扬，这样才能缓和气氛，保证员工的积极情绪，而且员工对管理者的批评也更容易接受。更重要的是批评后要给员工改过的机会。

张欣大学毕业后，进入一家公司不到半年。有一天，管理者将某会议所应准备的资料交给他去处理,但他忘了核对资料中的数字。当管理者带着这份资料走入会议室之后,他才想起来,并将拷贝的资料重新看了一遍,结果发现数字果然有着极大的错误。

他急忙打电话到会议室中,管理者接到电话,大发雷霆,把张欣狠狠地批评了一顿。张欣心想这下可完了,自己估计要被辞退了。他忐忑不安地等到会议结束,准备接受管理者辞退自己。然而,管理者竟出乎意料地说:"谢谢你提醒我,刚才总算适时帮了我一个大忙。请你以后工作务必谨慎些!"

从此以后,张欣对这位管理者愈加忠心耿耿,对工作更加认真仔细,再没有犯过类似的错误。

实践证明,刚柔相济远胜过刚柔相偏废,这就如同人的身体构造,有坚硬的部分——手,脚,骨骼等,也有柔软的部分——肌肉,软组织等,二者有机结合,人才能灵活自如地从事各种活动。

没有规矩，难以成方圆

（一）让制度去说话

英国古老的剑桥大学有一位著名的校长，治校有方，培养出了很多名满天下的学生。有人问他为何能把学校经营得这样好，这位校长告诉问他的人，那是因为他用一条鞭子来惩治那些不听话不上进的学生，并且奖罚严明。他还说，如果给他一把手枪，他会把学校管理得更好，培养出更多的好学生。

这就是"一条鞭子"的故事，大抵意思是在说，只要有了严格科学的制度并严格执行，就一定能把学校管理好，培养出好学生。这里的"一条鞭子"，就是能够严格执行的合理制度的代名词。其实，不单管理学校如此，从某种程度上讲，中国式领导经营企业也需要这样的"一条鞭子"。

企业制度是什么？一般来说，就是企业制定的一系列成文或不成文的规则，或者说它是企业贴上个性标签的关于经营管理的不同"打法"。通俗地说，制度是一种标签或符号，它将企业中人的行为区分为"合乎企业利益的行为"和"不合乎企业利益的行为"。

企业领导可以据此采取奖勤罚懒的措施，褒奖"合乎企业利益的行

第三编　立规矩　树立制度高于一切的管理思想

为"，惩罚"不合乎企业利益的行为"，从而有效地刺激企业中的员工约束自己，提高领导管理的效率。而在这样的奖罚中，企业的各项规章制度也得以推行和巩固。

然而，在今天的中国企业界，尚存有一些不合理的规定。这些规定若不加以改革和废止，很难让员工遵守并加以实行。

例如，某家大电器制造厂有一个规定："员工如果延迟交货，一律征收违约金。"然而延迟交货，多半事出有因，比如，生产过程中遭遇不可抗拒的天灾人祸，或厂方本身的耽误等。因此，这项规定有名无实，应马上改正。如果有碍于面子，企业领导觉得刚制定的规则，马上又要推翻，会被员工笑话，那么将来吃亏的还是自己。

在修订此项规则之前，一是要首先考虑到交货日期的决定是否过于草率，是否经过周密的思考，各部门联络工作是否及时、准确等实际情况。待一切皆臻完备，才能对员工提出如此的要求。否则，难免落得"不近情理"的埋怨，更收不到具体的效果。

无论制定什么样的规章制度，企业领导事前都要详细了解实际形态，整理分析各类问题，然后制定规则，这样才有意义。否则，徒具冠冕堂皇的条文，而与现实情形背道而驰，则无异于一纸空文。

只重理论的理想派领导者，无论在什么样的场合，什么背景下，总是一味强调"勿××"的单方面的主张。比如，"凡公司员工一律阅读公报，不遵守者须接受处罚。"假若公报缺乏内容、空洞无物、词不达意，又有谁会愿意去看它呢？就算是如此强迫执行，也收不到很好的效果。

总而言之，规章制度的建立是随着生产的发展，企业的进步而不断改变的，而不应该是一成不变的。在过去的生产规模、生产条件下，某项规章制度可能是很完善的。但是，在新的形势及新的生产经营方式下，许多旧的规则可能会出现各种各样的漏洞，变得不合时宜。

这时就要求中国式领导及早废止，另谋改善，加以合理性的补充，或是建立新的符合时宜的规章制度。企业领导千万不要故步自封，否则此项规章将会随着时日的变迁而脱离现实，最终影响一个企业的发展。

（二）规章制度不能少

作为一个企业的领导，如果你没有制定出一套规章制度，那么不久你就会发现自己处于这样的境地——在这样的境地下，你才知道规章制度对企业和领导者的重要性。规章制度能使企业的员工知道哪些事是可以做的，哪些事是不可以做的。

下面是一些企业的制度规定，当中国式领导在制定或解释企业的规章制度时，可以把它作为参考或借鉴。

（1）衣着打扮不能太随便。

如今，工作时的着装正变得越来越随便，许多企业甚至把一年或某个季节的某一天定为随意着装日。而有些企业却浪费了大量的时间，去规定员工在随意着装日里，哪些服装是可以穿的，哪些服装是不可以穿的。

如果你在公司里并不需要接待顾客或客户，你也许可以穿得随便些，但你的着装不能随便到让人看起来不舒服的程度——太窄太小的服装或T恤衫。当然，这种开明的政策也有可能导致部分员工的着装打扮达到随心所欲的地步，但一想到你尊重员工的态度给你带来的好处，这种做法还是值得的。

如果经常有顾客或客户到你的公司来，就要对那些经常与顾客或客户打交道的员工的着装定几条标准——要穿衬衣而不能穿T恤衫；穿宽松的裤子而不能穿牛仔裤；穿皮鞋而不能穿胶底帆布鞋；可以穿裙子但不能穿超短裙，等等。

（2）遵守上班时间。

制定固定的上班或换班时间表。为了满足某些员工的特殊需要，你可能想给他们工作时间安排得灵活一些。

例如，某位职员为了安顿孩子需要上下班的时间都要晚一点，你可以让她的工作时间安排与别人有所不同。但这只是一个例外，你还得坚持让所有的员工遵守统一的时间表。即使某位员工加班，你也应要求他每天准时上班。除非情况非常特殊，否则就必须按所制定的工作时间表严格执行。

（3）不许乱打私人电话。

企业没有必要制定有关私人使用电话的规定。没有规定的后果，会在企业的电话费里反映出来，而有专门规定的后果却从员工的态度里反映出来。大家会觉得领导心胸狭窄，没有度量，并对你产生不满。

当然，如果哪位员工因此而滥打电话，在电话里只是闲聊，那你也可以对他采取一些行动，可以让他以后很难再接近电话。当然，如果他在其他方面的表现还不错的话，那么解雇此人不是你的最佳选择。

（4）吸烟的到一边去。

你要把你对吸烟的规定告知新聘的职员。如果新来的是个烟民，他将会惊奇地发现他不能在办公桌前自由地吞云吐雾了。而不吸烟的人，在发现他们的同事可以随意地在办公室里抽烟时，也会觉得心烦意乱的。

如果某员工是个烟民，而你又宣布了办公室是无烟区，那么这个烟民会怎么做，出去？当然，这是个办法。但是在寒冷的冬天，在人行道里吸烟那是难得一见的事。在办公室里，把他们集中在屋子前面去吸是缺乏吸引力的。那就给他们找个偏僻的角落。

无论如何，你都不容易做到让吸烟者和非吸烟者都皆大欢喜，但是，如同大多数企业一样，你应该有更多的员工是不吸烟的。

（5）借钱要有个限度。

大多数的员工没有接受过专门的财务知识，缺乏理财的能力。那就帮你出个主意，让那些在企业干了几个月的员工适量地从你那儿借一笔短期贷款。不用他们支付利息，那样显得你太小家子气了，但是要从他们的薪水中扣除应偿还的金额，并且让员工们写一张简单的借条，说明借款的数目、期限，并要保证不管以任何理由离开企业，都要立即足额偿还所贷款项。

在员工向你贷款之前，你应该规定一个贷款的额度。你迟早会发现，由于员工离开了公司，你无法收回给他的贷款而要蒙受一定的损失。尽管有这样的缺点，可从长远来看，对员工的借贷制度还是会增强企业的凝聚力。

（三）制度留有余地，才能解决问题

很多企业经过辉煌的创业期进入稳定的发展期，然而企业领导也发现一个问题：刚创业时大家工作热情非常高，经常自愿地加班加点，甚至由于放心不下刚刚上马的项目，几天几夜不回家；现在企业大了，员工多了，制度也完善了，可原来的那种奋斗热情和奉献精神却不见了。不但新来的员工对工资斤斤计较，连最早一起创业的老员工也对公司吹毛求疵。

为什么会这样呢？是有些企业管理者所怀疑的"制度越多，员工越自私"吗？

从企业管理者的角度来讲，完善的奖励和惩罚制度是有利于调动员工的工作热情和积极性的。企业根据奖惩制度对好的奖，对坏的罚，这是十分公平的。从表面上看，完善的奖惩制度的确是公平合理的。但从人性的角度进一步剖析，我们就会发现冷冰冰的制度其实是对人性的背叛，过于严格、精细的制度会极大地损害员工的灵活性。

（1）制度越来越完备，员工的活动空间就越来越小了。在创业时期，企业领导的办公室的门是敞开的，甚至没有办公室，员工有什么问题可以随时向领导汇报，并与之协商解决。而现在，领导是高高在上的，员工要想走进领导的办公室必须经过秘书、助理的层层"关口"。当然，这还得是有资格进企业领导办公室的员工。相当多的员工是没有资格直接向领导汇报情况或反映问题的，因为大部分公司有明确的汇报制度，越级汇报是不允许的。

除了不能与领导近距离接触以外，员工的活动空间被限制在一个很小的范围内，甚至只在自己的工作区里。员工在上班时间不能无故离开自己的工作区，不能再像创业时那样到自己感兴趣的部门去看看，并问问是否可以为其提供帮助。现在即使员工真的没事可做也不能"闲逛"，因为有制度规定不能随便"乱窜"。

在创业时,员工人数少,每个员工要负责很多工作,这样虽累点忙点,但很充实。而现在完善的制度把员工的工作分成了很细小的点,这使得员工不得不每天面对单调的工作,大脑的"活动空间"也越来越小了。

(2)制度管理的本质是用一系列的制度控制员工的行为,弱化企业领导的作用。这固然有利于避免对领导的个人崇拜,但这同时又出现了一个问题:制度的奖励和惩罚是一视同仁的,这就使得员工个体之间的差异性被抹杀了。

制度是不能辨别个体之间的差异性的,只有人才能办到。而制度弱化了领导者的作用,这就使员工感到不受重视,得不到关注,进而变得消极和懒惰。

(3)制度越多,员工从企业领导那里得到的关心就越少,这是员工变得"自私"的最为根本的原因。制度只能给予员工金钱,但不能给予员工关心、爱护、赞美等情感,而这些情感对于员工来说更具有吸引力。

员工不是"经济动物",单靠奖金的激励和解雇的威胁,并不能激发他们去无私奉献。在整个企业环境变得僵化和冷酷时,员工只得"以牙还牙,以眼还眼"——既然公司跟我们讲制度,那么我们凭什么还和公司讲感情呢?于是员工开始斤斤计较自己的得失,企业不付出更多的物质回报,就休想从员工那里得到更多的工作热情。

既然制度存在这样或那样的问题,那么企业领导如何来解决呢?最有效的办法其实很简单,那就是在制定标准时要留有余地。

大多数人都不喜欢被控制。他们不喜欢别人告诉他们该如何做,当面临强制的要求时他们会感到很难受。很少有员工喜欢受批评或被纠正,然而批评或纠正都是企业控制中常发生的事情。当纠正意味着惩罚或解雇时,控制措施就显得非常苛刻。因此,中国企业的领导们对控制的看法应该现实一些,有些控制措施会对员工产生消极的影响。

(1)强调对员工实施控制的价值。留有余地的标准能够告知员工,他们的工作做得好还是不好。标准可把领导的干涉降到最低程度，只要符合标准，允许员工对工作方法进行选择。

（2）避免武断的或惩罚性的标准。员工们喜欢那些根据以往的记录确定的标准，比如"我们的记录显示一天完成 150 个是多数人都能实现的标准。"

（3）建立在分析尤其是时间研究基础上的标准更受欢迎。比如，"让我们把这项工作定为一小时或两小时，以确保标准的合情合理"就比"我们不得不把生产效率定在一天 175 个标准上"更容易让员工接受。

（4）目标是改进而不是惩罚。利用未达标准的事例来帮助员工搞清如何改进工作。"上个月你的产量又低于标准，我们应该从头开始寻找影响你达标的原因。也许是我没有把具体的操作方法向你讲清楚。"

（5）对不符合目标要求的要惩罚明确。多数员工接受积极的鼓励，但也有不少员工并非如此。然而，所有的员工，不论是好的还是不好的，都想知道如果他们不按要求工作会怎样。原则是你要尽量减少惩罚，但必须让所有人都清楚，标准必须达到，事先把不达标准将要受到何种处罚讲清楚。

（6）在控制措施的运用中要坚持一致性。如果已制定了适用于几个员工的工作标准，你就应严格按标准行事，而不能说你将使人人满意。如果觉得确有个别例外情况，那你一定要把例外情况解释清楚。对做同样工作的员工，标准也应该是一样的；同样，对达到或没有达到标准的员工，奖励或惩罚也应该一样。

第三编　立规矩　树立制度高于一切的管理思想

恩威并施，把握分寸

（一）向员工施压的4项法则

一些自律能力较低的员工，企业领导如果没有给他们适度的压力，就会造成他们的怠惰和敷衍；遇到有责任感的员工，领导如果给他们适度压力，那么他们在完成工作时自然而然就会有一种满足感。

压力是否适度，是不容易衡量的。资历较浅的中国企业的领导，往往会出现施加过重的压力给员工的现象，因而适得其反。

如果压力过大，员工可能会产生如下的影响：

（1）精神出现透支，神情沮丧，工作不积极。

（2）健康出现问题，例如失眠、神经衰弱、胃痛及头痛等。

（3）对职位产生不安全的感觉而辞职。

以上3点，对中国企业的领导来说，是非常不利的。没有一个企业领导希望自己的员工苦着脸上班，或经常请病假，没有一个领导希望自己刚招来的员工没几天就辞职了。

因此，企业领导在向员工施加压力时，需要注意以下4个法则：

（1）适当加压，松紧适中。

如上面所说，压力过大或压力过小的管理对员工都不好，同时也会影响企业的效益。企业领导者应该时常关注员工的反应，了解员工的感受，多同员工沟通交流，得知他们对压力的感受。这样才有利于控制松紧程度，给员工一个适应期，让他们不断地完善自己。

领导在布置一项工作时，应该事先对工作完成的日期作出估计。虽然对这件事你仍会听取员工的意见，但是作为领导，你应该做到心里有数。许多员工会故意将完成日期说晚一些，以便减少因临时遇到变故而出现拖延的现象，领导可以参考员工的意见，但未必立刻作出否定。

事实上，工作的完成日期应该先由企业领导说出，员工如有意见，可立刻提出。遇到一些平日工作态度较不认真的员工，你的语调不妨加强一点。例如，"这项工作必须在星期日之前完成"，"无论怎么计算，这项工作总不会超过某月某日的。除非是人为因素，但是我知道你是不会让我失望的。"

中国企业的有些领导采取放宽的管理政策，把工作分派给员工以后，就完全放心地等待他们主动向自己汇报。可是令人失望的是，主动在最快时间完成工作的员工，实在是很少见的。

有些老员工在指导新人时，往往提醒他们要效率适中，别与时间竞赛，理由是"领导要是知道我们可以在短时间内完成工作，以后要求就会更高了，我们想偷懒一会儿都不行。另外也要让他以为这些工作较难做，需要很长时间。"

抱着这种态度的员工确实不少，企业领导者应该清楚。如果遇到诸多抗拒的员工以"你根本不明白我们的困难"来反驳你的催促，你无须动气，只要立刻加入工作行列，从旁观察，一切就会明白，这是必要时才使用的"下策"。一旦证实是员工有意编造事实时，双方的感情就到了已决裂的地步了。

但有一种情况，应该给予理解，那就是一些对工作有责任感的员工，也会故意将工作完成的日期说得稍长一些，但他们往往都在限期前把工作完成。员工故意说晚些的原因，主要是担心工作期间发生不可预知的阻滞，他们不想让领导失望。

因此，中国式领导要把握分寸，给员工留有余地，让他们自己认识到自己的不足，从而为自己加压，把工作做好。

（2）强调工作得失。

企业领导与员工研究一项工作时，其中一部分时间应该用在谈论得失上，此举也会给予员工一定程度的压力。例如，"如果这件事做好了，公司将有一笔很大的收入；如果失败的话，我们年底的奖金计划就会泡汤。"

以利益衡量得失，是一种颇有效的压力政策。强调得失，等于强调事情的重要性，能够参与的员工，也有被重视的感觉。除非万不得已，否则不要用调职或解雇作为失败的代价，这是一种极重的压力，它会使员工失去基本的安全感。他们会认为尽管这次侥幸地顺利完成工作，也未必能度过下一次的挑战。为了安全感，他们或许会作出另谋高就的选择。

中国式领导如果能够晓之以理，动之以情，表面上是为员工缓解压力，实则是为员工加压，那么有责任感的员工，不需要领导明白地指出来他怎样做，他们自己便会给自己施加压力，将事情做好。

如果得失强调的不到位，可能会引起员工的反感。他们会认为领导在虚张声势，他们一点压力也没有，工作起来一点儿都不积极。因此，你在分派工作任务时，要强调工作的利弊得失。

（3）不断给予鞭策。

很多员工都认为工作压力来自领导，他们以为自己取代了领导者的地位，就没有压力了，这是幼稚的想法，在一定程度上也证明了他们承受压力的程度仍然没有达到一个企业领导的要求。

事实上，领导本身所承担的压力绝不会比员工少。既然你要承受来自各方面的压力，就要做出有效的实际行动。做好事情等于为自己减轻了压力，对员工也是一种鞭策，因此也是领导的责任之一。

其实，多数员工都属于被动型，一切看领导的指令和态度行事。你若依赖他们自由发挥，不加督促，对企业、对领导本身和员工，均有害无益。

鞭策的方式包括口头上和行动上的配合。企业领导要时刻询问工作的细则，但不是工作进度，因为已托付给员工的工作，不能时刻直接询问员工工作的进度，否则会令员工有被监视的感觉。

时刻提醒员工计划新工作，要他们作出实质报告，是鞭策员工的两大步骤。最后，一经通过确认是可行的工作，就督促员工切实执行，这样便能提高工作效率。

对于一些自制性和自律性较差的员工，你必须不断地给他们安排新任务，引导他们订立新计划，执行领导的指示命令，在同事的帮助下，齐心努力把工作做好。

企业领导的责任便是针对不同的员工施以不同的鞭策手段，让每一个员工都在适度的压力下工作。

（4）强调加压的后果。

对于一些凡事喜欢拖延的员工，管理者应在工作之前，向他们强调拖延工作带来的不良的后果。

某企业的一位生产经理，他认为最难应付的是一班生产部的组长。他们从来不把他颁布的限期指令当一回事，往往要延误一星期左右，才能完成指定的产量。

作为生产经理的他很难向客户解释，总不能以"员工不听指令"为理由，来博取客户的同情。于是，他召集各组长开了一次会议，讨论延误发货合同的问题。会中，每个人都讲述了自己的难处，取得了相互的了解，并一致通过向员工说明延误工作会产生什么样的后果。

他们对于那些爱放下工作谈几句的员工，说明自己的难处，也让员工了解到企业开工效率低，对员工自己的利益并无好处的道理。

组长的加紧督促，的确使效率比从前提高了不少，但也不能中途停止，因为大多数员工都抱着熬过几小时就放工的心态。如果没人提醒，他们极少会自觉地加快效率。

因此，管理者在指派员工工作时，必须要强调延误了工作会带来什么样的后果，对员工施加压力，使其知道厉害所在，他们也就不会经常拖延工作了。

而对于认为工作做不好也没有关系，下次可以注意的员工，你便要不断地强调对他们施加压力的原因及后果，让他们时刻提高警惕，丝毫不敢放松，直到顺利地完成工作。

（二）下命令时该硬则硬，该软则软

中国式领导的管人能力往往表现在下达命令上，因为在任何一个企业或部门中，令行禁止是最起码的工作纪律。作为领导者，如何给下属下达命令，这要根据他所命令的对象而定，该硬则硬，该软则软，每一个企业领导都应清楚这一点。

一般来说，成功的管理者多以温和的和富有人情味的方法管理下属，也就是说以询问、鼓励和说服等方法带领他们前进。因为用奖励或肯定的方法使某种行为得以巩固和持续，比用否定或惩罚的办法使某种行为得以减弱或消退更为有效。

大多数受过教育的人喜欢做别人请求他们做的事而不愿做别人命令他们做的事。而且从长远观点看，批评过多会损害下属的自尊心，使他们的工作效率下降，给个人的精神造成极大的伤害。

但在必要的时候，为了加强管理，企业领导有必要采取强硬手段。中国企业的一些领导，即使当他们解雇某个员工时，也并不因为内疚而变得犹豫不决。他们一旦要采取坚决措施，就会变得冷酷无情。

现在企业领导者并不经常采取以权势压人的方法，因为他们知道这样做会冒一定风险，会引发一些问题。但毫无疑问，对于少数懒惰的下属，你只能用简单明确的指挥式命令，如"下午将这些活干完"，"快去打扫会议室"。只有这种命令，才能叫他立刻行动，不敢怠慢，不至于钻命令的空子，这也是不得已而为之的方法。

对于大多数下属来说（指表现一般的下属和工作积极主动、进取心强的下属），就要采取询问请求式命令，如"这件事请你做好吗？""我们该不该这么干？"下属普遍愿意接受这种命令，自然也就能达到最好的指挥效果。

为什么呢？道理其实很简单，没有人喜欢别人对自己表现权威，每个人都渴望受到尊重。运用上面这种命令方式，领导者不是居高临下，而是以平等的身份和下属商量，请下属参与决策并征求意见，这样自然给下属带来受到尊重的喜悦。

这种命令方式还有一个好处，可以避免领导者犯错误，使方案更完善。因为你下达的不是不容置疑的、必须执行的命令，而是询问请求式的，下属就有机会、有胆量说明他对这份工作的看法或者说明为什么不能接受这份工作，这份计划还有什么缺陷，或者认为这是一个好主意。

领导者可以从下属中吸收正确的部分，以达到兼听则明的效果。有些领导担心，这样下命令，下属会不会认为领导者很软弱，或者不买我的账？请放心，一般情况下是不会的。尽管领导者是在请求或者询问，可在下属听来，这仍是命令。对主动的下属来讲，这是最好的命令方式。

还有一种自愿式的命令，这种命令针对没有人愿意做而又不得不做的工作："谁愿做这份工作？"如果你直接下令要某个员工做这份工作，被分派的人肯定会满腹牢骚、愤愤不平，势必影响工作效果，而自愿者的心态则平和得多。自愿式命令的弊端是一旦没有员工自愿，领导难免陷于尴尬的境地，所以，最好在下令之前，心中有数，知道有人愿做此事。

总之，中国式领导下达命令时，要根据不同的员工，该硬则硬，该软则软。下达命令的方式很多，不一定非得一成不变地使用强硬的口气。只要能够更好地实现你的目的，不妨换个方式试一下。

第四编　带队伍
选对人用对人管对人

作为一个管理者，应该像一个足球教练一样，在招聘阶段选好人，并把这些人才安排在适当的位置，让他们在一定的规章制度下去发挥自己的才能，给他们一个清晰的目标并适时激励他们，同时，作为一个管理者要树立一个强有力的形象，以坚定的态度、言出必行的办事作风去处理各项工作。只有这样"强将"式的管理者，才能让自己手下无"弱兵"。

第一章

合理地选拔、使用人才是管理者的必备素质

企业之间的竞争说到底是人才的竞争，人才是企业最重要的资源，哪个企业能吸收并聚集优秀人才，就会获得竞争的主动权，就会在激烈的科技和经济竞争中立于不败之地。要想吸引、留住人才，管理者必须懂得识才和使用人才，让人才在各自的领域内发挥最大的潜能，这才是成功的关键。

选人才事业兴，选奴才事业衰

人才和奴才，虽然在字面上都带有一个"才"，但在本质上却有着很大差异。前者有才，后者也有"才"，只不过后者之"才"是歪才罢了。问题是，萝卜白菜，各有所爱，有的管理者喜欢用人才，有的领导者喜欢用奴才，毕竟是现实生活中一个不争的事实。这是为什么？有人简单地概括为八个字：人才难用，奴才好用。

这话是有一定道理的。在一些单位里，有用的人才被闲置不用，而没用的奴才却被委以重任，"掌门人"往往振振有词，美其名曰"不拘一格用人才"。究竟是选张三还是选李四心里早有主张，只是心照不宣罢了。某些人就是喜欢奴才，奴才听话、顺从和好用，可以不厌其烦地跑前跑后，并且还有领会意图、投其所好、逆来顺受、阿谀奉承等一大堆"优点"，如果再加上连着裙带和沾点贿赂之类的微妙关系，那就是"密不可言"了，用来"辅佐"，夫复何求？在这样的管理者眼里，人才与奴才一比显然没了"长处"，靠边站也就不足为奇了。所以，用奴才不用人才，追究到更深一层，则是用人机制不合理。

"楚王好细腰，宫中多饿死。"有人喜欢奴才，有人就当奴才，这是奴才能够生存的环境所产生的因果关系。试想，如果没有人喜欢奴才世界上怎么会有奴才！可怕的是，选用奴才的结果，只能是更加恶化用人环境，把事业搞得越来越糟。

在市场经济条件下，一切竞争归根到底是人才的竞争，重用人才，不用奴才，我们的事业才能立于不败之地。

美国IBM公司的总裁小托马斯·沃森是位经营企业的高手，其用人的特点是，选人才不选奴才。

小沃森自小生活在其父老沃森身边，耳濡目染，非常崇敬和钦佩那些有本事的人。他从小就认识一位经理，叫雷德·拉莫特，这是一个极有能力的人。雷德·拉莫特认识IBM里所有的人，无论老少，对人有着合乎情理和不偏不倚的看法；面对老沃森敢于毫无顾忌地说出自己的真心话，敢于对小沃森提出严厉的忠告。小沃森说，这位经理对他教益极大，否则他会犯更多的错误。

有位"未来需求部"经理叫伯肯斯托克，是刚刚去世不久的IBM公司第二把手柯克的好友。由于柯克与小沃森是对头，所以伯肯斯托克认为，柯克一死，小沃森就会收拾他。于是决定破罐子破摔，打算辞职。有一天，他闯进小沃森的办公室，大声嚷嚷道："我还有什么盼头！销售总经理的差使丢了，现在干着因人设事的闲差，有什么意思？"

小沃森的脾气相当暴躁，但面对故意找碴的伯肯斯托克，小沃森并没有发火，他了解他的心理。小沃森觉得，伯肯斯托克是个难得的人才，甚至比刚去世的柯克还精明。虽说此人是已故对手的好友，性格又桀骜不驯，但为了公司的前途，小沃森决定尽力挽留他。

后来，事实证明留下伯肯斯托克是极其正确的，因为在促使IBM做起计算机生意方面，伯肯斯托克的贡献最大。当小沃森极力劝说老沃森及IBM其他高级负责人尽快投入计算机行业时，公司总部响应者很少，而伯肯斯托克却全力支持他。正是由于他们俩的携手努力，才使IBM免于灭顶之灾，并走向辉煌的成功之路。

小沃森在回忆录中写道:"我总是毫不犹豫地提拔我不喜欢的人。那种讨人喜欢的助手,喜欢与你一道外出钓鱼的好友,恰恰是管理者的陷阱。相反,我总是寻找精明强干、爱挑毛病、语言尖刻、几乎令人生厌的人,他们能对你推心置腹。如果你能把这些人安排在你周围工作,耐心听取他们的意见,那么,你能取得的成就将是无限的。"

选人才事业兴,选奴才事业衰。管理者一定要对这一问题有一个充分的认识,千万不能有妇人之仁,毕竟企业发展靠的是人才,而不是奴才!

拿出淘金的精神去挖人才

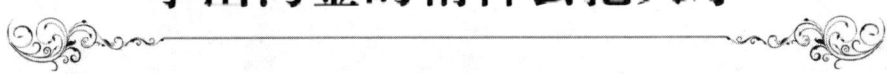

在市场经济环境下，竞争达到了白热化的程度，商海浪潮中无时无处不存在着产品竞争、市场竞争、管理竞争等，但这一切的竞争归根结底还是人才的竞争。人才就是一切，它是世界上所有资本中最宝贵、最有决定意义的资本，也是利润最高的资本，只要恰当地投入并加以利用，就能给企业带来几倍甚至几十倍的利润。

人才无异于企业中永不贬值的黄金。对于人才，管理者只有拿出淘金的精神去挖，方可满足现代企业生存所必须的条件，才能使企业在市场竞争中争得一席之地。

那么，作为管理者，应当如何下手去"淘金"呢？不妨采取以下几种手段。

1. 去人才交流中心"淘金"

在全国的各大中城市，一般都有人才交流服务机构。这些机构常年为企事业用人单位服务。他们一般建有人才资料库，用人单位可以很方便在资料库中查询条件基本相符的人员的资料。

2. 多参加招聘洽谈会

人才交流中心或其他人才机构每年都会举办多场人才招聘洽谈会。在洽谈会中，用人企业和应聘者可以直接进行接洽和交流，节省了企业和应聘者的时间。随着人才交流市场的日益完善，洽谈会呈现出向专业方向发展的趋势。比如，有中高级人才洽谈会、应届毕业生双向选择会、信息技术人才交流会，等等。洽谈会由于应聘者集中，企业的选择余地较大。通过参加招聘洽谈会，企业招聘人员不仅可以了解当地人力资源素质和走向，还可以了解同行业其他企业的人事政策和人力需求情况。

3. 借助传统媒体

在传统媒体刊登招聘广告可以减少招聘的工作量，广告刊登后，只需在公司等待应聘者上门即可。在报纸、电视中刊登招聘广告费用较大，但容易体现出公司形象。现在很多广播电台有人才交流节目，播出招聘广告的费用会较少，但效果也比报纸、电视广告差一些。

4. 走进校园

对于应届生和暑期临时工的招聘可以在校园直接进行。主要方式有张贴招聘广告、招聘讲座和毕业生就业办公室推荐三种。

5. 网上招聘

通过互联网进行招聘是近几年新兴的一种招聘方式。它具有费用低、覆盖面广、时间周期长、联系快捷方便等优点。

6. 鼓励在职员工推荐

员工推荐对招聘专业人才比较有效。员工推荐的优点是招聘成本小、应聘人员素质高、可靠性高。据了解，美国微软公司40%的员工都是通过员工推荐方式获得的。为了鼓励员工积极推荐，企业可以设立一些奖金，用来奖励那些为公司推荐优秀人才的员工。

7. 挑出身边"沙粒"中的"金子"

淘金者淘金时，需要耐心、细心地在一堆看似不值一文的沙粒中精心挑选，才能找出其价不菲的金沙。这是考验一个人眼力及性格的工作。挖掘本企业内部的人才也是一样，管理者要先了解员工的优点、特长，发现员工潜在的才能，并且不气馁地帮助他发展才能。如果具备了这样的精神，或许别人认为平凡或一般水准以下的人，也有可能在某方面迸发出非凡的能力。

很多企业的管理者总抱怨自己公司内没有可用的人才，所以不得不去企业外招聘或找猎头公司。但成功的管理者从来没有这种感觉，相反内部挖掘是他们更常用的挖掘人才的方法。其实如果管理者对所有员工的技能、经验、期望和抱负有所了解的话，就会惊讶地发现，原来自己的企业里有很多被大材小用或未受重用的人才。

企业家罗伯特·汤森在《企业上层》一书中说："大多数经营者抱怨企业缺乏人才，所以到外面招人进来占据关键职位。这简直就是糊涂透顶！我采用的是'50%原则'。在公司内部找一个有成功记录（在任何领域）、有心做这份工作的人。如果他看起来符合你50%的条件，就把这个工作给他。"

许多企业就是通过内部调职系统来为自己提供合适的人才的。内部提升不但为企业减少了从外部招聘人才所需支付的种种费用，而且还对企业内部的所有员工产生激励作用，有利于员工的成长。

8. 把筷子伸到别人碗里去

有些时候，划给淘金者的区域相对来说比较贫瘠，而别人的地盘上却资源丰富。在这种情况下，淘金者不免会趁其不备，在别人那里弄一些回来。这种事，在企业中也屡见不鲜，俗称"挖墙脚"。对于高级人才和尖端人才，用传统的渠道往往很难获取，但这类人才对公司的作用却是非常重大的。通过"挖墙脚"的方式可能会更加有效。人才猎取需要付出较高的招聘成本，一般委托"猎头"公司的专业人员来进行，费用原则上是被猎取人才年薪的30%。

在现代企业中，"挖墙脚"虽掺杂着一些不算光明正大的成分，但也不受法律的限制，因此，管理者也可以谨慎地运用这种手段。这其中的关键是要能够提供比人才所在的企业更为优厚的待遇，或更高的职位，或者是能够吸引他的项目。这就需要管理者视本企业的实力量力而行了。

淘金不是一件轻松的事情，挖掘人才也是一样，管理者一定要抱着淘金者的态度去挖掘人才，方会"才"源滚滚，随之而来的，自然也就是财源滚滚了。

决不可用朽木去造大船

古代的教书先生常把一句酸溜溜的话挂在嘴边:"朽木不可雕也。"虽然这句话从他们文绉绉的嘴里说出来常会让人觉得有点可笑,但却是一句无可争议的真理。管理者在选人用人的时候,也要注意自己手下的那批人哪些是"朽木",让他们只做些无关痛痒的工作,而决不能用他们"造大船",否则,在市场风浪的冲击下,暴露出原形的朽木之船必然会翻个底朝天。

能干出一番事业的成功者毕竟是少数,许多人虽也曾很努力,但最终也没有很好的结果,除了复杂的社会因素外,其个人素质也是一个重要的方面。有些人虽然学有所长,但是在性格、能力上可能存在着一些致命的弱点。这些弱点如果在工作中一旦表现出来,则会给企业造成或多或少的损失。为了尽量避免管理者在选人用人时出现错误,这里列举一些具有"朽木"特质的人,以供参考。

(1)自命不凡者。这种人根本无法容忍别人的一切举止、想法。对于这种自命不凡的人,各种训练法都治不好他们永远埋在心底的精神特质。把这种人一个个地互相隔离开来,乃是最好的解决方法,而且是唯一的解决方法。

（2）权力欲过强者。权力欲望过强的人浑身上下都散发着按捺不住的野心。时时刻刻不忘在别人面前显示自己的能力。这种人有能力，而且常常已经下定决心一定要升到最高层的位置，不达到目的，誓不罢休。但这种人在工作中会为自己的野心不择手段，常常会败坏组织的正常工作秩序。因此还是不用为妙。

（3）投机者。这类人善于察言观色，把自己作为商品，谋求在"人才市场"上讨个好价钱，在工作上只喜欢讨价还价，除非他有某项专长，否则基本没什么用途。

（4）谄媚者。谄媚者一般毫无才干，且品质恶劣，道德观念差，意志薄弱。因而不可重用。

（5）虚荣心过强者。虚荣心过强的人喜欢自吹自擂，缺乏实干精神，没有什么真本事，只会信口开河，夸大他的人生履历。让他们从事推销倒也不错，其他工作则要慎用。

（6）四平八稳者。四平八稳型的人处世轻松，满不在乎。他们最主要的缺点是已经失去激情，只是想谋取一个舒适的职位而已，根本没有跟别人竞争比赛的上进心，只可做一些平衡性的工作，不适合做建设性的工作。

（7）纸上谈兵者。这种人似乎有谋划成功的大智慧，见识机敏，谈吐聪慧，评点前人功过如探囊取物，心中似乎怀有奇谋。但实际上他们对事物形势判断能力差，一旦落实到行动上，就会暴露出不能见机行事的不足，让他们来出谋划策，指出不足之处就可以了。

（8）勇气不足者。这种人有大智慧，能策划大谋略，但终因魄力不够，所以守成有余，闯劲不足，不敢冒险。这种人只能用来守城，不可以之拔寨。

（9）过度依赖他人者。他们喜欢例行的、事务性的工作，不喜欢作决策，常依靠别人来开展工作。这种人只适合做身边的乖宝宝，而不能委以重任。

（10）自私者。他们过于关心地位和其所象征的权势，喜欢吹嘘，喜欢责怪他人，沽名钓誉。这种人在企业里基本没有用处，除非他有特殊的才能。

（11）追求安逸和快乐者。他们平时总是先玩乐后工作，不喜欢的事情便不去做，经常"请假"，应聘时专找工作时间有弹性的工作。这种人也不适合重用。

（12）想法天真者。他们对工作和待遇的期望不切实际；总是幻想成功，但不努力去追求；以幼稚的想法认定自己可以创造奇迹。想要用这种人，你就得刺激他们把想象力用到工作中来。

（13）不愿意承担责任者。他们喜欢推卸责任；不愿意出远门（包括出差）。这种人最好不用，即使因某种原因必须要用，也只能给他们一些鸡毛蒜皮的小工作。

（14）缺乏自制力者。容易沮丧；脾气善变；不能接受批评；人际关系差；由于恶劣的脾气导致意外事故；好色、好赌、烟酒无限量。对于这种人，管理者只能量才而用了。

（15）不顾后果者。工作一直不稳定；一冲动就乱来；挥霍无度；经常作出不恰当、不负责的评论。你如果不想让他给企业造成更大的损失，那就炒了他吧。

（16）过度服从者。过度柔顺；衣着严谨；非常守时；观点保守；对权威过度尊敬。对于这样的人，让他去和四平八稳者做同一类型的工作去吧。

（17）表现欲过强者。对能成为众人注目焦点的工作很有兴趣；过度喜欢辩论、表演。这种人适合做公关，但不能担任领导职务。

在运动比赛时，失败的一方往往是从薄弱的环节开始的。在一个企业中，业绩的滑坡也是从最有问题的员工身上产生的。有问题的员工，往往是管理上棘手的一环。他们的工作习惯、态度，不只影响他们本身的工作效率，还动辄将个人情绪发泄，容易影响到其他员工。所以身为管理者，决不能忽视员工身上的弱点和问题，更不能让他们这批朽木去造大船，否则，企业早晚会翻在阴沟里。

用人需把握平衡互补之道

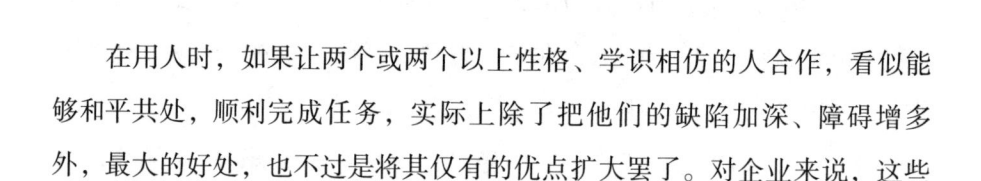

在用人时，如果让两个或两个以上性格、学识相仿的人合作，看似能够和平共处，顺利完成任务，实际上除了把他们的缺陷加深、障碍增多外，最大的好处，也不过是将其仅有的优点扩大罢了。对企业来说，这些优点是不足以应付全部外来困难的。

企业用人也是同理。在一个组织中，每个人才因素之间最好形成相互补充的关系，包括才能互补、知识互补、性格互补、年龄互补、性别互补和综合互补。这样的人才结构，在科学上常需"通才"领导，使每个人才因素各得其位，各展其能，从而和谐地组合在一个"大型乐队"之中。

近来国外的研究表明，一个经理班子中，最好有一个直觉型的人作为天才军师，有一个思考型的人设计和监督管理工作，有一个情感型的人提供联络和培养职员的责任感，并且最好还有一名冲动型的人实施某些临时性的任务。这种互补定律得到的标准和结果是整体大于部分之和，从而实现人才群体的最优化，用人时不能不明白此道理。

平衡互补的用人之道已经在企业的经营管理中起着越来越重要的作用，只有了解了人才中的才能互补定律后，才能更好地用人。

第四编　带队伍　选对人用对人管对人

丹麦天文学家第谷有着杰出的观察才能，经过日积月累，他得到了大量天文观察资料。尽管如此，他的学说仍然没有摆脱托勒密地心说的束缚。1600 年，第谷请了一位助手，德国天文学家开普勒，开普勒虽然观察能力不及第谷，但他的理论分析和数学计算才能却非常突出。他们两人合作不久，第谷就去世了。在第谷丰富的观察资料的基础上，开普勒进行了大量的理论分析和研究，大胆地提出了火星轨道为椭圆形的开普勒第一定律，接着又提出了第二定律（行星与太阳的连线在相等的时间内扫过相等的面积）和第三定律（行星公转周期的平方等于它与太阳距离的平方）。开普勒行星运行三大定律的发现，有力地证明了它是第谷观察才能与开普勒理论、计算才能互补效应的结晶。

用人除了要了解人才的才能互补律、知识互补律外，还应了解人才中的个性互补律。无论在哪一个人才结构里，人才因素之间都存在着个性差异，每个因素的气质、性格都各有不同。例如，有的脾气急，有的脾气缓；有的做事细致、耐心；有的办事麻利、迅速。这些不同的个性特征，都可以从不同角度对工作产生积极作用。如果每个人才因素都是一种性格、一种气质，工作反而无法做好。例如，全是急性格的人在一起，就容易发生争吵、纠纷。这和物理学上的"同性相斥"现象极为相似。个性互补，有利于把工作做好，中国女排的崛起就是个鲜明的例子。原女排教练袁伟民是这样总结的："一个队十几个队员应该有各自的个性，这个队打起比赛来才有声有色。如果把他们的棱角都磨光了，那这个队也就没有希望了。"这话讲得非常地道。一般而论，人才都有着鲜明的个性特性，如果抹杀了他们的个性特征，就等于抹杀了人才，只有把他们组织在一个具有互补作用的人才结构中，才能充分发挥他们的作用。

同时，还要注意其中的年龄互补。老年人、中年人、青年人各有各的特长和短处，这不管从人的生理特点还是从成才有利因素来讲，大都如此。因此，一个好的人才结构，需要有一个比较合理的人才年龄结构，从而使得这个人才结构保持创造性活力。明朝开国皇帝朱元璋取得政权后的用人方针就是"老少参用"。他是这样认为的:"十年之后,老者休致,而少者已熟于事。如此则人才不乏,而官吏使得人。"显然,朱元璋的这一用人方针是从执政人才的连续性、后继有人问题出发的。其实,它还有更高一层的理论意义,老少互补对做好工作,包括开拓思路、处事稳妥、提高效率等都意义深远。

性别互补也非常重要。物理学上有条规则:"同性相斥,异性相吸。"男女都需异性朋友。人们只要与异性一起做事,彼此就格外起劲,也就是人们常说的"男女搭配,干活不累"。这种情形并非恋爱的情感,或者寻觅结婚对象,而是在同一办公室中,如果掺杂异性在内,彼此性情在不知不觉中就会调和许多。以前的公司内,有些部门专是男性负责,有些部门全是女性,并非故意如此安排,实则是因工作上的需要,不得不如此。在纯男性或纯女性部门中,经常有人发牢骚,情绪极不平稳。于是有人建议安置一些异性进去,结果情况大为改观,他们不再那么愤世嫉俗,而且工作情趣陡升,工作绩效也大为提高。

现在越来越多的人都认识到,办公室内若有异性存在,就可松弛神经,调节情绪。男女混合编制,不但提高工作效率,也可成为人际关系的润滑剂,产生缓和冲突的弹性作用。但是,男女混合编制要掌握一定的平衡规则。在众多男性中只掺杂一位女性,或者许多女性中只有一位男性,这样做也是不妥的。有效的男女编制至少要有20%以上的异性,同时也都希望彼此年龄能够相仿,因为彼此年龄差距过大,会形成代沟,也不会合得来。现代的年轻人,多半认为男女交往是一件正当的事,对自己的行为也大多能负责,所以无须过分担心。

工作上不可能有男女混合编制时,应经常举办康乐活动或男女交谊团体活动,增加男女交往机会。公司方面也不妨鼓励员工多参加公司以外的活动,总的来说,对公司是裨益良多的。

平衡互补的用人之道在现代企业管理中,地位越来越重要。规模越大,越需要在其人才结构中体现这一原则。

培养人才是一种战略性投资

许多管理者认为员工培训成本很高,并且,在短期内看不到什么效益。这种看法普遍存在,但却是非常错误的。世界上许多大企业早就把员工培训费用看成是一种投资,而且是一种回报率很高的投资。韩国三星集团每年的员工培训费用为5600万美元。早在20世纪80年代,电讯巨头摩托罗拉公司做过的一次调查表明:每1美元的培训费用,在3年内可实现40美元的生产效益。

著名企业管理学教授沃伦·本尼斯说:"员工培训是企业风险最小、收益最大的战略性投资。"这句话阐明了现代培训对于企业的重要意义。

遗憾的是,有很多公司的管理者并没有意识到这一点,他们只是一味地要求员工提高工作效率、提升产品质量。殊不知,一个只具有陈旧知识和技能的员工的公司,它的产品质量如何能够超过其原有的水平,它的生产效率又如何能够得到提高呢?

松下幸之助是一个很看重员工培训的企业家,他对全公司的员工都要进行培训,任何新到公司的人都要进行岗前培训,合格后才能上岗。

松下电器公司对培养人才的重视,使其每年支出的员工培训费和科研开发费约占其营业额的8%。人们说，在竞争激烈的国际市场中，松下电器公司赢就赢在其对人才的培养上。

在现代企业里，年轻的员工是企业的新鲜血液，是企业永远保持旺盛生命力的依托所在。因此，成功的管理者总是注重对年轻员工的培养工作，以便让他们迅速地成长起来，充实到企业生产的第一线，充当企业的生力军。

爱森公司是一家促销代理商，该公司为其员工开设了一间"午间大学"，举办一系列内部研讨会，由外部专家亲临讲授，涉及的课题有直接营销和调研。此外，如果员工要考更高学位，而这些学位又与业务有关，并且员工也能考出好成绩，公司则会全额资助。

该公司的行政总监杰弗里说："我们将公司收入的2%投入到各项培训教育中去。员工对此表示欢迎，因为这是另一种收入形式。"

员工培训是企业管理者的重要工作，日本的一些企业甚至明文规定，企业管理者有培养员工的责任，并将管理者是否有能力培养下级作为考察管理者是否称职的一个重要指标。

管理者应该把培训看做是对未来——自己公司的未来的战略性投资。在过去几年中，许多公司的管理者将培训与员工的再教育提高到公司战略目标的地位。这些公司的管理者们认识到，有一个远景目标固然是件好事，但如果没有具备实现公司规划的知识技能的员工，这个目标是永远不可能达到的。

管理者应该让员工们时刻接受挑战，使员工时刻都具有提高能力的热情。这样他们才能学到新的知识，改进已有的技能，公司才能不断发展壮大。

留住公司里的关键员工

比尔·盖茨曾开玩笑说,谁要是挖走了微软最重要的几十名员工,微软可能就完蛋了。这里,盖茨告诉了我们一个秘密,企业是否能有效留住关键的员工,将是一个企业持续成长的前提,因为关键员工是一个企业最重要的战略资源,是企业价值的主要创造者。

现代企业的核心竞争力往往是由企业所拥有的人力资源决定,而根据二八原则,企业80%的业绩又是由最关键的20%的员工创造的。如果你以同一种方式对待所有的员工,那这20%的关键员工中的不少人迟早会离你而去。

一般来说,中高级的管理人员(指负责一个关键部门或一项重要业务的管理者)、高级的研发人员、对生产制造工艺和技术进行重大改进的人员、开辟重要市场的人员、产品或工程项目的主要责任者是公司的关键性员工。

管理者除了要知道关键员工是谁之外,同时还要让他们知道,你是希望留住他们的,这样你就和他们之间建立了一种承诺和心理上的契约。尤其在组织进行调整、转型和变革时,这一点相当重要。由于他们之中,拥有专业的技能和丰富的经验,跳槽对他们来说也是轻而易举,同时他们也常常是猎头们猎取的对象。

关键员工的流失有时对一个企业来说是致命的。因此，在任何时候，你都要能保持更有效的沟通，要和这些关键员工建立承诺，让他们明白，公司是需要他们的。

一家知名公司的CEO刚刚着手实施一项革命性的新举措——部门经理每季度提交关于那些有影响力、需要加以肯定的职员的报告。这位CEO亲自与他们联系，感谢他们的贡献，并就公司如何提高效率向他们征求意见。通过这一过程，这位CEO不仅有效地留住了关键性的员工，还得到了他们对公司的持续发展提供的良好的反映和大量的建议。

建立员工对企业的"忠诚"，在于建立员工对企业的"认同"，而建立"认同"的根本，在于企业要为员工提供发展与参与的机会。对于企业的关键人才同样如此。如果你通过有效的组织构造，让这些员工能共享企业战略、业务进程、产品质量、客户反馈与企业重大事件的信息，全方位参与业务决策，你就不会再抱怨他们对你越来越不"忠诚"了。

对这些关键人员，还要建立新的激励工具——使命，要让他们相信其工作的重要性非常关键，特别是当其他形式的稳定与保障不复存在时更是如此。例如，技术人员经常希望看到自己的工作对一项精妙的终极产品所作的贡献并被有效地激励着。

名誉是专业职业中的主要源泉，获得名誉的机会也是重要的留人方式。专业人员依赖名誉，因此他们渴望为自己争名。实际上，名誉"财富"的积累不仅仅提供即刻的自我膨胀，同时也获得了公众声誉并能带来其他奖励。你可以通过创造明星，提供广泛的公众认可及有形的奖励，褒奖创新者，将人员在自己的公司、部门外进行展示，并将员工纳入组织及专业人员网络来提高声誉。

关键员工是企业不可或缺的重要资源和核心竞争力，有时甚至决定企业生死存亡。所以对关键员工的薪酬管理要重点考虑中长期薪酬方案。现在很多公司实施员工持股计划和期权计划正是基于这种考虑。

为保留人才，爱立信设计了"转换成本"策略。即员工试图离开公司时，会因"转换成本"高而放弃。这就需要在制定薪酬政策时充分考虑短期、中期、长期报酬的关系，并为特殊人才设计特殊的"薪酬方案"。

薪酬是吸引、保留和激励员工的重要手段，是公司经营成功的影响要素。爱立信的薪酬结构包括薪资和福利两部分，薪资有固定和不固定两大部分，福利则包含保险、休假等内容。

影响薪酬水平的因素有三个：职位、员工和环境，即职位的责任和难易程度、员工的表现和能力以及市场影响。薪酬政策的目的是提供在本地具有竞争力（而不是领先）的报酬，激励和发展员工更好地工作并获得满足。

爱立信对年度优秀员工或工作满5年以上的员工，制订了奖励计划。直接主管负责提名，经层层审批后确认。奖励标准包括：团队合作、态度积极、客户至上、创新以及持续的出色表现。

由于现代社会的剧烈变革，必然的现象是职业渠道失去稳定性及将来公司发展的不可预见性，所以，人们都愿意能够掌握自己的职业生活。在国外有一种表现：越来越多的专业人员放弃了那些很有魅力的工作，而青睐那些他们能把握自己的行动及方向的工作。因此，对企业的关键人才而言，留住他们，就要他们感到，这对于他们自身完善生涯规划是有价值的。

加强团队建设是转化关键员工个人优势的有效方法之一，团队使个人的作用有限，团队内资源共享，从而分散和降低了组织对关键员工的依赖性，另外一个有效方法是加强制度化的规范管理，比如技术知识的管理制度、客户关系的管理制度等，通过制度把个人所拥有的资源记录、整理、分享并保存，从而变成企业的资源和优势。

第二章

不懂得授权就无法走上管理的快车道

授权是指上级委授给下级一定的权力和责任，使下级在一定的监督下，有相当的自主权和行动权去完成一项任务。随着现代科学技术日新月异的发展，即使能力再强的管理者也不可能独揽大权，去完成一切任务。所以精明的管理者要懂得授权，授权的职责不再是做事，而是帮助下属成事，授权是成事的分身术。如果管理者事事自为，必定成不了大事。

不懂得授权就不是合格的管理者

与亲力亲为相对应，高明的管理者能够通过向下属授权实施有效的管理。但是，授权是一个牵一动百的系统问题，丝毫的轻率和盲动都可能造成一系列的麻烦。为此，管理者要围绕授权做好周密的思想和组织准备。

1. 授权应考虑的问题

授权所涉及的远远不只是包括向集体成员下达任务，授权事实上包括四个方面，完全正式的授权应把下列所有这四方面包括在内：

（1）意义。意义指的是工作目的与价值，其估价要和个人的理想及标准联系起来。当工作要求与个人信念相符合时，这项工作便变得有意义了。对一个给芭比洋娃娃设计服饰配件的人来说，如果她认为这份工作和她的价值观相符，也就是说这个工作能给成千上万名儿童带来幸福和欢乐，她就会觉得这份工作很有意义，而对另一位做同样工作的人来说，这份工作或许毫无意义。原因是它和她的信念相悖，她认为芭比洋娃娃的样子使得女性美貌一成不变，这是非常有害的。一个人在做有意义的工作时才有可能有被授权的感觉。

（2）胜任。胜任指的是个人相信他有能力出色完成某项特殊任务。有胜任感的员工相信在特定情况下,他们有能力满足某项工作要求。胜任感同样会让人产生被授权的感觉。

(3) 自我决策。是指个人觉得自己有权组织各类工作活动,尤其是当员工感到他或她能够自由选择解决某个特殊问题的最佳方法时,自我决策就变得更为高级了。自我决策同样涉及诸如工作地点和场所的选择之类的问题,一位被高度授权的员工或许会决定一改成规,不在办公室完成一项特定工作。

(4) 影响。这指的是员工能左右工作最终结果的程度。比如公司的运作方式或其提供的产品及服务。在公司业务进程中,员工并非只是服从,在任何方面都插不上手,而是应有发言权,针对公司的未来前景发表自己的见解。

2. 授权应注意的问题

授权时,要挑选那些接受过培训、掌握技能、有天赋和动机的人。尽管这一原则很重要,许多主张授权的人仍认为每位员工都有被授权的天赋和渴望。只注重渴望而忽视天赋的授权会造成不良后果。难道你愿意让一个有高度热情,技术上却笨手笨脚的人来组装你的急刹车装置吗?

在授权时经常出现过高估计员工工作能力的现象,认为只要集体合作就无须专业人员的任何指导,你或许会授权一组有高涨热情的员工来自行解决一个棘手的问题,而不去请教一名受过高等教育、有高级技能的专业人员。因而,解决问题的最佳方式是请一名专家以内部顾问的身份加入被授权集体之中。

(1) 不要忽视专业技能。被授权集体应配备适当的职业专家,发生在汽车制造公司的实例便充分证明了这一点。

克里斯勒小型运货车新生产线中挡风玻璃上的刮水器有65%存在瑕疵——少数的刮水器不能完全刮过挡风玻璃,因为这小小的毛病使得克里斯勒无法将这批小型运货车装船发运。这是根本让人难以接受的,员工们所面临的挑战就是如何将其解决。但没人能找出其弊病所在。所有的原件

第四编 带队伍 选对人用对人管对人

都符合规格,零件的组装完全正确,工程师们也找不出设计上的任何差错。为找出所存在的问题,公司成立了一个联合调查小组,被授权全面发挥作用。组员包括一名生产总监,一名质量检测员,一名质量分析专家和两名工程师。在研究调查数月之后,小组无意中发现汽车驱动杆上的锯齿边带动了刮水器边,于是,一位工程师就设计了一个计量器用来测量曲柄的转度,使这一问题得以解决,全部的小型运货车才得以发运。如果小组成员中没有工程师,那么问题能否解决可能还是个问号。

正确的观点是被授权的集体应包含适当的专业技术人员——而这一真谛虽说显而易见,却常被忽视。

(2) 选择适当的人授权。授权的一条重要原则是必须契约重申。如果你想要你的授权集体高效多产,其成员必须要经过精挑细选。最富成功经验的公司往往在授权时仔细审查被授权成员,被选中的员工应具备以下素质:有职业道德,善于灵活机智地完成任务,有自我开创能力,集体合作精神及敏锐的头脑,还有上文强调的一条:一定要懂技术。

总的来说,挑选的人要比同级员工高出一筹,能力和动机是授权成功的关键因素。

确保被授权人掌握适当的技术,许多重大错误都是由于决策人只有权力而无技术所造成的。

从员工过去的工作表现中搜寻证据来证明他是否有冒险精神和创造性思维。

证明他能把握自己。例如,他需具备在完成长期项目的过程中坚持不懈,表现出毫不气馁的精神。被授权人必须严格要求自己,因为他们的权限非常小。

确保他在完成任务过程中表现的自信,独立实施某项决定需要自信心(当然,你也许会辩解说被授权能增强人的自信心,但至少你应在他过去表现中找出自信)。

尤其要注意的是一定要确保候选人能坦诚认真、一如既往地保持原有的良好品行，如若不然，他就会趁机利用手中的权力来命令他人做一些不该做的事，这将会给企业带来灾难。

3. 授权的基本构成要素

授权行为一般由三种基本要素构成，称为授权的三要件：工作指派、权力授予和责任创造。

（1）工作指派。工作指派在授权过程中，向来最受主管经理们的强调。不过，许多管理者和主管经理们在进行工作指派时常常存在两方面的错误：其一，他们往往只让下属获悉工作性质和工作范围，而未能让下属明确他所要求的工作绩效，这一点实在是主管在授权过程中的一大败笔。因为如果下属对主管所期待的工作绩效不甚了解，他们的努力在客观上就缺乏一个目标。这同时给主管授权后管理带来困难，因为主管无法依据事先确立的绩效标准对下属实施考核，奖优罚劣，这是一笔管理损失。其二，主管有时会把必须由自己分内完成的工作也指派给下属，他们未曾意识到，并非主管分内的所有工作均能授权于下属来完成的。比如，目标的确立、政策的研究与拟定、员工的考核与奖罚等，这是主管工作的"命脉"，不可谋求假手他人。

（2）权力授予。在指派工作的同时，管理者应对下属授予履行工作所需要的权力。这就是"授权"两个字的由来。"权力授予"与"工作指派"之间应是怎样的关系，权力授予的合理区域应该是多少，这是实施授权的主管最为关心的问题。主管所授予的权力应以刚好能够完成指派的工作为限度，这体现了权力授予的原则，即以完成工作为最终目的。客观上，完成工作任务所需要的权力——这些权力用来调动完成工作所需的人、财、物、信息等组织资源——构成了权力授予的合理限度。

在权力授予中最主要的问题，也是授权管理的难点之一，即权力授予的适度问题。如果授予的权力不足以支持工作任务完成的权力需要，则指派的工作难以完成，授权因而丧失其意义；然而，如果授予权力过度，超过了执行工作任务实际的需要，则势必导致下属滥用权力，带来太大的负面作用,同样会导致授权失败。

(3)责任创造。责任创造的含义在于,主管在进行工作指派和权力授予之后,仍然对下属所履行的工作绩效负有全部责任。这即是管理上所谓的"授权不授责"原理。这意味着,当下属真的无法做妥指派的工作时,主管将要承担其后果,因为下属之缺陷将被视同上司之缺陷。许多主管在这里犯的错误是当他发现下属无法做妥指派的工作时,均试图将责任推卸到下属身上,他们以为责任随同权力一同下移了。而事实上却恰恰相反,权力在管理中有向下分散的趋向,而责任却有向上集中的趋向。

责任创造的第一层含义是对主管而言,第二层则是针对下属的。即为了确保指派的工作能顺利完成,主管在授权的同时,必须为承受权力的下属创造完成工作的责任,在主管和受权下属之间建立起一种连带责任关系。下属若无法圆满地执行任务,则身为授权者的主管可以唯他是问。这当然并不妨碍主管承担对任务的最终责任,尤其是当这件任务涉及本公司、本部门之外时,更是如此。

总之,授权是对权力的下放,并在这种下放中使权力最大限度地发挥作用。授权是一门艺术,需要管理者细心揣摩和研究,以避免在授权的各个环节出现不应有的纰漏。

谁的"猴子"谁来背

管理者一旦患上了事必躬亲、亲力亲为的"职业病",就会被"琐碎的多数"纠缠得无暇顾及"重要的少数"。聪明的管理者要让员工明确自己的角色和任务,"谁的'猴子'谁来背",他们要做的只是千方百计提高下属们的工作效率,必要时辅之以检查。

1. 让下属明确自己的任务角色

为了避免工作混乱和低效率,加强员工之间、部门之间的合作与协调,管理者必须让每一个下属明确自己的任务与角色。为此,企业领导需注意以下3点:

(1)告知下属的工作流程。

企业为了发展其事业,当然要雇用员工来工作,绝对不会支付薪水给不工作的人。因此,企业领导自然有义务培育能够适应本企业岗位需要的职员。

为了促使下属完成工作,企业领导必须教授整个工作的流程。

①企业的组织情况,该下属在组织中处于何种地位。

②让下属详细了解采购、制造、库存、销售、收款以及计划、实施、

控制的工作流程。

③让下属了解利润是在哪一个阶段产生、消化,以及转化的过程。

(2) 明确下属的角色。

在企业中,由员工单打独斗的情况已经过去。除了规模相当小的公司外,全体员工团结一致乃是势在必行的主流。

下属也是企业的一员,在平常的工作中,中国式领导必须经常灌输唇亡齿寒的道理。领导者对下属的培育,目的在于促使下属充分自觉进入自己的角色,大力发挥其创造力与工作热忱。

因此,在平常的工作中,中国式领导应该不厌其烦地告知下属自身的立场、地位、角色和任务,尤其是在交付工作时,更应具体、明确。如果下属不能认清自己所扮演的角色,所担负的任务,就无法产生责任感,只会频频发生怠慢、疏忽错误、越权、不平不满等行为。

让下属了解自己的角色与任务,不应只限于口头说明,如果利用组织图(事、金钱、工作),则更具效果。

企业的业绩是全体成员齐心努力合作的成果,每一个人如果都站在自己的岗位上,全力以赴完成所肩负的任务,必然会获得最好的效果。

(3) 告知下属应做的工作。

对于经验不足的下属,如果让其分析过于复杂的内容,或同时说明若干事例,则会造成混乱。管理者在对下属布置其任务时,经常会说:"你应该做的事就是这些。"

所谓"就是这些"是指:

①交付的工作。

②给予适当的工作条件。

③获得预期或更好的效果。

如果有一点暧昧不明,下属就自然无法掌握办事准则,结果必然不佳。中国企业的领导如果完全不予说明,只是下命令式地交代工作,不但无法获得下属的合作,在培育下属方面亦会有负面的影响。

2. 检查员工工作的技巧

有布置而无检查，是管理者失职的表现。虽有检查，但不得其法，缺乏这方面的管理艺术，也收不到好的效果。根据许多成功领导的经验，要做好检查工作，管理者可从以下几个方面去努力：

（1）不要为检查而检查。

检查下属的工作，主要是看下属是否准确迅速、积极主动、卓有成效地完成应该完成的各项任务，这是检查工作的主要目的和内容。但检查工作不是一件单一的、孤立的事情，它也是收集信息、考察培养管理者、推进工作、提高自身领导素质的重要渠道。

既然检查工作这件事有着如此丰富的内涵和重要的意义，它也就理所当然地成为领导者的一个重要职能，就应当把它放到应有的突出位置上，下大力气抓好。如果能意识到这一点，就不会为检查而检查，或把检查工作看得过于简单。在行动上，就不会粗枝大叶，草率从事，而是自觉地把上述要求作为努力实现的目标，坚持标准，从严要求，达到高质量、高效益。

（2）事先要有准备。

检查工作是一件严肃而细致的事情，如果毫无准备，心中无数，就不要下去，而应准备好了再说。所谓准备，就是对所要检查的工作，在总体上有一个基本的了解，对倾向性问题也要胸中有底，以便更有针对性地进行检查。

不然，下去之后，就容易出现一问三不知，说错话，出歪主意的现象。同时，对检查的重点在哪里、哪个是关键部位、何处是薄弱环节，也要基本掌握，不然就会收效甚少。对于一些大规模的、复杂的检查项目，事先要有一个较详尽的计划，人力如何配备、时间如何安排、达到什么要求、采取哪些方法步骤，都应事先讨论明确，然后按照要求分工，各负其责。

(3) 检查要有标准。

检查工作如果没有标准，就会无章可循。一般来说，要以原来制定的目标和计划为标准，但是又不能把这个标准看死了。它既是确定的，又是不确定的。所谓确定的，是说必须拿目标、计划作为尺度来衡量实际工作情况，非此便谈不上检查工作。所谓不确定的，就是不能削足适履，硬要客观事实符合主观认识。

为此，检查可以分为两步：第一步是以既定目标和计划为标准，衡量工作进展情况及绩效；第二步是以实践结果为标准，分析其与原定目标的差距，找出得失、成败的原因，拟定纠正的措施。

(4) 搞好三个结合。

①跟踪检查和阶段检查相结合。

跟踪检查是指伴随着计划的贯彻执行，紧跟着对实施情况的检查，以便及时地发现偏差，随时解决；而阶段检查则是指决策实施告一段落时，对这一阶段的结果进行检查，总结经验教训，以便再战。

这两种检查不可偏废。如果只抓阶段检查，没有跟踪检查，那么执行计划过程中就容易形成自流，失去控制。等到过程告一段落，再来纠正偏差，往往成为亡羊补牢，损失过大。反之，只抓跟踪检查，没有阶段检查，就不能看到比较完整的面貌，也无法进行比较系统的分析。因此，企业领导必须把二者有机地结合起来。

②由上而下检查和由下而上检查相结合。

决策目标、计划方案是由企业领导者决定的，对于它的目的、意义，以至各个环节、措施，领导者知道得最清楚。执行计划的活动，则是在基层进行的。对于执行计划在什么地方发生故障，以及产生故障的原因，基层员工了解得最深刻。

因此，检查总结工作，必须自上而下和自下而上结合起来。这样可以调动上下两方面的积极性，有利于沟通从上到下的信息输出渠道和自下而上的信息反馈渠道，达到信息的双向交流。同时，也有利于企业领导者集思广益。

3）专门班子与领导者相结合。

在现代化大生产条件下，没有一个领导者可以对错综复杂的情况洞察一切，即使是有才干的企业领导者，也无法靠自己来检查一切工作、掌握一切信息。所以在检查工作中，应当充分发挥反馈系统、监督系统等职能机构的作用，或者组成临时性的专门班子，吸收这种职能机构的专家参与工作。

然而，企业领导亲身参加检查也是绝对必要的。因为检查总结是领导者的一项职能，不亲身参加，就难以对贯彻执行决策的情况有深切了解和亲身感受，当然也就不能充分发挥检查工作的作用，对于再决策也会产生不利影响。

（5）既当先生，又当学生。

从上级检查下属工作这一角度讲，领导者是先生，负有检查、督促、宣传、解释、表扬、批评、指导、帮助的责任；从向实践学习、向员工学习的角度讲，领导者又是学生，要虚怀若谷，眼睛向下，不熟悉的事情要认真了解，不懂的东西要不耻下问，虚心向一切内行的人请教。

（6）要敢于表扬和批评，但要注意方法。

领导者在检查工作时，必然要对下属的工作作出评价，或表扬或批评，目的是更好地调动积极性，激励他们做好工作。为此，首先，要坚持原则，敢于讲话，是非要清楚，功过要分明。正确的坚决支持，错误的坚决纠正，好的要表扬，坏的要批评，不能含糊敷衍，模棱两可。其次，要掌握分寸，不能过头。表扬要实事求是，留有余地；批评要诚实中肯，恰如其分，严而不厉，同时不抹杀下属作出的努力和成绩。只有这样，才能使其心服口服，便于今后工作的改进。

（7）防止主观性、片面性和表面性。

凡是不从实际出发看问题，而是戴着有色眼镜看问题，先入为主，自以为是，就是主观性。片面性，就是不能全面地客观地看问题，只知其一,不知其二,只见树木,不见森林。所谓表面性,就是走马观花,蜻蜓点水,知其然不求其所以然。这些都是检查工作的大忌,一定要注意防止和克服。

领导者下去之后,不要带框子,抱成见,而要一切尊重客观事实,具体问题具体分析;好话坏话都要听,缺点成绩都要看;要扎扎实实,了解真情况,获取真知识,不要作风浮漂,浅尝辄止,等等。

(8) 要在解决问题上下工夫。

只看病不治病,只调查,不解决,是中国企业的一些领导检查工作时常犯的毛病。为什么要检查工作?说到底,就是要发现问题,解决问题,把事业推向前进。当然,与发现问题比起来,解决问题是要费力气的,企业领导者就是要知难而上。凡是当时能解决的,就要立即解决;当时不能解决的,也要本着为企业负责的精神,创造条件,抓紧做工作,争取尽快解决。

给下属授权要讲究策略和技巧

管理者面对的是一个个有思想的人，授权时不分对象、不看情势会造成管理者对权力的失控。为此，授权必须讲究策略和技巧，在对权力的一收一放之间找到运用权力的正确节奏。

1. 不充分授权

不充分授权是指管理者向其部属分派职责同时赋予其部分权限。根据所给部属权限的程度大小，不充分授权又可以分为几种具体情况：让部属了解情况后，由管理者作最后的决定；让部属提出所有可能的行动方案，由管理者最后抉择；让部属拟订出详细的行动计划，由管理者审批；让部属采取行动前报告管理者；部属采取行动后，将行动的后果报告管理者。不充分授权的形式比较常见，这种授权比较灵活，可因人、因事而异采取不同的具体方式，但它要求上下级之间必须确定所采取的具体授权方式。

2. 要会弹性授权

这是综合使用充分授权和不充分授权两种形式而成的一种混合的授权方式。它一般是根据工作的内容将部属履行职责的过程划分为若干个阶段，在不同的阶段采取不同的授权方式。这反映了一种动态授权的过程。这种授权形式，有较强的适应性。当工作条件、内容等发生了变化，管理者可及时调整授权方式以利于工作的顺利进行。但使用这一方式，要求上下级双方要及时协调，加强联系。

3. 掌握制约授权

这种授权形式是指管理者将职责和权力同时指派和委任给不同的几个部属，以形成部属之间相互制约地履行他们的职责，如会计制度上的相互牵制原则，这种授权形式只适用于那些性质重要、容易出现疏漏的工作。如果过多地采取制约授权，则会抑制下属的积极性，不利于提高管理工作的效率。

4. 力戒授权的程序错乱

一个企业即便人员不多，老板应了解全体员工的全盘行动，授权也不能万事皆休，否则，授权的结果只会带来负效应，在实际工作中，有效的授权往往要依下列程序进行。

（1）认真选择授权对象。如前所述，选择授权对象主要包括两个方面的内容，一是选择可以授予或转移出去的那一部分权力；二是选择可以接受这些权力的人员。选准授权对象是进行有效授权的基础。

（2）获得准确的反馈。一个管理者授意之后，只有获得该部属对授意的准确反馈，才能证实其授意是明确的，并易被部属理解和接受。这种准确的反馈，往往以部属对领导授意进行必要复述的形式表现出来。

（3）放手让下属行使权力。既然老板已把权力授予或转移给其部属了，就不应过多地干预，更不能横加指责。而应该放开手脚，让部属大胆地去行使这些权力。

（4）追踪检查。这是实现有效授权的重要环节。要通过必要的追踪检查，随时掌握部属行使职权的情况，并给予必要的指导，以避免或尽量减少工作中的某些失误。

掌握以上授权的原则方法和程序，你的领导能力因此更进一步。应该讲，一位管理者要想使权力生效，必须要靠有效授权来完成，否则就是霸权，而霸权只会导致孤立。

在对下属的支持中把授权落在实处

有企业工作经验的人不缺乏这样的工作体会,上司安排任务时总是再三强调:"放手去干,我绝对信得过你。"但在工作过程中却又一百个不放心。也许上司确实授给了你一些权力,但当这点权力得不到上司的有力支持时,工作照样难以展开。

假如有这样一个问题,当你的下属和你的客户——你的客户是经销商——之间产生冲突,你会支持谁?不管干什么,只要与人打交道,"冲突"就会时常发生,"冲突"言者,当然是各有其道理。许多管理者面对这样的"冲突",总是习惯上训斥自己的下属,向客户赔不是,其实,如果出现这样的情况,管理者应该站在下属这边。在这个把"客户奉为上帝"的世界里,这样的答案似乎很离奇。但管理者应该深信一点,下属员工才是公司最重要的客户,缺乏对员工的信任或者支持,他们失去的将是对组织的信任和工作的快乐,这种不信任和不快乐,百分百地将传递给公司的无数个客户,最终导致的是绩效低下。

许多管理者都在抱怨下属不是那个能"把信带给加西亚的人",抱怨员工懒惰并对公司充满着不满。但是,回想一下,哪位员工是带着不满的情绪进入公司的？你想想他们当年加入公司时那种踌躇满志的样子，那种双眼都会放光的憧憬。你想过没有，使他们变得充满冷漠与怨恨的正是管理者自己。

杰出的管理者一定会深信沟通的重要性并加以身体力行。信息通畅是一个好的管理者的重要标记，有些管理者不太喜欢沟通，有些事情也不愿意透明，觉得神秘管理更好，其实，所谓的"神秘管理"是另一种愚民政策，它除了能得到漫天飞的小道消息和日渐低落的士气外，什么也得不到。靠"神秘"不能伪装权威，也伪装不了管理者的低能。

俗话说"庶民用暗器"，大多数下属对付这些管理者的做法是"在职退休"。这种做法是相互的戕害，一方面，企业没有为员工提供必要的培训，使得员工失去了未来人力市场的价值和对未来的信心，另一方面，企业损失很多人力资源，企业最大的成本就是没有经过培训的员工。

正如美国钢铁大王与慈善家安德鲁·卡内基所说的那样：一个组织拥有的唯一不可替代的资产就是它的员工所具备的知识与能力。人力资本的生产效率取决于员工能否有效地将自己的能力与雇用他的组织分享。

管理者在跟进中实现对权力的有效监控

在《韩非子》里曾记载过这样一个故事：鲁国有个人叫阳虎，他经常说："君主如果圣明，当臣子的就会尽心效忠，不敢有二心；君主若是昏庸，臣子就敷衍应酬，甚至心怀鬼胎，表面上很恭敬，但暗中欺君而谋私利。"阳虎这番话触怒了鲁王，因此被驱逐出了鲁国。他跑到齐国，齐王对他不感兴趣，他又逃到赵国，赵王十分赏识他的才能，拜他为相。近臣向赵王劝谏说："听说阳虎私心颇重，怎能用这种人料理朝政？"赵王答道："阳虎或许会寻机谋私，但我会小心监视，防止他这样做，只要我拥有不致被臣子篡权的力量，他岂能得遂所愿？"赵王在一定程度上控制着阳虎，使他不敢逾越；阳虎则在相位上施展自己的抱负和才能，终使赵国威震四方，称霸诸侯。

在企业的经营管理过程中，领导者既要分权，又要控制。要做到"有限分权，无限控制"。权力的分配应该像金字塔，只有做到相互牵制，相互支撑，才能达到相互平衡、和谐。

对于一个企业的领导而言，授权是最有效的领导手段之一。将自己所拥有的一部分权力授给下属去行使，使下属在一定制约机制下放手工作，不但可以充分调动员工的积极性，加速员工的成长，而且还可以使领导者得以从琐事中脱身，集中精力于更重要的事务，因此，授权是当代企业领导必须掌握的一门艺术。

之所以说授权是一门艺术，是因为它有很多技巧，掌握好了"度"，权力授予适当，监控得力，就会取得好的效果，若失去了"度"，授权不合适，监控不得力就会导致恶果。因此，授权必须与监控结合起来使用。

世界上任何的自由都必须和相应的制度捆绑在一起，无序的自由就是一盘散沙，而且这种自由毫无保障，随时都可能被剥夺。

同样的道理，对于领导们而言，无论下属的工作做得多么出色，无论他们有多少值得完全信任的细节，也不应该完全撒手。

领导在授权的同时必须要有监督，否则就有可能失控。权力失控会导致工作失控，结果失控。

放权是必要的，但是放权不等于弃权，放权的同时必须要建立起配套的监控机制。监控是对领导所授权力的根本保障，是关系到企业兴衰存亡的必要措施。在分析一些公司失败的案例时，我们发现很多公司并非没有明确而具体的目标，也并非缺乏具有卓越才能的人才，但它们最终却陷入了失败的境地。为什么呢？并非这些企业自己所归纳的原因——市场环境突然变化使得公司的处境十分被动——而是犯了最不该犯的错误：公司所制订的计划并没有得到彻底的执行，而公司的最高层却认为已经落实了。

当吉姆·基尔特斯加盟吉列公司时，几位高层经理们说公司已经对那些不必要的产品包装进行削减了。但实际情况却是到基尔特斯上任时，吉列的 SKU（公司不同类型的产品包装的行业术语）的数量已高达 24000 种。大部分的产品包装甚至从来没有用于销售，只是堆在仓库里。在一年前公司确实花了数百万美元聘请专家削减产品包装，但事实上一种也没有减少。

造成这种结果的原因正是高层领导者对已经授权的工作不闻不问，更未进行及时的跟踪。领导者的任务不只是制订计划，还应该对计划进行跟踪，及时发现问题并在第一时间予以解决。

一家家畜饲料制造厂为公司制订了扩展市场的计划，他们打算生产一种蛋白质含量更加丰富的饲料，为公司打开奶牛场的大门——一直以来他们只对饲料进行简单的加工，这种饲料根本无法满足奶牛场的要求——他们在饲料中添加适量的尿素，尿素可以帮助家畜将饲料转化成蛋白质。但这样做又有一定的风险，因为黄豆中一种被称做Urease的酵素会与尿素发生反应形成氨，而氨又会导致动物腹胀，甚至死亡。为了控制饲料中的Urease含量，饲料必须经过严格的烘热处理，并且化验室每天都必须对Urease的含量进行检验。

经过不断的调试和检验，饲料中的Urease含量终于符合了安全标准，这家饲料制造厂终于生产出了符合要求的高蛋白质饲料。在广告和公关等各方面措施的支持下，公司的市场拓展开展得有声有色，已与几家养牛厂建立了较为稳固的供货关系，另外还有更大的几家畜牧厂有与之合作的意向。

就在一切进展都十分顺利的情况下，不幸的事情却突然发生了。有一天，化验室的例行检验结果显示，Urease的含量严重超标。公司总裁吉姆在第一时间得知了这一消息——他要求化验室一旦发现Urease含量超标必须第一时间通知自己。吉姆果断地作出指示，在过去48小时生产的所有饲料禁止运出公司，以维护公司的信誉和用户的安全。随后他马上开展了调查，最后终于找到了原因，一名新来的维修工人在换装蒸汽管线的一个零件时关掉了蒸汽机之后又忘了打开，使得对饲料进行烘热处理时温度降低，进而导致Urease含量超标。

吉姆全程跟踪并亲自处理了这一突发事件，正是由于吉姆的参与，不安全的饲料才没有被运出工厂，安全隐患才得以在最短的时间内找到并被排除，公司的损失才被控制在最小范围内，公司的形象才得以保全，公司的开拓市场计划才能继续被执行下去。

第四编　带队伍　选对人用对人管对人

领导人的及时跟进是相当重要的。在跟进的过程中，不但可以协助和支持下属顺利完成任务，而且还能监督下属，避免其偏离正确的方向。

企业领导者应该对下属进行跟踪，及时发现问题，及时决策，及时提供支持。当然，领导者尤其是高层领导者都有许多工作要做，一忙起来可能就把对计划进行跟踪这件事忘到脑后了。所以，为了保证领导者能及时跟踪，应建立一个跟进计划，以保证工作的顺利进行。

跟进计划的内容应包括以下几项：目标是什么？什么人负责这件事？什么时候、通过什么方式、使用何种资源完成任务，等等。

跟进计划的内容是固定的，但形式却可以灵活多变，尤其是高层领导者因为要从整体上把握工作，所以更需采用简单有效又灵活多变的办法。

罗兰·贝格是一家大咨询公司的创始人和总裁。就像所有的大公司的领导人一样，罗兰·贝格每天需要与各方面的人打交道，处理各种各样的事务，可谓日理万机。但同大多数高层领导人不同的是，他从不会忘记哪怕一件小事，在一项计划进行到规定完成的最后期限，有关的负责人总会接到罗兰·贝格打来的询问事情进展情况的电话。是罗兰·贝格记忆力超过常人吗？非也。他有自己的跟进方法。他每天都接触大量的各色各样的人物，处理各种各样的事物。为避免遗忘本应自己去做的事，他随身带了一个小录音机，每一件需要自己去做的事他都会用录音机记下来，再由秘书打印后发放给相关人员。他通常每天会发出40~50个给不同人的"内部备忘"。这当然是在完成一个领导者的首要任务：布置工作和作出某些决定。但这仅仅是事情的开始。每一份内部备忘都会被写上一个时间，到了这个时间秘书就会把这个内部备忘重新放在罗兰·贝格的案头。所以，没有任何一个人能够侥幸让他忘记一件他关心过的事情，他总能在合适的时间向负责某项执行工作的人员询问事情的进展。

信任固然好，监控更重要。及时适度地跟进计划并非不信任某人的表现，相反这只能表明你重视某件事情，所以适度的跟进并不会损害员工的工作积极性。当然跟进计划一定要注意两点：一是及时，只有在第一时间发现阻碍工作进行的障碍，才能尽快排除障碍，确保工作的顺利进行；二要注意适度，领导者需要的是跟进计划，而不是去具体执行计划，领导者需要做的是鼓励员工把执行工作落到实处，而不是越权指导，更不是直接插手去落实，否则只会把事情弄得更糟。所以，领导者应掌握跟进的艺术，既保证战略规划得到不折不扣的执行，又不损伤员工的积极性，只有这样才能取得好的效果。

第三章

细节管到位事情才能做到位

"泰山不拒细壤,故能成其高;江海不择细流,故能就其深。"所以,大礼不辞小让,细节决定成败。可以毫不夸张地说,现在的市场竞争已经到了细节制胜的时代。对企业的内部管理,更是如此。管理者不仅要管大事,还要管小事。这与前面提倡的授权之道也并不矛盾,因为一些细节和小事同样非常重要,是问题的纲要所在。纲举才能目张,把这些重要的细节管到位,事情就能做到位。

对待员工要将心比心

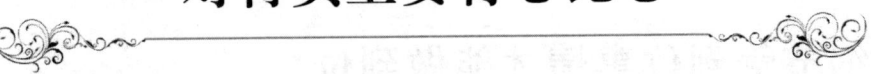

员工是一个组织的基本组成单位,一切组织都必须依靠每一名员工的辛勤工作来得到健全与发展。因此,作为管理者就必须要主动了解员工对企业文化的需求,才可能建立真正基于员工需求的文化,才可能使人员稳定,人才不轻易外流。

员工的需要分为生理需要和社会需要两大部分。生理需要是维持生命必不可少的需要,如衣、食、住等最基本的物质需要。社会需要是指人们为了维持社会生产和生活,进行社交活动所形成的需要。社会需要又可分为高级的物质需要,如生产工具、交通工具、生活器具等。精神需要,如文化、艺术、求知、社会交际等精神与心理上的需要两大类。

要对这些需求进行了解,领导者必须要站在员工的角度,从员工的位置去思考,才能真正了解员工的需求。要想了解员工的需求,必须做到以下几点:

(一)搭建信任的平台

尽管许多领导者都懂得去了解员工们对企业文化的需求,但现实中却往往存在种种难以解决的问题。

由于长期传统的、等级性很强的管理文化的影响,员工们往往会对这样的领导人产生疑惑,甚至是敌意。

因此,若要在组织内建立有效的沟通机制,以求了解员工对组织文化的需求,就必须首先达到相互信任。

一个组织之间的成员如果互相信任,上级信任下级、下级也信任上级,同时,无论是在上级之间或者是下级之间的都一样,都被信任的氛围中浸泡着,每一个人对另外一个人所做的事都十分信任,那么,这个组织由此产生的强大的合力,将会使其他组织无力匹敌。

因为一个人只有在得到一定程度信任的情况下,才能愉快地投入工作,干出成果。因此,对于管理者来说,在必须注意的诸多事项中,最重要的一点就是要充分信任自己的下属,用信任换取下属的责任感,使之发挥最大潜能。

(二) 建立迅速的沟通机制

由于语言不通或交流方式的不同,管理者与员工之间的沟通往往存在种种障碍,更由于员工本身存在的等级,以至于最低层的员工依然是最遥远的观望者。

由此可见,即使是建立了信任,沟通问题也并非就迎刃而解了,同样是由于长久以来的传统管理文化形成的组织结构,沟通常有一些障碍。

在许多传统的组织中,信息传递的准确性总是要受到种种干扰。公司的老总将任务交给下面的经理,经理又根据自己的理解将任务交给下面的项目负责人,项目负责人再把下面人找来,又根据自己的理解作一番布置。在这样的信息传递过程中,不可避免地出现了信息的变型。产生了种种信息壁垒。或者出于保密需要或者出于理解力上的偏差或者出于其他方面的原因。于是,领导人亲自深入员工内部,了解员工需求并使组织内每个成员,包括领导与员工、员工之间保持有效沟通的工作,就显得十分重要与迫切。

在微软公司,沟通的问题就不是那么难以解决。比尔·盖茨把他与员工们之间的沟通称做"弹指间的信息"。早在 20 世纪 80 年代初，比尔·盖茨就在微软安装了第一个电子邮件系统，很快，它便成为了公司内部通信和管理的主要方式。

比尔·盖茨每天要花几个小时来阅读电子邮件，并作出答复，这些邮件来自全球的雇员、客户和合作者。公司中每一个人都可以把电子邮件直接传送给他，越过所有中间层次的阻隔。他是唯一读它的人，因此谁都不必担心礼仪问题。他似乎相信人们口头上都具有"报喜不报忧"的倾向，而在一种不必见面的交流方式中更有可能流露真情。

比尔·盖茨认为，坏消息几乎总是从电子邮件中传来。所以，他每天晚上睡觉之前，必定要把自己的便携式电脑和公司系统连接起来，与公司雇员交换新的信息和想法。即使是在旅行当中，在远离总部上万公里的地方，也要检查一下他在公司中的电子邮箱。他说这样才能让他放心。由于电子邮件的充分利用，使得微软所有的职员能在第一时间得到微软公司和比尔·盖茨发出的最新指示，这使得整个公司的办公效率在同一时间内高速运转起来。

十多年前，管理学大师、战略家彼得·德鲁克曾预言了一个时代的来临。在那个时代，传统的、等级制度的管理模式将逐渐淡化，取而代之的是对外界反应更敏感、更精简的机构。德鲁克说："20 年之后的典型的大公司，其管理层将比现今同等规模的公司少一半还多，其管理人员将不到现在的 1/3。其结构、管理问题和关注的内容，将不再和我们至今仍当成规范的 1950 年前后的那些传统的制造型企业有共同之处。相反，它更类似于如今的管理者和管理学学者都不注意的组织：医院、大学和管弦乐队。"

过去 10 年里发生的震撼商界的巨变已经证明了德鲁克非凡的先见之明。在 20 世纪 80 年代末和 90 年代初那场对美国经济产生重大影响的严重的经济衰退中，在多数情况下，管理阶层被大幅度地精简了。随后的经济复苏中，虽然就业率上升了，管理阶层却再也没有回到原来的规模。这种趋势如此迅猛，连国际知名银行摩根大通银行也不例外。

第四编　带队伍　选对人用对人管对人

以前，摩根的总经理倾向于花大量的时间与其自身所在的总经理圈子联络；有些人会发现接听电话或者走近证券分析师身边去谈话是不容易的事情。当然，对于证券分析师而言，走进总经理的办公室说出自己的想法也是很难的事情。

但是，现在摩根大通银行已经采取了不少办法摧毁这些天然的阻碍人际沟通的屏障，并开辟了企业内部信息的自由交流，无论岗位与职衔，目的是营造一种互助、合作、友情的企业文化。例如，总经理们邀请证券分析师、副行长以及其他员工组成的小组与之共进早餐，在轻松的环境中讨论重要的业务问题，摧毁等级的界限。鼓励人们相互认识、共同工作。非正式的聚会和招待会创造了"思想平等"，并培养一种环境，在这个环境里，人们不会因畏惧跨越组织的界限而无法实现目标。

摩根大通银行的资深成员很注重与资历较浅的员工一起开会，帮助他们锻炼在正式场合演说的技巧和在工作程序中的自信。奥利弗·本德说："我们在每星期一有一次午餐例会，在会上，人们可以说说究竟有哪些事情在发生，项目负责人和总经理们对上周发生的事情作简短的总结，并简要地陈述本周即将发生的事情。他们经常把这项任务委派给团队内的下属，给他们一个可以发言的平台。"资历不深的员工也经常被请到面对客户的说明会上，甚至为最为资深的员工和最为重要的客户作演说。这些员工有极不寻常的学习和观察的机会，在讨论到他们参与的事情中某些细节的时候，他们还能够添加一些有价值的东西。他们不可避免地与顾客形成的关系，不仅非常适合他们自己的需要，也非常适合公司的需要。

摩根曾两次荣登《财富》杂志"50家最适合少数民族工作的公司"，而摩根的雇员们一直报告他们的工作既具有挑战性，本身又得到了奖励。高级员工之一约翰·高曼斯说，摩根赋予他的自主权是使他在该公司长时间不走的关键原因。他说："我一直认为这是最好的工作。与在'新经济'公司里相比，虽然所负的责任和得到的独立性是独一无二的，可是我觉得在这儿更有价值。"他还补充道："金钱是商业生活中重要的因素，但是当你看不见任何一个客户，也看不见工作能给你带来哪些影响的情况下，金钱对这种可怜的生活无济于事。在摩根，你有思想自由、言论自由，能够真真切切地看到你的工作产生的结果。我得到了激励，因为我知道最终我比一台大机器上的一个小齿轮重要得多。"

现在企业的管理过程，已经逐步趋向沟通的过程。如果我们还没有重视到这一点，从不理会阻碍沟通的藩篱，那我们将在封闭中自生自灭。

"换位思考"的原理，使我们了解了沟通的重要。在建立一个真正民主、人为的组织文化的过程中，也唯有如此，才能使之达到有效与完善。

（三）让每个员工都是老板

在换位思考中，管理者的主动性固然重要，而要更进一步了解员工的需求，就需要更进一步激发员工的积极性，让他们自己发出心声。这便是不同于上述问题的另一种换位思考方式。其实，在这里，关键还是在于管理者是如何引导的。

戴尔公司的董事长迈克尔·戴尔常讲："据我所知，要建立或维持一个健康的、有竞争力的文化，最简单也是最好的方法，就是通过目标统一、策略一致，与公司员工成为并肩作战的伙伴，让每个员工都是老板。"

戴尔公司大部分的员工都拥有公司股权，这是员工认购股权计划、配股奖金还有退休计划的结果。戴尔评估了员工对公司的表现之后，不但以现金奖励，还赠送公司的股票。

一家所有员工都是自律的"老板"的公司，在理论上听起来好像很了不起，但如果目标不够明确，可能会变成一片混乱。这套制度在戴尔公司能行得通，全因为戴尔拥有一贯的策略，以及解释明确的目标。

要让员工以老板的思维思考，戴尔提供了他所能够接受的度量方式。戴尔公司每个员工的奖励和奖金制度，都与企业的健全息息相关。

戴尔认为，即使员工实际上尚未拥有股权，也要把所有的员工当成老板。一旦他们真的拥有公司，他们便会开始注意整个大方向的目标。荣誉感一旦能与强烈的个人投资并存，便会产生神奇功效，建立起更大的责任感。

让你的员工拥有知识、能力及权力，可以放手去做他们最在行的事，将其带到"公司属于员工"的最高境地。戴尔发现，这个方式为公司带来的成就，超过其他任何的方法。

迈克尔·戴尔让他的员工行动了起来。他们结成互相信任的联盟的成果之一，就是戴尔公司的飞速发展。1984年戴尔公司成立。到了1991年，戴尔公司的销售额就达到了8亿美元。1992年，突破了20亿美元，进入《财富》杂志500强之列，2001年，戴尔公司全球排名第10位，如日中天。

同样，在沃尔玛员工被视为"合伙人"，让员工表达自己的意见也是沃尔顿一向关注的问题，他总是设法鼓励每位成员，无论是高级主管还是兼职的收银员，对公司方方面面的做法提出新构想。如果有谁想出了什么好主意，就请他出席星期六上午的会议，并发给奖金。整个沃尔玛有几十万员工，沃尔顿相信在他们中间一定有很多好主意可以采纳。

在沃尔顿看来，只有当员工先了解他们的组织面临的经营局势时，他们才能知道自己需要怎样的企业文化，才能明确自己在整个生产过程中所扮演的角色。

无为而治是管理的最高境界

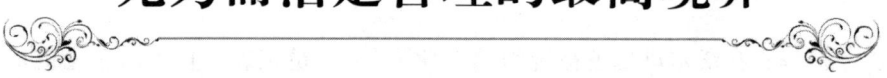

在企业里面，无论职位高低，每个人都经常说到的词就是"管理"。每个企业都在不断追求着管理方面的进步，管理程序上更加细化和优化。管理水平构成企业的核心竞争力，管理创造效益，这些观点得到了普遍的认同。

我们常常关注的往往是管理的方法和手段，管理有时候和"控制"具有同等的意义。对什么样的管理是最好的管理，大家莫衷一是。适合企业的管理就是最好的管理，往往具有很大说服力，但这句话说和没说是一样的，企业千差万别，我们无法找到最好的标准。

管理作为一种实践，我认为既然能用来评价一个企业的好坏，我想它一定是有最高境界的。每个人根据自己的工作有决策的权力，是企业基业长青的最有效的方式，而海尔和华为正在进行这方面的实践。在这种现象的背后，所揭示管理的趋势和最高境界就是——企业中每个人都能自我管理，如同老子用"无为而治"来表达治理国家的最高境界一样，治国和治理企业其实是一样的，无为而治也应是企业管理的最高境界！

我们读中国的历史，曾经有过的几次盛世，比如文景之治等，其实都

第四编　带队伍　选对人用对人管对人

是运用"外用儒术，内示黄老"，而取得国家的兴盛，现在企业在这方面运用最好的是谷歌。

每个去过谷歌的人都会对它不拘一格的"自由式"办公区留下很深印象。

办公区沙发随处可见，员工可以随意喝咖啡聊天，甚至分不清哪里是办公区，哪里是休闲区。谷歌的工作模式就是平等和倾听每一位员工的声音。

虽然谷歌与其他许多跨国公司一样追求着"本土化"，但在企业文化上，李开复一直延续着"美国化"的管理模式。

笔者从谷歌员工中了解到，在其他公司为了应付老板发现自己不务正业的"老板键"，在谷歌中国是派不上用场的，因为他们根本不用担心被老板发现，更不担心因此而遭到批评。

过去十多年来，谷歌的花钱速度在硅谷堪称奇迹。对于员工，谷歌有着较为完善的福利制度，包括免费三餐、免费医疗、滑雪旅游以及洗衣服务等，同时还为员工个人培训提供补贴。此外，谷歌还允许工程师们将20%的工作时间用于自己喜欢的项目，此举是为了鼓励员工开发新产品，以减少公司对互联网搜索广告业务的过度依赖。难怪很多到过谷歌中国的访客总能看到一些员工在工作时间"明目张胆"地玩游戏。

意图是好的，但问题是，公司如何保证员工能把握好这20%的自由时间？

其实，自由时间比例多少并不重要。谷歌20%自由时间制度的背后，有一个更重要的原则，是公司信任员工。公司放权给员工，并不会真的去衡量这个20%，公司觉得员工会自行调整。打个比方，如果员工觉得自己正在做的某个程序非常重要，那么，这个月他可以只做这个程序；如果员工觉得公司交给他的任务更重要，那么，他可能花三个月来做，而根本不会去碰这个20%。正是这样，除了公司布置工作之外，很多员工还能拿出额外的、让公司意想不到的新产品。其中，大部分小创意都出自那20%的自由时间，比如 Gmail、谷歌 NEWS 等产品。

谷歌的创始人谢尔盖·布林曾经说过："我们公司的创造力就是我们的员工。我们以后如果遇到瓶颈，那一定是我们没能以足够快的速度雇到最聪明、最能干的员工。所以，我们必须要对员工负责，让他们长期留在公司，为公司服务。"

为什么说无为而治是企业管理的最高境界呢？主要有两个方面原因：

一是和企业存在目的有关。企业作为社会的一种器官，它存在的目的就是为外界提供有效的服务。如德鲁克所言"组织内部不会有成果出现，一切成果都是发生在组织外部"。管理只不过是为了更好地整合内部资源，从而实现这种为社会服务的目的而实施的一种手段。但是当随着企业越来越大，内部的种种事务也变得越来越多，占据着管理者大量的精力、兴趣和能力。企业在管理上消耗大量的资源，但是往往忘记了管理本身不是目的，为了管理而管理是一种本末倒置。

二是和企业中最重要的资源——"人"有关。在社会中工作的每个人，最大的渴望可能都是自由，现在的管理在很多方面是剥夺了人的这种自由权力的。不剥夺人的自由就管理不好企业吗？企业的活力、企业的团队精神只有建立在每个人失去自由的基础之上吗？对此笔者持强烈的怀疑态度！

管理者能否管理好别人从来没有被验证过，但每个人完全可以管理好自己却是验证过的。所以，企业的无为而治与个人的自我管理结合起来，最大限度地激发人的主动性和有效性，才是企业竞争能力的来源！

"无为而治"，无论是大企业，还是小企业，都是管理的最高境界，认识到这一点，企业才会走在正确的管理道路上。

"心"动才能行动

（一）适当满足员工的需求

俗话说："浇树要浇根，带人要带心。"作为中国式领导，必须摸清员工的内心愿望和需求，并予以适当的满足，这样众人才可能追随你。

下面是专家分析总结出来的大多数员工的共同需求，作为企业领导对此要谙熟于心。

（1）干同样的活儿，拿同样的钱。大多数员工都希望他们的工作能得到公平的回报，希望自己的收入符合正常的水平，即同样的工作，同样的报酬。员工不满的是别人干同类或同样的工作，却拿更多的钱。偏离准则是令人恼火的，很可能引起员工的不满。

（2）被看成是一个"人物"。员工希望自己在领导、同事的眼里显得很重要，他们希望自己的出色工作能得到承认。鼓励几句、拍拍肩膀或增加工资，都有助于满足这种需要。

（3）步步高升的机会。多数员工都希望在工作中有晋升的机会。向前发展是至关重要的，没有前途的工作会使员工产生不满，最终可能导致辞职。

除了有提升机会外，员工还希望工作有保障，对于身为一家之主并要抚养几口人的员工来说，更是如此。

（4）在舒适的地方从事有趣的工作。许多员工把这一点排在许多要素的前列，员工大都希望有一个安全、清洁和舒适的工作环境。但是，如果员工们对工作不感兴趣，那么再舒适的工作场所也无济于事。

当然，不同的工作对不同的员工有不同的吸引力。同一样东西对这个人来说是馅饼，对另一个人可能是毒药。因此，你应该认真负责地为你的员工选择和安排工作。

（5）被"大家庭"所接受。员工谋求社会的承认和同事的认可。如果得不到这些，他们的士气就可能低落从而缺乏工作效率。员工们不仅需要感到自己归属于员工群体，而且还需要感到自己归属于企业这个整体，是企业整体的一部分。

所有的员工都希望企业领导赏识他们，甚至需要他们一起来讨论工作，讨论可能出现的变动或某种新的工作方法。他们希望直接从领导那里得到信息，而不是通过小道消息。

（6）领导别是"窝囊废"。所有的员工都需要信赖他们的领导，他们愿意为那些了解他们的职责、能作出正确决策、行为公正无私的领导工作，而不希望碰上一个"窝囊废"来当他的上司。

不同的员工对这些需要和愿望的侧重有所不同。作为领导，你应该认识到这类个人需要，认识到员工对这类需要有哪些不同的侧重。对这位员工来说，晋升的机会或许最为重要，而对另一位来说，工作保障可能是第一重要。

鉴别个人的需要对你来说并非易事，所以要警觉到这一点。员工嘴上说想要什么，与他们实际上想要什么可能是两回事。例如，他们可能声称对工资不满意，但他们真正的需要却是要求得到其他员工的承认。为了搞好企业内的人际关系，你应该了解这些需要，并尽可能去创造能满足员工的大部分需要的条件。为此而努力的领导会与他的员工相处得最好，使得上下一心，有效地、协调一致地进行工作。

如果你希望自己成为一名具有激励力的中国式领导，就必须表现出你对员工的关心。而关心员工的企业领导主要表现在：

（1）激励员工做他们从未考虑过的事情。

（2）让员工对他们所从事的工作感到满意。

（3）发现并充分利用员工的专长。

（4）发展员工们的兴趣爱好。

（5）走出来与员工一道工作，而不是高高在上地领导。

（6）真正倾听员工们的心声。

如果你真心实意地关心你的员工并表现出来，你将会满足他们需要被别人关心这一最基本的需求。那种感觉会使员工备受激励并努力工作。

企业领导表现对员工的关心实际上并不需要花费任何东西，只需要你付出一点点精力，就能为企业积累大量的财产——为企业积极贡献的员工。换句话说，关心员工的领导能够激励员工关心他们所做的事，并使他们更加努力地去达成目标。

当你要求员工多走一步或走出他们习惯的地带时，你表现的关心和你给予的鼓励将会帮助他们抵制压力带来的消极影响。你要强调这样一个有力的信息：我们在一起，我们是一个团队。运用你的关心去激励你的员工，去关心他们的工作，去用心领导他们，就可以建立一支能够共同努力达到目标的团队。

优秀的中国式领导就是那些在工作中紧密地反映员工们的心声，与员工的区别不是职务更高而是职责更大的领导。记住：一个伟大的领导者从不将自己凌驾于他的员工之上，除非是承担责任。

（二）走进员工的内心，提高团队的凝聚力

管理者只有走进员工的内心世界，全方位进行心与心的情感交流，培养共同语言，帮助他们确定自己的发展计划，给他们锻炼和学习的机会，灌输正确的团队精神，才能够激励他们创造业绩，并使团队充满活力。

同时，员工的工作应该是有趣的，乐趣意味着挑战，也意味着成长、自由与成就，这样的工作环境能够培育出强大的团队向心力。如果领导者尊重员工，员工也会还以尊重，并以责任为回报。因此，让员工因为责任而拥有对企业的一种使命感，他们必然会干劲十足。

TCL公司竭尽全力营造一种温馨大家庭的氛围，让每一个员工都受到热情的鼓舞、温暖的关怀和愉悦的感召。在TCL这个大家庭中，时刻存在着一股强大的、积极的向心力，这种向心力在愉悦的运动中加速了其核心业务的成长。

在塑造团队时，TCL从以下几方面培育了团队成员之间的向心力：

（1）在工作上，建立有吸引力的岗位工资制度。TCL集团公司实行的是"以岗定薪"的薪酬制度，根据工作性质的不同，会有不同的收入待遇。而且与同行业相比，TCL公司的收入是有吸引力的。

（2）在生活上，结合感情激励，解决员工的后顾之忧。TCL倡导人性化的管理，一直为员工生活、成长着想，把为员工解决实际问题作为重要的工作来抓，使员工工作起来没有任何后顾之忧。公司总裁李东生认为，员工只有没有后顾之忧才能安心工作，因此，公司首先要为员工着想，员工才能忠诚于公司。

如果有外地员工要到TCL的TV事业部面试，TCL会提供免费的食宿。针对本公司外地员工多的实际情况，TCL出面为外地员工安排住宿，并提供优质的宿舍管理服务。TCL公司有员工饭堂，技艺高超的厨师们为每日三餐准备了多种南北风味的美味佳肴。此外，公司还帮助员工代办用工手续、代办户口调动手续、代交保险、代办暂住证，对于中高级人才，还可以享有集团补贴的养老保险。

第四编　带队伍　选对人用对人管对人

（3）在个人发展上，为员工提供自我实现的舞台。20年来，TCL集团创造的一个奇迹，就是它的高级管理人才几乎没有一个"跳槽"的。对此，李东生说："吸引人才的有力措施是为其创造一个施展才华和实现自我价值的环境，TCL为人才提供的是超出金钱和福利的东西。"

2000年，TCL集团公司重组国际控股公司业务，一方面，频频传出微软、东芝、LG等国际大公司的高层管理人员跳槽到该公司的消息，这些新加盟的重量级人才，将充当TCL拓展海外市场的先锋官。另一方面，虽然不断有"猎头公司"找过TCL的多位中高层主管，许诺年薪五六十万，并配以"宝马"、"奔驰"和别墅，但很少有人为之动心。

（4）在管理上，鼓励员工充分参与。在长期的管理过程中，TCL的企业领导认识到，一个企业要取得成功，必须有全体员工的充分参与。处在生产第一线的员工容易发现生产过程中的问题，也就更有可能提出解决实际问题的方法。为此，TCL制定了鼓励员工参与的制度，根据员工提出建议、作出贡献的大小，给予应有的奖励。

2001年，一个学工业设计的大学生进入TCL移动通讯有限公司，在实习期间就画了一款手机外观设计图，受到公司的重视，当即获得了一万元的奖励。2003年6月，这款型号为3188的手机就大批量供应市场。

团队是一个很有效的改变工具，要促使员工改变工作行为，把他纳入团队的范畴之内，然后，慢慢地把团队意识巩固起来，继而使团队的凝聚力提高。一个聪明的中国式领导，可以依照下列8大方法来提高员工对所属团队的向心力。

（1）给予员工全体合一的认同。不论在会议的场合还是指派命令的时刻，中国式领导要在谈话中强调"我们"、"我们这个部门"或者"我们这个团队"，如此，才能使员工觉得企业领导与他们同一阵线。如果一味地讲"你如何……"或"我怎样……"，员工的心目中便会觉得工作团队不甚重要，所以也容易表现出满不在乎。

(2) 建立团体的历史。一方面，在适当的场合，企业领导偶尔可以把过去一些好玩、特殊而刺激的事件，不露痕迹地向员工叙述。另一方面，每当员工生日或其他值得祝贺的事件发生时，你应该主动安排庆祝会。这样，日子一长，团队的历史逐渐形成。有了历史，工作团队自然增加了对员工的吸引力。

(3) 强调团队工作的重要性。中国式领导应该以身作则地表示"只要我们赢了，谁居功都无所谓"的观念，换句话说，领导时时刻刻要担心这个工作团队是否能达到目标，而不必担心谁出风头谁居功的问题，如此，大家都会全力以赴。

(4) 适当地对优良的员工行为给予认可、褒奖。中国式领导必须小心翼翼地揣摩员工的心理，观察员工的表现，随时给予协助、认可、鼓励与赞扬，明确地向员工说明他们对团队的重要性。如果有哪一位员工赞美同仁的表现，那么也应该褒奖这一位员工的建设性行为。久而久之，这个工作团队的气氛就会显得和谐而融洽。

(5) 设立清楚而容易达到的团队目标。在制定公司的长期目标蓝图后，应该摘要其大纲传述于员工，但是更应该在这项长期计划的参考架构内，制定一些短期而明确的目标。这些短期的目标应该让人一目了然，而且具体可行、容易达成。如果目标过于笼统而高不可攀，则员工的斗志容易丧失。

(6) 实施团队激励的措施。除了个人奖金的制度以外，领导应该设定一套奖赏的办法，以便配合团队激励的政策。此外，企业或团队得到特殊的奖励，也应该与员工共享成果。

(7) 心理上与员工保持亲近。要采用参与态度与员工保持联系，适度参与员工的团队，以了解他们的感觉与想法。同时，必须保持距离，否则过度的深入参与会带来彼此的过于熟稔，而招致员工的轻视。

(8) 把员工当做人来看待。许多管理者养尊处优，己贵人贱的观念难免乘机在脑海里生根。于是，他们期望员工多付出一点，也认为员工应该如此。这种不把员工当做人来看待的想法，很容易造成双方关系的紧张。

领导与员工增进共同的体验，才可能产生伙伴意识。此项共同的体验，如果是共担劳苦，则更可增进密不可分的伙伴关系。所以，与其与员工共进午餐，不如当员工晚上在公司加班时，你也加入他们之中，这样必能加强同甘共苦的患难意识。

在一个企业里，如果各种团队都具有高度的凝聚力，那么，员工会看重团队的名声，员工之间的隔膜就会消失，团队工作会更有效率。如此一来，整个企业的目标易于达到，企业得以生生不息。

爱员工等于爱自己

（一）打好"人性"管理这张牌

在日趋复杂的社会里，一个高级工程师未必能成为一个优秀的领导者。道理很简单，工程师面对的课题是一种专业的功夫，而企业领导则需要一种较为综合、全面的素质。中国式领导的职责，就是要让企业这部机器很好地运转起来，产生最大的效果，因此，领导者要善于打好"人"性牌。

（1）培养人性价值观。耐心、和蔼是管理者应有的素质，并且要不断地去培养这种价值观。人类是有感情的，尊重被领导者的人格，你同时也得到了他们的尊敬和忠心。他们有家人和朋友，也有爱好与厌恶，你若整天摆出一副居高临下的姿态，并且冷淡地对待他们，就会让他们失去为你工作的动力。"己所不欲，勿施于人"，这是管理上的金科玉律。当然，这并不等于领导随意迁就员工的过错。

（2）化挑剔为引导。现代领导的工作内容中，有时要充当师傅的角色，指出员工的错误，告诉他们哪儿出了差错，然后让员工按正确的方法去工作。在这个"指导"的过程中，中国企业的有些领导往往喜欢过分挑剔，似乎不加以严厉批评就心里不舒畅。

千万别当这种领导。你在自己领域的知识和经验可能会比许多下属丰富，所以，你的工作就是要教导好手下人并使之优秀起来，而不是整天去挑剔或显示他们如何地比不上你。成功的中国式领导能鼓励下属，而不是批评他们。

有些领导认为员工犯了错误，就无异于在自己的记录本上抹黑。因此，大多数员工犯了错误之后都有准备受罚的心态。但优秀的企业领导认为，让员工学习和成长的最佳途径就是体验，这就意味着冒险和犯错误。倘若领导动辄教训人，试问谁敢去"体验"？

下属不去"体验"就难以提高自身的技术水平，就难以实现高效率的目标。让你的下属在没有任何监督的情况下尝试应用新技术或承担新任务，当然，是些小的或不太重要的项目。这样，即使有了点错误也不会使企业受损，又可以立即改正员工的错误之处。

总之，中国式领导不仅要有允许下属失败的豁达心态，还要善于发掘员工自己还未认识到的潜在能量。

(3) 尽力改善工作条件。员工手里有合适的工具，在愉快、舒适的环境中工作，其效率最高。作为一个领导，对于员工需要什么东西来使工作有效进行，你可能不是位最好的判官，但你有义务向他们提供合适设备，以提高工作效率。

如果你的员工抱怨工作条件，你要专心聆听下去。因为很多时候，员工们这些抱怨通常不是为了个人利益的，而是他们希望把工作尽可能干到最好程度的一种愿望。许多事实告诉我们，提供适当的设备或工作空间，产量将得到大幅度的增长，而且通常只用花一小笔投资。这种事即使你不能拍板，但作为领导也有不可推卸的报告和建议的责任，并要努力直至解决问题。

(二) 实现真正的柔性管理

"柔性管理"是以人性化的管理理论为基础，从满足员工的生理、安全、社交、尊重、自我实现的5个需要层次出发，结合企业的经营机制及市场经济条件下的员工价值观念，整合管理各要素，为员工创造经济需求（生理、安全）、精神需求（社交、尊重、自我实现）、"自我实现"的文化氛围和参与管理的"自我改善"机制，以充分调动员工积极性，增强企业活力和凝聚力的一种管理方式。

"柔性管理"是相对于"刚性管理"提出来的。"刚性管理"以"规章制度为中心"，凭借制度约束、纪律监督、奖惩规则等手段对企业员工进行管理，这是20世纪通行的泰勒管理模式。而"柔性管理"则是"以人为中心"，依据企业的共同价值观和企业精神进行人性化管理。它是在研究人的心理和行为规律的基础上，采用非强制性方式，在员工心目中产生一种潜在的说服力，从而把组织意志变为个人的自觉行动。

"柔性管理"的基本宗旨是，内在重于外在，心理重于物理，身教重于言教，肯定重于否定，激励重于控制，务实重于务虚。

"柔性管理"的最大特点在于，它主要不是依靠外力（如领导的发号施令），而是依靠人性解放、权力平等、民主管理，从内心深处激发每个员工的内在潜力、主动性和创造精神，使他们能真正做到心情舒畅、不遗余力地为企业勤奋工作，成为企业在激烈的市场竞争中取得竞争优势的力量源泉。

自我改善的柔性管理以严格规范管理为基础，以高素质的员工队伍为条件，突出员工自我管理的主体。通过顺势而人性化的管理，强化管理的应变能力。它以理性的管理思维，超越了传统的单纯制约管理模式，把刚性管理制度的强制性实施发展成为员工自觉行为准则和弹性的约束机制；把被动的事后检查考核管理方式转变成事前预防性的相互协作、互为监督的管理方式；把围绕生产的管理结构调整为适应发展的弹性管理结构；把员工在企业中自我价值的实现与企业的发展目标相融合。

大连三洋制冷有限公司的"柔性管理"制度是中国企业人性化管理的典范。这家由日本三洋电机株式会社、中国大连冷冻机股份有限公司、日本日商岩井株式会社合资兴建的企业，之所以能当年投产当年赢利，并连续多年荣获辽宁省三资企业十大高效益企业,"自我改善的柔性管理"起了非常重要的作用。

总结大连三洋制冷有限公司在员工管理上的经验,主要有以下三个方面:

(1) 柔性管理的核心是"自我管理"。"自我管理"是员工参与管理的升华,是实现员工自我评价的有效形式,是企业员工主人地位的具体体现。

(2) 柔性管理贵在"自我改善"。"自我改善"是一种观念,是一种精神,是"柔性"管理的灵魂。为了促使自我改善意识的形成,使员工成为改善活动的主体,公司从员工入厂开始,即进行"爱我公司"的员工行为准则教育,"创造无止境改善"的自我完善教育,"现场就是市场"的危机感教育。

(3) 柔性管理的精髓是"爱人"。三洋制冷的柔性管理,以尊重人的价值、发挥人的才能、承认人的劳动为精髓,通过不断提高的员工素质带来产品的高质量、生产的高效率、企业的高效益、员工的高收入。"五高"是以人为本,以高质量、高效率、高效益为目标,最终又以员工的高收入为归宿的良性循环。

"柔性管理"在企业管理中的作用主要表现在三个方面:

(1) 激发人的创造性。在工业社会,主要财富来源于资产,而知识经济时代的主要财富来源于知识。知识根据其存在形式,可分为显性知识和隐性知识,前者主要是指以专利、科学发明和特殊技术等形式存在的知识,后者则指员工的创造性知识与思想。显性知识人所共知,而隐性知识只存在于员工的头脑中,难以掌握和控制。要让员工自觉、自愿地将自己的知识、思想奉献给企业,实现"知识共享",单靠"刚性管理"不行,只能通过"柔性管理"。

(2) 适应瞬息万变的外部经营环境。知识经济时代是信息爆炸的时代,外部环境的易变性与复杂性一方面要求中国式领导必须整合各类专业人员的智慧；另一方面又要求战略的出台必须快速。这意味着必须打破传统的严格的部门分工的界限，实行职能的重新组合，让每个员工或每个团队获得独立处理问题的能力，独立履行职责的权力，而不必层层请示。因而仅仅靠规章制度难以有效地管理该类组织，而只有通过"柔性管理"，才能提供"人尽其才"的机制和环境，才能迅速准确作出决策，才能在激烈的竞争中立于不败之地。

（3）满足个性化消费的需要。在知识经济时代，人们的消费观念、消费习惯和审美情趣也处在不断的变化之中。满足"个性化消费"的需要，对内赋予每个员工以责任，这可以看做是当代生产经营的必然趋势。知识型企业的这种巨大变化必然要反映到管理模式上来，导致管理模式的转化，使"柔性管理"成为必然。

（三）情感管理的"双面性"

被人重视的愿望来自我们内心深处。任何人都渴望引起别人的注意，不管他承认与否，他需要向人倾诉，他需要有人倾听，他有着热切被重视、受赏识的期望。

在传统的管理中，总是先讲究人情，把自己的亲戚放在最显赫的地位。这样的管理，可以说只有情而没有理。现代的企业要想求得发展，必须创造出公平合理的竞争环境，因此绝对不能再把传统的"人情"放在第一位。然而，任何事情都要一分为二地看待。人毕竟是有感情的动物，完全不讲究人情是不行的，这也是现代管理者所追求的以情管理的真谛。

情感管理是指立足于个人心理效用而实施的一种精神管理，所以用情管理，必须立足于员工的人性、人情方面。以情管理是领导者理性的表现，其中的玄机、奥妙，若即若离的感觉，不知不觉的失败或成功，并不是在很短的时间里就能揣摩透、运用好的。

人情只有运用得恰到好处，才能发挥其效用。情感管理用在工作努力、有贡献的员工身上，是一种爱护和精神激励，会产生出巨大的精神动力。经验证明，用微笑去鼓励远比严厉说教对员工的影响更大。在这种情况下，企业领导运用"人情"可以说是感情投资，可以换取更大的精神动力，从而创造出更多的财富。

但是，如果"人情"用在不用功、不努力、作风散漫的员工身上，不仅是种浪费，甚至还会带来更严重的后果，使他更加没有责任感，更容易偷懒。对于这样的员工，你只有不客气地提出警告，施加压力或者干脆淘汰，才不会失策。这样做，并不是让你做一个冷酷无情的管理者，只不过是用市场的标准来要求员工。

一个都不能少

（一）在员工流失前努力劝阻

员工流失对企业来说是一件不幸的事，对员工本身来说也不是一件轻松的事。在员工正式提出流动要求之前，在他身上一定会有许多表现，如工作的专心度下降，迟到缺勤和早退现象增加，等等。因为员工作出流动的决策是一个很痛苦的过程，员工的这种流动前期症状还会表现在其心理和行为上。好的企业领导会主动发现这些征兆，并及时采取措施。

当你看到这些征兆时，正确的做法是与尚未拿定主意的员工进行谈话，引导他们考虑一些企业实际存在的但不能从数量上看得到的积极因素，让他们坦诚地说出决定离开的原因。这时员工首先会很吃惊，自己认为很秘密的心理活动都被企业领导发现了，他会从心理感觉到自己被重视。他也会比较平静地对自己的决定进行重新思考，也可能会考虑许多自己过去没有考虑到的企业的好处，尤其是那些不能用金钱来衡量的好处。

尽管员工在离职之前有许多迹象可循，但并不是所有的企业领导都能在员工提出辞职请求之前就能看出苗头。不过，这并没有什么，企业领导应该还有第二道"防线",即积极地劝阻。

首先,作为企业领导的你要对这件事有很强烈的反应,因为所有的员工都很重视企业领导这时的反应。如果这时你的反应是不冷不热,那么员工本来还只有三分去意的话,现在会马上变成八分去意了。当然,更不能说出"要走就走吧"之类的气话。

这时,企业领导需要做的是,与提出辞职的员工进行坦诚的谈心。有一些员工可能并不是真心要离开企业,而是想通过这样的方式来实现自己的愿望,如工资晋级、职位变换等。这种谈话实际上可以看成是企业与员工进行的又一次"劳资谈判"。

谈心时,一方面要诚恳地劝说员工留下来;另一方面,要倾听员工对企业的意见,尤其是他(她)辞职的原因;同时还应该了解员工打算去什么样的新企业,为什么选择这家企业。通过了解这些信息,一方面,企业领导可以寻找员工的心理突破点,更重要的是,通过这样的谈话,可以了解企业管理中存在的问题。一般说来,员工离开企业,总是说明企业管理中的什么地方出了问题,存在什么弊端。

在与离职员工谈话之后,领导就应该对谈话所获得的信息进行分析,寻找一个说服员工留下来的办法。企业领导制定的挽留方案应该有很强的针对性,能够击破员工的心理防线。而要做到这一点,与员工的谈话是很必要的。根据员工所陈述的拉力和推力理由,进行耐心的说服。

要让员工认识到他(她)对企业的推力的看法是由误会而引起的,而且企业是制造这一误会的主要责任者,企业领导也会很积极地纠正这一误会。这时,一些重要的企业领导与员工在一起进餐等方法会是很有用的,很能说明企业挽留员工的诚意。

与此同时,企业领导还应该采取积极的行动,解决员工所提出来的困难,使企业内部的推力因素降到最低水平。一般说来,除非由于员工与企业有不可调和的冲突和矛盾而产生去意,许多情形下问题还是可以解决或者得到缓解的。

如果以上的措施都不能奏效，企业领导也不能强留员工。这时，领导应该做的就是采取措施减少由于该员工流动而可能带来的损失。如分析该员工流动是否会泄露企业的商业或技术秘密；员工是否会带走企业的市场份额；员工是否还有必须在离开之前了结的债务等。企业领导应该采取积极的、果断的防范措施，避免企业受到更大的损失。

（二）最有效的五大挽留方案

在每个公司中，企业领导难免会面对一些"身在曹营心在汉"的不安分的员工。由于在其他地方的预期收益与发展机会优于你的公司，他们要选择"人往高处走"。这对个人发展来说是无可厚非的，但是，对公司来说却是不公平的。

你或许已经给了他们很优厚的待遇，或是为了培养他们投入了巨大的心血和财力。他们弃这些不顾毅然出走，对你与公司来说肯定会带来财力与人力上的损失。

留住优秀的人才并不是一件很困难的事，只要企业领导在工作中生活上营造公正、平等、融洽的环境，使他们能有一种自我价值实现的成就感，人才便会忠心地在你的旗下勤奋工作，回报于你。

（1）把好招聘关。在招聘人才时，特别是在招聘技术或业务上的核心人员时，除要考察他的岗位技术能力外，还要考察他的职业稳定性。你可以从他以往的经历中，看出他个人职业的稳定性。比如，他是否经常跳槽？他跳槽的原因是什么？是基于个人发展，还是因为待遇？如果将这些问题都搞清楚了，你就基本上可以了解这个人才的稳定性如何了。

（2）规范管理制度。人才跳槽本身并不可怕，可怕的是他带走企业的技术和客户资源。如果企业规范了岗位职责、作业流程，就可以将人员跳槽的损失减少到最低程度。很多员工跳槽，主要是因为企业的规章制度不健全，管理混乱，认为企业没有前途，自己干下去也没有什么意思。所以，以长远的眼光来看，加强企业或部门的管理制度、工作流程、岗位职责、激励机制等方面的建设，是解决员工流失的根本途径。

（3）满足人才的志趣。一个员工的工作表现并不总是显示了他对企业的看法。常常有这样的情形，某个员工仅仅依靠自己的才能就能够在某个岗位上工作得极为出色，而实际上他本来对这项工作毫无兴趣。

例如，在某部门有一位销售员极其出色，不断打破销售纪录，可是他内心梦想的工作是该企业的电视部。从企业的角度考虑问题，他当然应该留在原部门，去继续创造纪录。但现实问题是，如果他一心要搞电视工作，其他企业满足了他的要求，他很快就会离开企业。

对这个问题，非常有效的解决方法是让他同时插手两项工作。他如果确实很优异，那么参加电视部的工作不会影响他在原部门的工作，相反却会拓宽他的知识面，使他继续与企业在一起，从而使双方获得满足。

（4）提拔的艺术。有时候，你会有幸得到这样一个人才，他能力极高，以致没有人怀疑他一定会沿着台阶一直升上去。问题只是，升到什么位置以及以哪样的速度上升。你在提拔这个员工时一定要多动脑筋，因为他很可能会给你的企业带来破坏。如果没有处理好这个问题，你不仅会失去他，同时还会得罪其他留在企业的员工。不用说，这是一个高级的烦恼，但是请不要轻视它。

一家企业曾聘用一位年轻人在海外某部门。几个月后，他显示出非凡的能力，其企业领导相比之下便显得黯然无光。如果将年轻人提拔到他应该的位置，那他的领导将会因为不满而破坏企业的安定。于是企业把他调到另一个驻外代表处担任主任，充分发挥他的才能，那位年轻人实际上连升了三级，但企业里没有人注意到他的三级跳，也没有人发牢骚。

（5）重视有前途的年轻人。在任何一个企业里，新聘用的那些刚刚从大学毕业的优秀生最容易跳槽。他们是企业花了很大的力气去争取的人才。他们是具有远大前程的人才。但令人悲哀的是，他们也是各企业所忽视的人才。

一个精明的、怀有雄心壮志的人才如果在加入企业后被扔在底层，被人忽视，那么他很可能就要离开你的企业去寻找一个新天地。

中国式领导可以采取的解决办法是，在最初 12 个月，将新的员工看成一笔投资。如果你失去他们，确实是企业的损失。在这 12 个月里，观察他们，培训他们，让他们有机会接触企业最有能力的员工，促使他们负责一些稍稍超过其能力的项目。就像一切投资一样，这一项投资你不要希望立刻就收到利润。其实，他们在你的企业时间越长，利润就越高。

告诉每个人"你很重要"

（一）让员工感到自己的重要

员工总是希望他们的工作得到管理者的认可，因此，管理者千万别让员工成为被人遗忘的角色，不要忘了员工只有在一个能够受到关注与承认的氛围中才能得到成长。你不应当有这种想法："他是我的员工，我招他进来是做事的，不是用来奉承的。"

作为企业管理者，如果想让员工充分发挥其潜能，必须让员工感觉到他是企业不可缺少的一分子。如果你不能重视每一个员工，让员工感到自己没被重视，在这个团队里可有可无，没有发挥自己才能的天地，那么，员工便不会把工作作为自己的事业去奋斗，企业也就难以形成强大的凝聚力和竞争力。

那么，管理者要怎样才能让员工感觉到自己的重要性呢？这里要注意以下三点：

（1）记住员工的名字。使一名员工觉得自己重要的最有效的方法，就是将员工的名字清晰地记住，以便在适当的时机叫出员工的名字。

千万不要小看这个方法所产生的效应，特别是在一些大的企业，一个管理者记住了下属员工的名字，对员工来说就能带给他心理上的满足与精神上的激励。

（2）有事情多找员工商量。优秀的管理者总是将这样一个概念深入人心：企业的事就是大家的事。

尽管员工在重大决策的过程中发挥的作用不大，但让每一个员工都参与进来，特别是在与他们利益有所关联的事情上和他们多商量，听取员工对制度、措施的意见和建议，会让他们产生一种积极的归属感与主人翁责任心。

责任感的形成对自信心的树立起到了推波助澜的作用，也使员工更加明确自己在企业中所处的位置，更加珍视自己辛勤劳动与业绩的取得。

（3）给员工一个深情的拥抱。自信心的取得是在一个人经历磨难并且战胜它后才得以实现的。而让员工产生战胜工作中的困难而作出一番业绩的勇气，与使其最终变的自信是需要企业管理者的情感投入的。

不妨给员工一个深情的拥抱，然后轻轻地拍拍他们的肩头，并加上一句"你一定能干好的！""我相信你一定行的！"这样做会让你的员工有上乘的表现，作出连他们自己都无法相信的业绩。

进行感情的沟通与交流，可以拉近管理者与员工之间的关系。但是感情的表达不能太做作，要让员工感觉到你的真诚，这样才不会起到相反的作用。感情的沟通方式也因人而异，作为企业管理者则必须了解自己的员工的性格、爱好，否则也不会收到好的效果，表达感情要把握分寸，不然也会适得其反。

（二）成就感激发员工创造力

作为一个管理者，你要想让富有创造力的员工全身心投入工作，就必须使他们对所从事的工作满怀兴趣，并持续保持张力，否则，他就会丧失工作的动力，从而不能发挥本身的潜力。

某电子公司的研发部经理要求他的研究人员与顾客之间保持紧密的关系，这不仅仅使他们了解顾客的需要，当他们研制出一种成功的产品时，也可使他们领略到这份成功的喜悦。尤其是当某员工提出一个不俗的研究设想时，就应委以重任或给予资金支持以帮助他们完成这项工作。委任革新者不仅能激发他的工作能力，并能证明他能否承担更重要的责任。

许多富有创造力的人往往能通过自己的信仰方式获得成就感和满足感。他们自我激励，但别人赏识他们完成的工作也同样重要。对于企业管理者而言，若能以非正式形式经常赞赏员工的工作，最有效的方法之一就是经常深入基层。

富有创造力的人，其自由性是很强的，因此，他们需要一个不拘形式的工作环境，以便自由地彼此闲谈某个概念或问题，同时需要避开存在各个部门或办公室的骚扰。他们其中的大部分人都需要有个人的或至少私人的工作环境。

但是，革新者的创新价值是难以估算的，因此，在某些企业，他们常常比其他部门的员工获得较少的加薪和奖金，但他们需要感到自己所从事的工作与别人的具有同样价值。作为他们的管理者，你应该竭尽所能为他们争取津贴和福利。一旦有人提出创新的意念时，就应从该创新事物为企业赚取的利润中，提取一部分奖励他。从长远来看，这种方式所能产生的价值是不可估量的。

一般而言，富有创造性的工作往往需要每周工作 60~70 小时。在这段期间，灵活的时间安排是非常重要的。如果你的处理手法欠缺灵活，就有可能毁掉你重要的资产。你应谨记合作是双向的，如果稍有延迟就对他们加以制裁，那么下次当你需要在限期内完成任务时，他们的工作积极性就会很大程度地降低甚至会拒绝加班加点。

需要注意的是，一些富有创造力甚至是具有超凡创造力的员工，往往并没有充分发挥他们的潜力。根据无数研究结果显示，大部分人一般只发挥 20%~30% 的能力，但若能激发他们的工作热忱和动力，就能发挥 80%~90% 的潜力。由于不少员工没有尽展其能，不知降低了多少生产率、流失了多少科研设想，这些损失都是无法估计的。

员工未能达到预期的表现，可能是鉴于以下3个原因：

（1）员工本人不愿意干好他的工作。

（2）他不懂得怎样去干。

（3）他没有机会发挥自己的才能。

多数情况下，员工本身是希望能干好他的工作的，但这需要更多的信息和培训。当你雇用他时，你是否说明了你对他的所有要求，以及如何评定他的工作价值？他所接受的训练是否足以满足工作的要求？此外，也许是由于超出他控制范围内的因素而妨碍了他充分发挥潜力。比如，其他部门的工作拖拉可能直接影响他的工作。

以下3种方法可以提高他们的工作表现：

（1）重新规定工作任务。有些时候，调派某员工到另一部门是不切实际的。在这种情况下，你应根据他的能力来重新规定他的工作。

（2）提供额外培训。企业可通过为员工提供有效的培训计划，防止员工流失。

（3）让他们感到你很关心他们。你需要让员工知道你很关心他们，如果你未能使他们感觉到这一点，便会影响他们的自信心，毁掉他们的创造力。

一个优秀的管理者要想使自己的员工都努力工作，发挥出他们自身的潜力，就要让员工在这个群体中找到归宿感、成就感，这才是最成功的做法。

（三）尊重，尊重，再尊重

企业的竞争也是人才的竞争。企业要有持续良好的发展，必须汇集优秀的人才。可如何吸引人才，如何让优秀人才愿意追随你？这是一个需要认真考虑的问题。

有些管理者总是埋怨身边没有人才，找不到人才，从来没有想过自身是否存在某种缺陷。管理者只有加强自身的修养，提高吸纳人才的素质，创建人才成长的工作环境，才能使身边人才济济。而要做到这一点，管理者首先要从"尊重"开始,对人才做到尊重、尊重、再尊重。

"尊重"这个词听起来、说起来容易,做到却很难。"尊重"是一种很高的修养,是由里而外透射的人格,而这种人格是需要修炼积累的,这也成为衡量一个成功管理者的标准。

"尊重"给企业带来的好处是多方面的:员工之所以愿意在企业工作,看重的并非只是收入,更重要的是工作氛围,特别是对于高素质人才,更需要创造一种相互理解、轻松和谐的气氛,而企业管理者就是这个气氛的缔造者。

每个员工都希望拥有四种权力:知情权、参与权、商量权与决定权。他们希望了解、知道企业的情况,同时对与自己相关的事项拥有参与的权力。事先参与了这个事情的设计,在具体执行中才会更积极地去做。

商量权是指员工希望自己参与共同讨论,而事实上,管理者往往不习惯先讨论,认为那是浪费时间。这就导致了在执行过程中,相关员工在主客观上均不能很好地落实,因而造成更大的浪费。有参与感才有归属感,才会使工作热情度提高。如何让员工有更高的工作热情,达到更高的工作绩效是企业管理者一直追寻的。

从实质上分析,管理者的人格魅力较之管理技能更为重要,这里更多涉及的是观念认知的问题。尊重人才是强化管理者人格魅力的有效手段,管理者可从以下几个方面入手。

(1) 视下属为合作者。企业是由其成员组合而成,企业的管理者与员工,在人格上应该是平等的,在工作上只是扮演的角色不同而已,离开谁都难以成事。因此,员工下属是管理者的工作伙伴,应以"同事"来称呼他们,这不仅仅是称谓的问题,更重要的是尊重的问题。

(2) 随时肯定下属的成绩。在工作中,管理者对下属应该肯定多于批评,下属在被肯定之后会有更多的工作热情及创新。不可以乱骂下属,每一次责备都会使他们萎靡一次。有更多的自我期待,就会有更多的自我表现。所以,尽量以建议来代替批评,这样效果会比较好。

（3）尊重下属的私人时间。在许多公司里，大家下班后都不愿很快离开，有些人即使下班后没有事做，也要在办公室里多留一会。不要一味地要求员工有着同等的工作热情，企业管理者总是希望员工们加班，希望员工晚上带工作回家做，还希望员工可以为了工作牺牲家庭，甚至希望员工能将工作视为生命的重心。

身为企业管理者当然要以身作则，树立典范，但是不要忘了，以身作则并不代表要以此暗示员工，要求他们做到你所"示范"的每一项事务。大部分员工都希望在上班时享受工作，有高的工作效率，能力受到肯定，得到应得的薪水；而下班之后，可以暂时忘掉工作，享受家庭的温馨，与三五好友聊天，参与某些活动。他们不希望一天 24 小时时时挂念着工作。企业管理者应该尊重员工这个人性的需求，尽可能避免在下班后要求员工工作，如无法避免也应以麻烦别人的心情和下属来商量。

（4）尊重和包含差异。在企业中，总是充满形形色色的人，即有各种背景的人、有各种性格的人、有不同生活经验的人，管理者应尊重个别的差异并找出共同点。当员工选择一种生活方式时，管理者可以内心不认同，但没有权力去贬低别人，要学会接受别人与我们的不一样。

一个好的企业文化是能包含不同个性，塑造共同价值观的。身为管理者的你要学习用不同的方式管理不同的人。要承认人的最大特点是差异性，克服自己的偏见，这样才能使企业更和谐，也更具效率。

（5）尊重下属的不同意见。管理者不愿听取下属的意见，大致原因是因为下属能力不足，意见不具备参考价值，这实际上是个误区。下属能力比你弱或许是事实，但并非他的每个意见都不高明，有些意见可能对方案有补充作用，有些意见可能会反映出下属在执行中有什么心态及要求。

总之，无论从哪个角度讲，都有必要认真倾听不同意见，因为一个人考虑问题不可能十全十美，况且，就怎样做成一件事来说也很少有标准答案。我们要的是结果，如果大家能齐心协力共同完成一个任务，不是很开心的一件事吗？

（6）尊重下属的选择。员工有选择工作的自由，不可将员工的辞职视为背叛。员工选择来企业工作，那么帮助他们个人成长就是企业管理者应尽的义务。切不可把员工的成长当成施恩的某种结果，并要求员工不断地给予回报。我们需要的是接受员工的选择，对员工的离职完全可以做到"人走茶不凉"。"山和山难相连，人和人常相逢"，管理者是否有雅量可以从对待离职员工的态度中去体现。

一个企业能走多远，取决于管理者的修炼到了何种程度。人的柔韧度越高，社会适应度就越高。企业管理者要本着善心、爱心、进取心去经营企业，以积极的心态、平等的态度、关爱的语言与员工交流，创造优良的企业氛围，而这些要求中国企业的管理者必须学会对人才"尊重，尊重，再尊重"。

最简单的方式打动人

（一）从细微处关心员工

就小事而论，它的确没有非常重要的意义，但用辩证法的观点去考察，你就会发现一件小事往往会引发大事，几件小事加在一起就有可能产生意料之外的形态和意义。

小事犹如一块未经雕琢的璞玉，如果你没有一双识别它们的慧眼，细心鉴别，它就永远埋在山野石林之中，很难被人们发现其价值所在。

你了解你周围每一个人的长处短处吗？你每天有没有看到周围细微的变化？你是否发现别人哪怕是一丁点儿的优点？如果人人都去关注自己的周围，去发掘一滴水中的世界，那么在彼此的赞美声中，人们获得的将是世间荡漾着的温情。

假如你是一位统率千军万马的元帅，你会过问每一个士卒的饥寒冷暖吗？事实上，这是根本不可能的。但是，你可以适时、适当地参加一些细致入微的工作事务，这对你赢得人心大有帮助。如果你总是摆出一副官架子，遇到一些事就满脸的不高兴，不屑于做或者根本不情愿去做小事，那

第四编　带队伍　选对人用对人管对人

么，你的下属将会对你产生成见。

在处理一些小事上，你做的效果不佳，或不完美，也会被下属们轻视、讥笑。他们会认为像你这样连一点儿小事都不想做，或者连一点儿小事都做不成的管理者，又如何做得了大事情呢？你的信誉会受到威胁。

要从小事关心员工，管理者首先得做一个有心之人，善于发掘小事后边的重大意义，这就要留心观察、细心思考。有一些小事，你作为企业管理者，必须努力去做到。

例如，你的下属得了一场大病，请了半个多月的病假在家养病。今天，他恢复健康，头一天来办公室上班，难道你对他的到来会面无表情，麻木不仁，不加半句客套，没有真诚的问候话语吗？

再比如，你手下的一位年轻员工找到了一位伴侣，不久要喜结良缘，或者这位下属在工作上取得了突出成就，为企业或本部门作出了杰出的贡献，难道你就不冷不热、无动于衷地不加一声祝贺称赞的话语吗？

小事足可以折射出管理者的品质风貌，员工往往会通过一些鸡毛蒜皮的小事，去衡量你、评判你。小事往往是成就大事的基石，这两者之间是相互联系、相互影响、相辅相成的。管理者要善于处理好这两方面的关系，使两者相得益彰。

如果管理者能在许多看似平凡的时刻，勤于在细小的事情上与下属沟通感情，经常用"毛毛细雨"去灌溉员工的心灵，下属会像禾苗一样茁壮成长，最终必然结出丰硕的果实。

调动员工的积极性，激发他们的热情和干劲，企业管理者光会说一些漂亮的话是不够的。配合实际行动，不失时机地显示你的关心和体贴，无疑是对下属的最高赞赏。这种方法可以在下列场合中收到最好的效果：

（1）记住下属的生日，在他生日时向他祝贺。现代人都习惯祝贺生日，生日这一天，一般都是家人或知心朋友在一起庆祝，聪明的企业管理者则会"见缝插针",使自己成为庆祝中的一员。有些管理者惯用此招,每次都能给下属留下难忘的印象。或许下属当时体味不出来,而一旦换了管理者有了差异,他自然而然地会想起你。

给下属庆祝生日,可以发点奖金、买个蛋糕、请顿饭,甚至送一束花,效果都很好,乘机献上几句赞扬和助兴的话,更能起到锦上添花的效果。

(2)下属住院时,管理者一定要亲自探望。一位普普通通的下属住院了,企业管理者应该亲自去探望,说几句贴心话:"平时你在的时候感觉不出来你作了多少贡献,现在你没在岗上,就感觉工作没了头绪、慌了手脚。安心把病养好!"

有的管理者就不重视探望下属。殊不知下属此时是"身在曹营心在汉",虽然住在医院里,却惦记着管理者是否会来看看自己。如果你不来,对他来讲简直不亚于一次打击。他不免会嘀咕:"平时我干出成绩,他只会没心没肺地假装表扬一番,现在我死了他也不放在心上,真是卸磨杀驴,没良心的家伙!"

(3)关心下属的家庭和生活。家庭幸福和睦,生活宽松富裕,无疑是下属干好工作的保障。如果下属家里出了事情,或者生活很拮据,管理者却视而不见,那么对下属再好的赞美也无异于假惺惺。

有一个中国的电子公司,职员和管理者大部分都是单身汉或家在外地,就是这些人凭满腔热情和辛勤的努力把公司经营得红红火火。该公司的管理者很高兴也很满意,他没有限于滔滔不绝、唾沫横飞的口头表扬,而是注意到职工们没有条件在家做饭,吃饭很不方便的困难,就自办了一个小食堂,解决了职工的后顾之忧。

当职工们吃着公司小食堂美味的饭菜时,能不意识到这是管理者为他们着想吗?能不感激管理者的爱护和关心吗?

(4)抓住欢迎和送别的机会,表达对下属的赞美。调换下属是常常碰到的事情，粗心的企业管理者总认为不就是来个新手或走个老部下吗？来去自由，愿来就来，愿走就走。这种思想很不可取。

下属调走时，彼此相处已久，疙疙瘩瘩的事情肯定不少，此时用语言表达管理者的挽留之情很不到位，也不恰当。而没走的下属又都在眼睁睁地看着要走的下属，心里不免想着或许自己也有这么一天，管理者是怎样评价他呢？此时企业管理者如果高明，不妨做一两件让下属满意的事情以表达惜别之情。

（二）用关怀构筑忠诚堡垒

企业管理者只会下命令是不够的，关心下属也是你的一门必修课。你肯定知道人们必须具备衣食住行等生活条件才能从事政治经济等活动。下属的生活状况如何，直接影响到他的思想活动、精神状态及工作效率。

一个高明的企业管理者，不仅善于使用下属，更善于通过为下属排忧解难来唤起他的内在工作热情——主动性、创造性，使其全身心投入工作。

"人心齐，泰山移"，全体员工的同心协力、一致努力是企业能获得最终成功的有力保证。而要做到这一点，企业管理者就要多关心员工的生活，对他们遇到的事业挫折、感情波折、病痛烦恼等"疑难病症"给予及时的"治疗"和疏导，建立起正常、良好、健康的人际关系，从而赢得员工对企业的忠诚，增强员工对公司的归属感，使整个企业结成一个凝聚力很强的团体。

（1）提供舒适的工作环境。员工对企业的要求会越来越高，他们会要求更多的酬劳，更舒适的工作环境，其实就是要求对工作的满意度。

优秀的企业非常强调为员工提供一个一流的工作环境。这是因为一流的环境不仅能使工作的员工感到身体上的舒适，还能使他们的创造性在这种舒适的条件下自发地发挥出来。更重要的是，当员工们在这种适合自己发展的环境中体会到企业所寄予的厚望时，就会更加努力进取，而这也可以用来解释优秀的企业之所以成为一流企业的原因所在。

（2）让员工说心里话。员工虽然能接受与自己的理想不太一样的东西，但并不代表他们就能完全坦然接受了，这时就要鼓励他们说出自己的想法——不管是否合理。让员工把话说出来是最好的解决矛盾的办法，如果你连员工在想什么都不知道，解决问题就没有针对性。所以，应该为他们开条"绿色通道"，使他们的想法第一时间反映上来。

海尔给新员工每人都发了"合理化建议卡"，员工有什么想法，无论制度、管理、工作、生活等任何方面都可以提出来。对合理化的建议，海尔会立即采纳并实行，对提出者还有一定的物质和精神奖励。而对不适用的建议也给予积极回应，因为这会让员工知道自己的想法已经被考虑过，他们会有被尊重的感觉，更敢于说出自己的心里话。

在新员工所提的建议与问题中，有的居然把"蚊帐的网眼太大"的问题都反映出来了，这也从一个侧面表现出海尔的工作相当到位。

（3）培养员工的归属感。敢于说话是一大喜事，但那也仅是"对立式"的提出问题。有了问题可能就会产生不满、失落情绪，这其实并没有在观念上把问题当成自己的"家务事"，这时就要帮助员工转变思想，培养员工的归属感，让新员工不把自己当"外人"。

海尔本身就给员工一种吸引，一种归属感，而并非像外界传闻的那样，好像海尔除了严格的管理，没有一点人性化的东西。"海尔人就是要创造感动"，在海尔每时每刻都在产生感动。

企业管理者对新员工的关心真正到了无微不至的地步。在新员工军训时，人力中心的管理者会把他们的水杯一个个盛满酸梅汤，让他们一休息就能喝到；集团的副总专门从外地赶回来就是为了和新员工共度中秋；集团管理者对员工的祝愿中有这么一条——"希望你们早日走出单身宿舍"（找到对象）；海尔还为新来的员工统一过生日，每个人可以得到一个温馨的小蛋糕和一份精致的礼物；首席执行官张瑞敏也会特意抽出半天时间和大学生共聚一堂，沟通交流。对于长期在"家"以外的地方漂泊流浪，对家的概念逐渐模糊的大学生来说，海尔所做的一切又帮他们找回了"家"的感觉。

一碗水要端平

（一）客观公正地对待每一个人

要想成为一名出色的管理者，最为基本的一点就是，赢得员工们的心，获得员工的依赖和支持。人是企业中第一宝贵因素，任何时候都不可或缺。钞票没有了可以赚回来，机器坏了可以修理，但如果失去了员工的向心力，那用金钱是买不回来的。

然而，在中国企业中，这样的现象屡见不鲜：企业管理者对一些员工倍加信任，视为心腹，对其他员工则处处设防，甚至让前者去监视后者。管理者把下属分为三六九等：对心腹有求必应，特别优待；对那些与自己不冷不热的，用小恩小惠进行笼络或者不闻不问；对那些不听话的、有棱角的，则寻机给"小鞋"穿。

还有一些企业管理者，对男女下属不一视同仁，觉得女性追求成就的动机低，她们希望稳定、舒适的工作，于是，更多地关心她们的一些基本需求，而很少关心她们的职业发展等高级需求。

管理者不能一碗水端平，势必打击员工的工作积极性，产生内耗，影响企业整体的团结。若想赢得下属的拥护，你就要公平客观地对待每一个人。企业管理者对员工要一视同仁，对员工分亲疏厚薄是管理中的大忌。

"管理者偏心，员工寒心"，员工能谅解管理者因经验不足而出现的失误，却无法容忍企业管理者的不公正之风。如果亲一派、疏一派，厚一伙，薄一伙，"一个锅里做出两样饭"，势必导致企业内部怨气丛生，人心涣散。实践证明，搞小圈子的管理者，圈子会越搞越小，干不成大事。

如果员工发现你"偏心眼儿"，可想而知，偏向的一方，获得好处，似无怨言，但另一方则是怨声载道，旁观的第三者，也会站在这一方，那么你就会众叛亲离。而你偏袒的一方，也会因此与别人"格格不入"。

所以，要想客观地对待员工，企业管理者不能与一部分或个别人过分亲密，而同时过分疏远另一方。在工作问题上，应该是一律公平一样看待，工作上一样支持，不要戴"有色眼镜"看人，更不能"看人下菜"。

员工一次成绩的取得绝不能成为他赚取私人感情的资本。你对某个员工的偏爱，会让其他的员工为你们的这种亲密关系不知所措。一个个问号会在脑海中被肯定了又否定，否定了又肯定，在一段时间的折腾之后，他们与你和所喜爱的那位员工的距离会越走越远。

由于待遇的不平等，机会享受的不公正（至少他们会认为是这样），企业的人际关系变得紧张了，员工们从你的偏爱中也学会了选取个人所好来加强个人的势力。结果，最糟糕的事情发生了，企业仿佛变成了四分五裂的散体，无数的小阵营使企业的这股绳结出了许多解不开的"死疙瘩"！

你对业绩不太出众或犯过错误的员工的成见，与你对业绩好的员工的偏爱一样，对企业的人际关系的和谐，对企业的发展同样有害。

犯了错误的员工通常都有自知之明，他们在对自己行为检讨的同时也是懊恼不已。你对他们的归类，不仅使得他们的信心又遭受了一次打击，而且，他们还会产生破罐破摔的消极情绪，并对企业与管理者产生了极强的敌对抵触情绪，这显然是企业安定团结的一种巨大的潜在危险。

消除你心中已有的成见吧，别让那几次失败的经历总萦绕在你的脑海中，使你总是怀疑别人改过自新、从失败中总结奋起的能力。坐下来，与失败的员工恳谈，帮助他们找到错误的原因，恢复他们的自信。你要在语言中充分表示出对他们仍然依赖，只要他们走出自我消极的误区，一样能为企业作出贡献，况且，失败的经历孕育着成功的希望。

作为一个中国式管理者应该懂得，员工个人的成功与失败是企业荣辱的组成部分。你的任务是不断地充实集体的力量，而不是人为地制造分裂！

（二）"对症下药"，因人而管

上面强调中国式管理者要一碗水端平，对待员工要一视同仁，然而这并不是说，你面对所有的员工绝对一样，没有任何差异。事实上，这也是不可能的。

企业是由不同类型的员工组成的"大家庭"，为了最有效率地进行管理，中国式管理者需要了解那些为你工作的员工，而且要试着把他们看做独立的个体，即每个人都有各自的优缺点、喜爱以及专长，你还要了解需要做的都是些什么，然后再考虑哪个人能干些什么，谁愿意干，只有这样才能让员工为企业转动起来。

因此，管理者应该针对不同类型的员工采取不同的管理方式，一句话，就是"因人而管"。这不是对"一碗水端平"原则的否定，恰恰相反，而是对后者的有益补充。

（1）管理过于敏感的员工。过于敏感的员工生性较脆弱，对于大多数人能接受的建设性批评也会耿耿于怀。他们在工作中经常会为了避免批评而格外小心地工作，对于自己的工作他们都会检查再三，并且会不厌其烦地复查他们所做的每一件事，这样他们虽然是减少了被批评的机会，但同时也让整个部门的工作进度受到影响。

对于这类员工的管理，你要使他们相信，以他们出色的专业知识，他们通常可以一次就把工作做好，并不需要反复检查。管理者应该指出，偶尔出现错误是在所难免的，一旦这些错误被及时发现并纠正，是不会影响犯错人的能力的。

对于这类员工,如果你了解到他们在作出决定前需要大量信息,那你就要指导他们找到信息来源,并帮助他们获得信息。如果你认为他们已经有了足够的信息,就可以要求他们立刻作出决定。如果他们向你询问决定该如何作出,你应该告诉他们,那是他们自己的事。

这类员工一般具有良好的专业素养,工作能力较强,只要他们肯,他们的决策大多数是正确的。他们缺少的是果断,所以对于他们你所要做的工作就是要不断地对他们予以鼓励,帮助他们把想法变成现实。

(2)管理有困难的员工。据有关调查,几乎半数的员工在家庭问题上都有不可明言之处。当你的员工们遇到家庭问题而影响工作的时候,你要有一颗宽容的心。"优秀的员工不为家庭所困"之类斥责的话最好别说,否则只会招致员工的反感。最好的方法就是主动帮助员工解决问题,以使他尽快从家庭困境中解脱出来。

很少有员工能不顾一切地工作,对于那些不能专心工作的下属,管理者要表示同情并给予安慰,帮助他们渡过难关。如果他的家属生病住院,你可以让他提前下班或推迟上班,你可以帮他调整工作时间。但要注意,这种照顾只能给予特殊情况中的下属,即使受到其他下属的抱怨或不平也不要滥开这种方便之门。

在帮助员工解决纠纷的同时,务必注意员工的情绪波动。俗话说"清官难断家务事",很有可能你或调解人在解决问题的过程中出现过失。有的时候,也许员工能体会到你们那份弄巧成拙的尴尬心理,但若他们正在气头上,也许对你就不会那么客气了。不论怎样,你都要以照顾员工的情绪为主,忍一时之气。

当然,还有一些家庭问题来源于天灾而非人祸。一些意外的发生往往会使员工们不知所措,谁也不愿意看到事情居然发生在你的员工的家庭里。这个时候,你要做的就不仅仅是给予员工一些精神上的帮助,物质帮助在这个时候也是不可缺少的。这些直接的帮助虽然是必需的,但是你在给员工帮助的时候,在什么场合、什么时间给,用什么态度、说什么话,最好要想清楚。当你帮助了员工和他的家庭之后，所有员工都会看到你的仁爱之心。

（3）管理年轻员工。北大方正的创业者王选在谈到他一生的八个重要抉择时说道："1992年我开始花大力气培养扶植年轻人，让年轻一代出来逐步取代我们的位置是我的第六个抉择。"

综观世界上一些企业的创业者：英特尔的三个创业者，最年轻的只有31岁，另外两个也不到40岁；苹果公司的开创者也只有22岁，他三年内把苹果变成了500强，为此他被美国前总统里根称为美国人心目中的英雄；比尔·盖茨创微软的时候只有19岁；雅虎的创业者也是不到30岁。由此可见，创业的都是年轻人，作为企业的管理者应该看到这个趋势。

所以，企业管理者要重视年轻员工的管理。年轻员工有着与老员工不同的思想价值观念。今天的年轻人更注重家庭生活，工作专业的选择范围扩大了，对工作各方面的要求也扩大了，对工作各方面的因素也变得越来越挑剔，如工资、住房、人际关系、福利待遇等。他们容易跳槽，对企业的依赖感和亲近感总不如老员工。他们最看重的是收入问题，而不像中年人那样偏向稳定，他们往往在获得了一定的工作经验和能力之后，跳到另外一些条件更优越的企业中去，谋求更好的发展。

（4）管理易消极的员工。几乎每个企业都有消极悲观的员工，也就是爱持否定态度的人。无论什么时候，只要你同意一件事，他们必定要反对。他们总是有一个一成不变的理由，那就是你想要做的，恰恰是不能做的。

当你对消极悲观的员工提出新建议时，可以让他们开诚布公地讲出反对意见，并告诉他们："你们说得有道理，我很欣赏。既然我们要执行这项新方案，还是让我们商量解决这些问题的方法吧。我们必须尝试一下这种新方法，咱们一起工作，共同克服困难。"

作为企业管理者，你不可能让每个员工都满意。对于那些认为自己遭受不公平待遇的人，你可以运用智慧和耐心，使他们重振士气。为避免出现不公的现象，在作出决策的时候要解释清楚为什么要这样做。

你也可以推心置腹地与消极的员工多谈，指出他不断地抱怨和对任何事的否定态度已大大影响了其他员工的工作。让他明白，他是企业团队最难得的人才，对于任何事，每个人都不可能尽如其愿。鼓励他，一个成熟的人要勇于接受失败，再接再厉，迎接生活中新的挑战。

（三）走出关心的误区

管理者是率领一个团队来完成工作的。只有关心下属，赢得下属的忠诚，你才能真正建立自己的影响力。这一道理，对于企业管理者来说，无人不知无人不晓，但在具体操作时往往走入误区。

下面这些"关心下属"的误区，中国式管理者应该尽量避免。

（1）把关心下属等同于小恩小惠。这一现象在中国企业的管理者中相当普遍。一些管理者觉得，只要给员工一些小恩小惠，就可以表明自己在关心下属。然而，小恩小惠只能博得下属一时的欢心，而更多的下属关注的是自身的职业发展和综合能力的提高。一旦你满足不了下属稍高一点的需求，他就觉得你不是真正关心他们。况且小恩小惠往往是以牺牲企业或部门的整体利益为代价的，一旦曝光，对管理者自己也不利。

（2）好许诺空头支票。每个下属都有获得加薪、晋升的期望，作为他的管理者，你自然想抓住他们这个需求进行激励。你是直接告诉他们，你在为他们的加薪、晋升而努力，还是不说为妙呢？如果不说，你担心下属觉得你根本不关心他们。但是，轻率许诺的结果更糟。

成熟的企业都有自己的一套关于薪金、晋升的规定和程序，并不是一个管理者个人能随意更改的事。一旦许诺落空，你在下属面前就会威信扫地。

因此，千万不要轻易许诺。关心下属，重要的不在说，而在做。要让下属感觉到你真正在为他们的期待而努力和行动，比如给下属展露才华的空间，放手让下属挑重担，等等。如果你已经作出了承诺，而由于情况发生变化，以致无法兑现，此时，最好的解决办法是向下属道歉并坦诚地告诉下属不能兑现的缘由，以求得下属的谅解。

（3）把关心下属的业务混同于关心下属。对于下属的业务，管理者都很关心重视，毕竟这关系到自己业绩的好坏。但过于关心业务，反而会使下属反感，觉得你对他不放心，怀疑他的工作能力。而且下属是一个活生生的人，有着多种需求。如果你只关心业务情况，没准儿会落个"冷血动物"的谑称。

（4）关心的内容与下属的真正需求背道而驰。

例如，一名年轻的下属向你抱怨自己的工作太累，你可能觉得下属希望提高薪水，于是想方设法促使人力资源部为其加薪。其实，该下属感觉到累的真正原因是对自己不明朗的职业生涯忧心忡忡，是"心累"，实际需要你关心的是其职业生涯的发展。这就需要管理者深入了解自己的下属，从而使自己对下属的实际关心与下属的真正需求相吻合。

（5）关心下属的方式、方法不对头。例如，对一位新聘用的推销员，当你详细询问他如何宣传公司的产品，如何和客户建立关系时，你可能觉得这样做是在帮助下属发现自己的不足，但下属可能会觉得你怀疑他的能力。又如，你在部门例会上对一位资历较长的推销员进行业务指导，但他可能觉得你并不是在关心他，而是让其出丑。以上两种情况，你的关心使下属误解，不但不能起到应有的效果，甚至适得其反。

（6）关心下属是对下属有求必应。人的需求是无止境的，满足了一个需求又会产生另一个需求。下属的需求是多种多样的，有的和企业目标一致，有的却与企业的目标背道而驰。作为管理者，你只能尽量满足下属那些与企业目标一致的需求，而对不合理的需求要敢于拒绝，甚至给予严厉的批评。否则既害了下属，到头来也会害了自己。

（7）关心下属就是不批评下属。批评可以帮助下属改进提高，因此也是关心下属的一种方式。如果下属有了问题，你不及时进行批评，将会使下属走得越来越远，犯的错误越来越严重。当然，批评如果使用不当也会有副作用，如造成下属的逆反情绪、使上下级关系紧张等。因此，你一定要注意批评的方式方法，照顾下属的自尊心。

（8）不关心下属的牢骚。每个人都会有不满，有了不满就会发牢骚，从而使自己得到心理上的放松。牢骚并不可怕，但作为企业管理者，如果不去分析牢骚背后的原因，及时进行疏导，下属的怨气将会积小成大。而且，这种不满很容易像瘟疫一样在企业或部门中蔓延。一旦其他下属受到感染，一场大的动荡就在所难免。这时候，你想解决都没有机会了。

（9）关心下属的"动机不纯"。中国企业的不少管理者关心下属的功利色彩过于明显，让下属觉得你并不是真正地关心帮助他，而是在为自己的晋升拉选票。这样的关心不会有好效果。关心下属必须真正为下属着想，而不是"另有企图"，否则就会弄巧成拙。